A memória brinca

Governador José Serra

imprensaoficial   IMPRENSA OFICIAL DO ESTADO DE SÃO

Diretor-presidente Hubert Alquéres
Diretor Industrial Teiji Tomioka
Diretor Financeiro Clodoaldo Pelissioni
Diretora de Gestão de Negócios Lucia Maria Dal Medico

SINDICATO DOS ESPECIALISTAS DE EDUCAÇÃO
DO ENSINO PÚBLICO MUNICIPAL DE SÃO PAULO

Presidente Maria Benedita de Castro de Andrade
Vice-Presidente Marisa Lage Albuquerque

A memória brinca
Uma ciranda de histórias
do ensino municipal paulistano

Antonio Gil Neto | org.

 |imprensaoficial

São Paulo, 2008

Dados Internacionais de Catalogação na Publicação
Biblioteca da Imprensa Oficial do Estado de São Paulo

A memória brinca: uma ciranda de histórias do ensino municipal paulistano / Antonio Gil Neto org. – São Paulo : Imprensa Oficial do Estado de São Paulo : SINESP, 2008.
480p. : il.

ISBN 978-85-7060-522-1 (Imprensa Oficial)

1. Crônicas brasileiras – Educação – São Paulo 2. Ensino público – São Paulo I. Gil Neto, Antonio

CDD 869.945

Índices para catálogo sistemático:

1.São Paulo : Ensino Municipal : Crônicas 869.945

Maria Benedita de Castro de Andrade
Marisa Lage Albuquerque
colaboradoras na idealização do projeto

Sindicato dos Especialistas de Educação
do Ensino Público Municipal de São Paulo
Pça. Dom José Gaspar, 30 3º andar Centro
São Paulo SP
www.sinesp.org.br
011 3255 9794
Printed in Brasil 2008
Foi feito o depósito legal

Imprensa Oficial do Estado de São Paulo
Rua da Mooca, 1921 Mooca
03103-902 São Paulo SP
www.imprensaoficial.com.br
livros@imprensaoficial.com.br
SAC Grande São Paulo 011 5013 5108 | 5109
SAC Demais Localidades 0800 0123 401

Apresentações

17 Uma empreitada por amor
DIRETORIA DO SINESP

19 Ciranda de aniversário
HUBERT ALQUÉRES

21 Os desafios continuam
ALEXANDRE ALVES SCHNEIDER

25 Orgulho sem vaidade...
MARIO SERGIO CORTELLA

27 Realidade rebelde e desafiadora
GUIOMAR NAMO DE MELLO

29 Retalhos de memória
PAULO NATHANAEL PEREIRA DE SOUZA

35 Lembranças
ECLÉA BOSI

Cirandas da memória

39 Tudo começou com uma pungente idéia
ANTONIO GIL NETO

1956-1965

47 Breve panorama
MARIA KLECY CHRISPINIANO BETTI

61 Sementes de um sonho
ANTONIO GIL NETO

71 Sonhos, confetes, alunos e laquês
SILVIA LARA STEIN ARRUDA DOS SANTOS

77 Dois mais dois
SILVIA LARA STEIN ARRUDA DOS SANTOS

83 Entre dois amores
LUIZA HARUMI SIMAZAKI

87 Café aguado e pão com mortadela
LUCIANA MARLEY SACCHI

91 Testemunha silenciosa
SILVIA LARA STEIN ARRUDA DOS SANTOS

99 Pitadas de história

1966-1975

111 Breve panorama
MARA SILVIA SEABRA
SILVIA LARA STEIN ARRUDA DOS SANTOS

139 Uma classe para Angelina
MARILZA GOMES DA GAMA E SILVA

149 O marido da professora
MARIA KLECY CHRISPINIANO BETTI

155 A professora, o Chico Buarque, o Roberto Carlos
e a televisão
SILVIA LARA STEIN ARRUDA DOS SANTOS

167 O drama da falta abonada
MARIA KLECY CHRISPINIANO BETTI

171 Uma escola à prova d'água
MARILZA GOMES DA GAMA E SILVA

179 As "duronas"
MARIA KLECY CHRISPINIANO BETTI

183 Pitadas de história

1976-1985

201 Breve panorama
APARECIDA BENEDITA TEIXEIRA
DINAH MARIA BARILE

219 Eu, orientadora educacional
MARILZA GOMES DA GAMA E SILVA

225 O dia em que a escola nasceu feliz
MARA SÍLVIA SEABRA

235 Realidade sem filtro
APARECIDA BENEDITA TEIXEIRA

241 A primeira greve a gente nunca esquece
MARA SÍLVIA SEABRA

247 A gente era feliz e sabia
DINAH MARIA BARILE

251 Andando na linha do tempo
ALAIRSE VIVI

257 Pedaços de saudade
MARA SÍLVIA SEABRA

269 Pitadas de história

1986-1995

281 Breve panorama
MARILZA GOMES DA GAMA E SILVA
ALAIRSE VIVI

305 Entre mimosos jacarandás
ANTONIO GIL NETO

317 Sem rosas... Sem sonhos?...
APARECIDA BENEDITA TEIXEIRA

323 Esperanças atiradas na fogueira
ALAIRSE VIVI

329 A escola e o viaduto
MARILZA GOMES DA GAMA E SILVA

337 O secretário, quem diria, se rendeu ao candomblé
DINAH MARIA BARILE

343 Tensão, ilusão e perdas
LUIZA HARUMI SIMAZAKI

349 Pitadas de história

1996-2006

361 Breve panorama
LUIZA HARUMI SIMAZAKI
LUCIANA MARLEY SACCHI

391 Velhas novas caixas
MARIA KLECY CHRISPINIANO BETTI

397 Entre camisinhas, leite, uniforme
e materiais escolares
LUCIANA MARLEY SACCHI

401 Diário de bordo de um diretor contemporâneo
LUIZA HARUMI SIMAZAKI

407 Paixão efêmera
DINAH MARIA BARILE

413 As reflexões de um aluno. Aliás, um ótimo aluno...
LUCIANA MARLEY SACCHI

417 Ilusões não muito doces
APARECIDA BENEDITA TEIXEIRA

425 Muitos tempos num só dia
MARA SILVIA SEABRA

441 A bolsista
MARIA KLECY CHRISPINIANO BETTI

447 Uma garota com idéias impróprias
ANTONIO GIL NETO

455 Pitadas de história

465 O ensino paulistano a cirandar
VANERI DE OLIVEIRA
ANTONIO GIL NETO

469 O poder na época – 1956 a 2006:
os personagens reais

475 Bibliografia geral consultada

481 Agradecimentos

A história do homem é pitoresca. As datas,
brinquedos de pesquisadores.
Quando Deus criou o mundo
criou junto a bicicleta e o caminho relvado.

Adélia Prado, *História*

*Este trabalho, escrito amorosamente numa ciranda
de tantas mãos e corações, é inteiramente dedicado
aos principais protagonistas das nossas vidas:
os alunos das escolas da nossa cidade. Todos.
A eles, que bem acolherão essas memórias revisitadas
e entrarão num viés histórico saboroso, especial.
E naturalmente, como não poderia deixar de ser,
aos educadores de todos esses tempos, que nos
emprestaram sua trajetória profissional para
registrarmos, com as cores das lembranças, essa bonita
história que é o Ensino Municipal de São Paulo.*

apresentações

Uma empreitada por amor

O SINESP, SINDICATO DOS ESPECIALISTAS DE EDUCAÇÃO do Ensino Público Municipal de São Paulo, tem marcas que o caracterizam. Além da luta primordial por melhores salários e condições de trabalho, prima pelo acolhimento humano do filiado, contribui para a sua formação profissional e se empenha na valorização do trabalho desenvolvido nas Unidades Educacionais da Rede Municipal de Ensino da cidade de São Paulo, onde tem sua base de atuação.

O ano de 2006 foi marcante para o Ensino Municipal, que completou os 50 anos de sua oficialização.

Para o Sinesp, era de suma importância resgatar essa história rica, protagonizada por seus filiados, entre os quais se encontram, desde os pioneiros até os recém-ingressantes no Ensino Municipal desta cidade que nos é tão cara. Construímos, então, a muitas mãos, o projeto de publicar este livro.

Desde o começo deste projeto, até a publicação, muita água rolou debaixo da ponte. Para o grupo de escritores, constituído por filiados e dirigentes sindicais do Sinesp, foram horas de formação, de pesquisa, de acertos, de escrita, de reescrita, de negociações, enfim, uma empreitada que só enfrentam os que o fazem por um grande ideal (ou por amor?). E tudo compartilhado e acompanhado, de perto, pelo Gil, que em nenhum momento perdeu o entusiasmo e a confiança no grupo. Enormes, também, foram o empenho e a dedicação de Benê e Marisa, que tomaram a dianteira, abrindo portas e possibilidades, para que a publicação, tão almejada, não ficasse só no desejo.

Agora, que todo este processo também já faz parte da memória, é maravilhoso lembrar os sublimes relatos dos educadores, expondo suas vivências e experiências nas "Cirandas da Memória". Lembrar como foi lindo dançar com eles esta ciranda, marcada pela emoção, no acolhedor auditório do Sinesp, todo engalanado pelos estandartes cuidadosamente elaborados pelo Gil!

Tudo pronto, é esperar e ver o nosso livro, a esta altura um filho muito querido, cumprir a sua finalidade: brincar de contar e recontar histórias, homenageando os que um dia viveram a magia de ensinar e aprender no Ensino Municipal de São Paulo.

Diretoria do Sinesp (gestão 2006/ 2009)

Ciranda de aniversário

UM LIVRO ESCRITO POR PROFESSORES (E PROFES-SORAS), de ontem e de hoje, para celebrar os 50 anos da rede municipal de ensino da cidade de São Paulo teria que se transformar numa ciranda de muita emoção e de braços entrelaçados.

Seria pouco realista esperar que os protagonistas dessa história tecida com labuta e dedicação, em meio a imprevistos e aflições, conseguissem resgatá-la com objetividade fria e distante. Os depoimentos se costuram com paixão, recuperam evocações felizes e outras nem tanto, não omitindo surpresas bem-humoradas. Melhor assim. A reconstituição fica mais saborosa e mais veraz.

Uma metrópole moderna se constrói com prédios que arranham os céus, com avenidas de muitas pistas, com centros comerciais repletos de lojas e tentações, com escritórios e bancos atarefados, com fábricas empurradas para a periferia, com meios de transporte de massa e também cinemas, teatros, estádios, hospitais, cadeias. Mas uma metrópole moderna que não queira perder o passo para as inovações que se sucedem com vertiginosidade e para os problemas sociais que se acumulam em suas ruas e vielas, tem igualmente que erguer escolas, as quais se constroem essencialmente com professores e alunos empenhados em transmitir e recriar a herança cultural que os enlaça e garante seu avanço. É o que mostra este livro, ao oferecer relatos instrutivos e comoventes da rápida expansão das escolas públicas municipais da metrópole paulistana nas últimas cinco décadas.

Lidando com a memória oficial do Estado e do município de São Paulo e comprometida com o apoio à educação e à cultura, a Imprensa Oficial do Estado de São Paulo não poderia ficar alheia a esta ciranda orquestrada pelo Sindicato dos Especialistas de Educação do Ensino Público Municipal de São Paulo, contribuindo para que o testemunho dos professores que ajudaram a construir a rede pública paulistana alcance um número maior de mestres e alunos chamados a prosseguir sua obra.

Hubert Alquéres

Os desafios continuam

AO PREFACIAR A HISTÓRIA dos 50 anos do ensino municipal de São Paulo é possível resgatar a trajetória de um punhado de educadores idealistas e obstinados que, de casa em casa, recolheram as crianças sem escola nos bairros mais afastados da cidade e instalaram as primeiras classes isoladas de ensino primário da capital. Crescendo rápido, no ritmo da própria cidade, logo o Departamento Municipal de Ensino reunia um grupo de competentes educadores que apostaram numa rede de escolas, organizaram o trabalho e expandiram as unidades que já se destacavam pela qualidade do ensino oferecido. Lado a lado, seguia o Departamento de Educação e Recreio, cuidando dos Parques Infantis que, fiéis à tradição iniciada na década de 30 com Mário de Andrade, ofereciam à cidade as pré escolas que mais tarde se denominaram EMEIs.

A partir da década de 70 o Ensino Municipal de São Paulo cresceu rápido e passou a contar com o respeito e o reconhecimento da população. Funcionando em prédios sólidos e bem construídos, oferecia ensino de qualidade e já contava com especialistas atuando na equipe técnica das EMEFs: Assistente Pedagógico, Orientador Educacional, Assistente de Atividades Artísticas, Encarregado de Sala de Leitura! Consolidou-se então a tradição de cuidar da formação dos Professores, realizar projetos inovadores, olhar para o futuro com a visão paulistana do avanço permanente, dos desafios a serem enfrentados e superados, sempre abertos à comunidade.

A fusão dos Departamentos de "Educação e Recreio" e "Municipal de Ensino" proporcionou, na década de 80, uma nova organização para a rede escolar.

As EMEIs foram "redesenhadas", numa concepção moderna de atendimento às crianças de 3 a 6 anos e logo chegaram as Creches, antes vinculadas à Secretaria de Bem Estar Social. Revista a visão assistencial, substituída pela perspectiva educacional que não abdica de bem cuidar das crianças e jovens, a rede municipal chegou ao século XXI com mais de mil escolas e ainda não parou de crescer.

Os desafios continuam, pois a cidade que viu nascer a rede municipal na década de 50 ganhou milhões de novos habitantes, expandiu suas fronteiras e se transformou numa das maiores metrópoles do mundo.

Assistimos ainda hoje ao nascimento de novos bairros, comunidades que demandam serviços públicos e precisam de atenção e cuidados nas áreas de saúde, educação, transportes, assistência – nascem também novas escolas.

Por isso a Secretaria Municipal de Educação continua seu percurso diário, apoiada em mais de 70 mil funcionários, cujo compromisso com a cidade nos remete às características dos primeiros professores dessa rede – entusiasmo, dedicação, competência. Na busca da autonomia da escola, da qualidade do ensino, da revalorização dos educadores, da modernização da gestão pública, esperamos que o próximo volume dessa história seja tão rico e admirável quanto o que agora apresentamos. Parabéns a todos os educadores que ajudaram e continuam a construir o ensino municipal – orgulho da Cidade de São Paulo.

Alexandre Alves Schneider

Orgulho sem vaidade...

PAULO FREIRE SE ORGULHAVA com freqüência pelo fato de ter sido Secretário Municipal de Educação de São Paulo; ele, sempre humilde (sem jamais aceitar a falsa modéstia), rejeitava a arrogância ou prepotência daquelas ou daqueles que enxergam o poder como atributo pessoal e para usufruto próprio.

A fonte desse orgulho – da qual também partilho – era a satisfação com a qual educadoras e educadores da RME se referiam ao exercício do magistério, seja na docência, seja no apoio e gestão escolar.

Essa satisfação tinha (e tem) origem nítida: acreditar, coletivamente, na dignidade da tarefa pedagógica realizada no âmbito escolar, procurando como horizonte a sustenta-ção da Cidadania e como convicção central o valor extremo da honestidade, do profissionalismo, da lealdade e da soli-dariedade.

Essa qualidade ética (componente chave da qualidade da Educação) não pode, claro, ser percebida como postura triunfalista, dado que entre nós, homens e mulheres da lida escolar, ainda há certas gentes (nem tantas) que degradam a esperança e escorraçam a idéia de "público" presente no serviço que devemos prestar.

Por isso, a merecida e efusiva comemoração do meio século do Ensino Municipal em nossa cidade não se esgota no tempo da lembrança, pois o "a ser feito" nos desafia mais do que "aquilo que já fizemos".

Amorosidade competente, sem admitir o vazio das aparências: essa é a obra que vale.

Mario Sergio Cortella

Realidade rebelde e desafiadora

TENHO UMA DÍVIDA QUE JAMAIS PODEREI PAGAR ao Ensino Municipal de São Paulo, que completava 25 anos quando assumi a Secretaria de Educação em 1982. Aqui tive o privilégio de passar do conhecimento acadêmico para a ação na realidade rebelde e desafiadora. Nunca mais fiz o caminho de volta e não me arrependo.

Minha paixão pela educação escolar foi forjada nas escolas municipais de São Paulo, quase todas na periferia, onde as visitas das autoridades eram acompanhadas de músicas do Milton Nascimento, em geral tocadas em péssimos aparelhos de som, mas que me emocionavam mais do que as que ouvi nos melhores espetáculos musicais. Deixei a Secretaria sentindo que levava comigo muito mais do que conseguira deixar para a cidade onde nasci.

Nestas cinco décadas, propostas diferentes, muitas delas conflitivas, foram iniciadas no Ensino Municipal. Olhando com distanciamento para todos esses anos, a imagem que me vem é a de um tobogã de políticas educacionais. A descontinuidade é uma das mazelas da educação brasileira, mas em São Paulo ela é desvairada, como a própria cidade de Mário de Andrade. Centro urbano mais dinâmico do país, além de riqueza material, antecipa tendências, inova e cria estilos de viver e conviver. O lado sombrio de sua força é ser, politicamente, mais importante do que muitos governos estaduais para os projetos políticos partidários ou individuais. E isso, para a educação, é quase letal, porque a torna refém de projetos de curto prazo, que esticam os tempos pedagógicos para acompanhar os tempos políticos a tal ponto, que o que fica é esgarçado e frágil.

Por tudo isso, pensando no que escrever para esta publicação, a única coisa que me parece real e concreta no ensino municipal de São Paulo são seus alunos e educadores de carne e osso. Ao cruzar todos os dias os portões – hoje gradeados – das nossas escolas, eles garantem que a vida escolar sobrevive aos tempos esgarçados e aos projetos de estimação dos políticos.

Portanto, parabéns, alunos, professores, diretores, coordenadores, funcionários do Ensino Municipal. Aos sobressaltos, por causa do tobogã das políticas educacionais, vocês garantem o feijão com arroz da vida nossa de cada dia nas escolas municipais de São Paulo. É com o trabalho de vocês que esta cidade vai conseguir, num futuro que esperamos próximo, construir um projeto educacional digno de sua grandeza e mais imune a suas misérias.

Guiomar Namo de Mello

Retalhos de memória

QUANDO, A CONVITE DO PREFEITO Figueiredo Ferraz, assumi a Secretaria de Educação e Cultura, em 1971, eu já sabia exatamente do que precisava o Ensino Municipal, a saber:

• da construção de uma sede condigna para o Departamento de Ensino;

• da adaptação da rede escolar à reforma promovida pela Lei nº 5692/71;

• da substituição da influência política interna e externa na administração de pessoal por critérios de mérito;

• do enriquecimento do dia-a-dia da aprendizagem com programas inovadores e complementares à rotina escolar.

Isso porque já trazia comigo uma rica experiência adquirida dois anos antes, quando dirigi o Departamento Municipal de Educação, sendo titular da Pasta o Dr. Paulo Ernesto Tolle.

Nesse período, conheci a fundo o ensino do município, detectei suas deficiências e pontos fortes, enfronhei-me em sua legislação, observei seus procedimentos e sofri com a intensa e generalizada interferência política na tomada de decisões.

Nascera esse ensino em 1956 de uma guerra política entre governador e prefeito da Capital, na época. E as primeiras salas de aula municipais resultaram da determinação, da competência e do espírito de luta dos professores que saíram a campo para achar casas que se prestassem a abrigar alunos e também alunos que se dispusessem a formar as primeiras turmas de aprendizagem. Não raro, houve professor e professora que, com seu parco salário, tiveram que pagar as despesas para a manutenção de sua escola. Havia algo de heróico no pioneirismo dessa rede escolar. Não me consta que se tivesse vertido sangue, mas sobraram certamente suores e lágrimas para, de início, alicerçar o Ensino Municipal de São Paulo.

Em 1971, quando me tornei Secretário, esse ensino, já crescido e consolidado fisicamente, comemorava seus quinze anos de vida e de funcionamento. Faltava-lhe, no entanto, algo que o distinguisse em qualidade e respeito, dentro do imenso universo das escolas estaduais e municipais de 1º grau, que pontilhavam o território do município no centro, nos bairros, na extrema periferia. Foi esse algo que acabou por tornar-se o foco da administração que então se implantava. Como membro que era, também, dos Conselhos Estadual e Federal de Educação, recebi carta branca do Prefeito Figueiredo Ferraz para dele fazer o ensino mais qualificado possível, de São Paulo e, quiçá, do Brasil.

Comecei pela reforma estrutural e funcional do Departamento, eliminando órgãos inúteis e criando outros, dentro de um organograma sistêmico e inovador. Preparou-se uma bateria de leis e decretos: instituindo concursos de acesso à carreira para professores e diretores (destes se passou a exigir diploma de Pedagogia), dividindo a Capital em quatro grandes inspetorias, reclassificando cargos, funções e salários – foi aí que os funcionários e docentes do ensino municipal passaram a ganhar mais do que seus correspondentes estaduais –, e a fazer a substituição da influência política exercida por deputados e vereadores, por referências de mérito, na hora dos ingressos e das promoções do pessoal. Apesar do corte nos seus privilégios, os vereadores não negaram a aprovação aos projetos, tendo tido eu, como Secretário, em todo o tramitar das mudanças, o apoio irrestrito do Prefeito e da imprensa.

Outra providência importante foi a implantação, na rede municipal, das inovações contidas na reforma dos ensinos de 1º e 2º graus, via Lei nº 5692/71. Como a Prefeitura já dispunha de um estabelecimento experimental, bastante avançado – o Imep –, também por mim e um grupo de educadores não convencionais, como Iracilda Robert e Angelina Gatti, organizado e posto em funcionamento em 1969, não houve dificuldade na operacionalização das novidades. As maiores delas, aliás, constavam *avant la lettre* do plano do Imep, e consistiam em três avanços: o fim do exame de admissão, a seriação do curso de 1º grau em oito anos, reunindo num só bloco os ensinos primário e ginasial, bem como a integração interdisciplinar dos conteúdos curriculares em áreas de Ciências e Matemática, Estudos Sociais, Comunicação e Expressão, Línguas Modernas e Artes.

O Imep de 1969 foi, sem dúvida alguma, uma das inspirações da nova estrutura do ensino de 1º grau, para os reformadores de 1971. Posso, sem exagero, dizer isso, porque freqüentava, na época, os Conselhos de Educação, ao mesmo tempo que dirigia a Secretaria Municipal.

Havia também que enriquecer a curricularidade do curso com programas extra-classe de qualificação, tais como:

a) Escola-Biblioteca: nos estudos lingüísticos, a garotada tinha aulas de português duas vezes por semana na escola e estágios de leitura orientada nas bibliotecas municipais, nos dias restantes da semana;

b) Classes de natureza: estudos de ciências fora das salas de aula, nos parques municipais e na fazenda Cemucan, com o uso de ônibus da CMTC, e o apoio do professor de classe, de professor de ciências e de professor de educação física e de recreação. Foi um sucesso indescritível.

c) Música nos parques: com a apresentação de orquestras, conjuntos e solistas, tanto no Ibirapuera, como na Aclimação e no Horto Florestal, para a criançada e público em geral, além dos teatros municipais e os centros da juventude;

d) Coral infantil: de seis mil vozes, organizado, ensaiado e regido pela profa. Maria José Brasileiro e sua equipe de ma-estrinas;

e) Fanfarras escolares: com apresentações em desfiles cí-vicos nos bairros.

E assim por diante.

Também se cuidou de dar ao Departamento de Ensino uma sede condigna, com prédio próprio, que se construiu à rua Borges Lagoa, esquina com a rua José de Magalhães, na Vila Mariana, e que, atualmente, serve de sede para a própria Se-cretaria.

Como se vê, foram anos de uma trepidante atividade, com a entusiástica participação do professorado sempre idea-lista, competente e motivado. Sinto saudades daqueles idos, e, ao mesmo tempo, orgulho por haver ajudado de alguma forma, como Diretor do Departamento de Ensino e Secretário Municipal de Educação, ao crescimento e à qualificação dessa rede escolar, que continua hoje a ser um orgulho e uma etiqueta de destaque, no panorama educacional do Estado e do País. Fui um Secretário de transição entre o pioneirismo e a consolidação dessa rede escolar e disso não me arrependo. Daí que deixo meus efusivos cumprimentos ao Sinesp (Sindicato dos Especialistas de Educação do Ensino Público Municipal de São Paulo, e síntese expressiva das virtudes desse subsistema educativo) pela feliz idéia de, com esta publicação, homenagear as bodas de ouro dessa importante instituição, nela registrando as reminiscências daqueles que, como eu, algo puderam realizar em seu favor.

Paulo Nathanael Pereira de Souza

Lembranças

A EVOCAÇÃO DE EPISÓDIOS ENCANTADORES acerca da vida escolar faz reviver a figura das professoras que nos ensinaram e ensinaram nossas mães.

Houve época em que um "curso primário completo" era de muita valia. Nele se aprendiam as artes da narração, do desenho, do canto, bem como a fazer contas com exatidão, pois a tabuada era excelente exercício de memória.

As crianças decoravam longos poemas, com que ainda puderam mais tarde deleitar seus netos. Timbravam em conseguir bela "caligraphia" e caprichar na "orthographia".

Certa vez assisti a um seminário na universidade onde todos os conferencistas lamentavam os males atuais da escola pública. Um educador então afirmou: "O que faz a maior falta no magistério é a presença da velha professora primária. Ah! se nós pudessemos trazê-la de novo para as classes!"

Ela zelava de perto pela saúde e nutrição do aluno, visitava as famílias, se preocupava com a criança a ponto de acompanhar sua vida até a maturidade.

A consideração de que gozava na cidade era grande e se refletia numa situação sócio-econômica mais elevada que a atual.

As professoras por mim entrevistadas se tornaram inesquecíveis para os que delas receberam as primeiras letras.

Alguns notáveis no mundo da cultura e da política evocam as mestras D. Brites Alvares e D. Jovina Pessoa, cujos preciosos depoimentos registrei. *

A Escola Pública há de ser sempre a pedra de toque da democracia e um verdadeiro orgulho para os que nela receberam sua primeira formação.

Ecléa Bosi

---

* Bosi, Ecléa. *Memória e sociedade.* São Paulo. Cia. das Letras, 2006. p. 12.

O narrador está presente ao lado do ouvinte. Suas mãos, experimentadas no trabalho, fazem gestos que sustentam a história, que dão asas aos fatos principiados pela sua voz. Tira segredos e lições que estavam dentro das coisas, faz uma sopa deliciosa das pedras do chão, como um conto da Carochinha. A arte de narrar é uma relação alma, olho e mão: assim transforma o narrador sua matéria, a vida humana.

Ecléa Bosi

Tudo começou com uma pungente idéia

Em meio a uma tarde primaveril de 2005, propus informalmente ao Sinesp a intenção de realizar no âmbito sindical um trabalho formador sobre leitura, escrita e análise da linguagem, com ênfase no gênero "Memória", e que pudesse envolver educadores ativos e inativos sindicalizados. Inclusa a essa proposta, havia a perspectiva de uma possível publicação do material que porventura nascesse das oficinas de produção de textos.

Falamos por um breve tempo, olho no olho. Era preciso, a nosso ver, dar voz ao educador em seu solitário trabalho cotidiano com seus parceiros, nas escolas.

Como uma ciranda longínqua, mas tão presente, a idéia repartida conquistou espaço. Fervorosamente esboçada, entreguei-a aos possíveis companheiros de trabalho que foram chegando. Estranhamente curiosos a acolheram. De início pela crença, por um sonhar compartilhado, talvez. Depois, por algo mais inexplicável, arrebatador. A idéia foi então mais que acolhida. Foi perseguida, organizada, arquitetada e reinaugurada num fazer coletivo constante e caprichoso. Bons tempos, boas reflexões e estudos na salinha do Sinesp, com direito aos petiscos da Dona Rosa naqueles inícios de noite de tantas e tantas quintas-feiras! Éramos, sem saber, um clube sonhador.

Vieram e ficaram comigo e com nosso projeto: Cidinha, Dinah, Klecy, Lalá, Luciana, Luiza, Mara, Marilza e Silvia Lara. Juntos perambulamos pelas palavras de vários poemas, alguns contos. Sondamos idéias e nos alimentamos dos textos de Ecléa Bosi como uma grata lição de ciência e vida. Nos inteiramos do labor e da arte de arquitetar o gênero "memórias" e brincamos um tanto quanto de contar nossos segredos infantis mais íntimos, mais encantadores. Quantas descobertas! Quantos prazeres! Nessa brincadeira de nos fazermos escritores de nossas próprias histórias, sentimos de perto o sabor de memória inventada, guardiã das mais preciosas verdades vividas. Experimentamos a graça de criar mundos sonhados, engraçados, nostálgicos, misteriosos... Sentimos estilos e intenções diferentes no contar de cada um. Divertimo-nos, nos emocionamos, aprendemos!

Investigamos com a promessa de um sonho despontando o emaranhado do oficial histórico, contado na documentação acumulada nas bibliotecas, nos jornais, nos *sites*, nos arquivos, nos tantos livros da legislação nos armários. Com uma lente mais que amorosa, com os arabescos do compromisso, fomos ao encontro do encanto de contruir uma homenagem em reconhecimento a tantos feitos históricos comuns, perdidos e esquecidos no tempo. Perguntamo-nos: o que é comemorar cinqüenta anos de Ensino Municipal? Quem apaga a vela desse bolo de tantos feitos, tantas lutas cotidianas em prol dos alunos da nossa cidade? Quem recebe palmas, cantiga de parabéns, cumprimentos? Pensamos nos tantos e tantos cidadãos que foram lapidados na nossa escola municipal... Tantas histórias para contar... Tantas histórias para serem ouvidas. E a ciranda ganhou fôlego, dinâmica, engrenagem. Corpo em movimento.

Instigados pelo jogo maravilhoso das leituras, vieram para o nosso convívio de estudos e preparo Adélia Prado, Drummond, Machado de Assis, Guimarães Rosa, García Márquez. Foram nossos inspiradores escolhidos. A idéia tímida vingou. Os iniciantes viraram um grupo dedicado, incomodado, descobridor. Sentimo-nos fortalecidos com a nossa parceria, como um abraço mais íntimo e cúmplice de um intento e uma alegria intensa em ver o arco-íris das vozes de educadores anônimos de tempos idos ou mesmo do presente, escondidos na burocracia da história oficial. Segredos óbvios. Estava junto nessa roda, num impulso, num girar, o Sinesp! Assessorados de um jeito tão afetivo e tão competente pela Benê e pela Marisa, contamos com seu potencial viabilizador e co-participante na feitura do sonho projetado, o canto para cantar. Queríamos todos estampar com os tons e as cores imagináveis uma gama de histórias vividas, sentidas, comuns, genuínas. Realçar as dobras da história oficial no seu viés mais verdadeiro, colorido e humano. Teríamos de quebrar algumas paredes construídas pelos registros oficiais. Abrir lacunas, lentes emprestadas dos deuses para dar mais luz e compreensão à nossa realidade tão fugaz, aos tempos de pesquisa, das improvisações, das consultas. Brotava assim a idéia de uma publicação com um enfoque temático sobre os "50 anos de Ensino Municipal".

Quantos atos envoltos pelo tempo vieram à tona como um bem comum ressuscitado. Quantas idéias reflexivas e curiosas realçaram o espargir das dúvidas e dos sonhos mais diversos. Tudo inaugurado numa cantiga de embalar, ensinar e aprender. E tocados pelo chamamento, como uma melodia infinda, harmônica, tantos educadores cirandeiros... Quantos fazeres, quantos atos heróicos, quantos ensaios. Um tesouro escondido a ser procurado. Para ser revelado. Reinaugurado. Cantado na luz do presente, do eterno cantar.

Em meio a tantos sentimentos, criamos o evento *Cirandas da memória, tantas histórias para contar*, realizado em agosto, o mês comemorativo. E nele vieram os convidados, os donos da festa, educadores de todos os tempos, com suas cantigas, suas histórias, suas lembranças, sua vivências. Amarelinhas da vida. Vieram atender ao convite do Sinesp para entrar na roda reveladora das memórias mais pungentes, emocionantemente reais. E as cirandas ocuparam o espaço e proclamaram seus bonitos cantares. Que dias lindos revivemos! Vimos então sentido e direção em nosso intento. Batismo de atos, palavras e obras. Conhecemos de perto a geografia das emoções, a matemática miúda de tantos cotidianos!

Veio depois o momento mágico, sublime, amoroso. O da criação. Renascidos no cantar das cirandas, na melodia dos testemunhos, nos sons dos depoimentos, fizemos a nossa dança nos passos revividos. Pelas cores das vidas ali emergidas, reverberadas, viajamos pelas tramas, pelas lembranças, pelas atitudes mais sutis. Viramos algumas de cabeça para o ar, amalgamamos umas nas outras e brincamos de tranformar em algo fictício aquele mar de acontecimentos firmes, fortes e construtores de um sonho comum e real que é a Educação. Saltaram aos nossos olhares atentos tantos personagens, situações, fatos, conflitos, tramas, climas, emoções. Como pode essa ficção quase infantil dar conta de tamanha verdade escondida nos fazeres desenhados na dança do passado? Vimos o diálogo e o contracanto que os personagens de cada história fazem a torto e a direito com a história oficial. Não para desbancá-la ou desfigurá-la. Mas sim para inserir nela a cor do trabalho silencioso de tantos gestos anonimamente entrelaçados numa via-láctea perdida no emaranhado de tantos registros, tantos números, tantas páginas...

E veio mais uma parceria imprescindível. Pelas mãos do Sinesp fomos bem acolhidos pela Imprensa Oficial. A alegria não podia ser mais inteira. A idéia amorosa teria a garantia de virar esse objeto tão primoroso da vida dos homens de bem: um livro! E seria possível compartilhar toda essa chegança com outras tantas pessoas: os leitores. Poderíamos querer sonho mais feliz?

A ciranda estava se ampliando. A ciranda era agora um brinquedo. O brinquedo enfim, um livro. E nele, tantas possibilidades de tantas outras histórias para serem recontadas...

E a Ciranda feito livro tão sonhado, esperado, querido, era a mais importante homenagem e comemoração ao nosso ensino municipal e aos educadores que o construíram no seu trabalho diário. Só assim poderíamos dizer do reconhecimento, através das palavras que compõem esses textos. Passaram-se 50 anos, novos e outros tempos virão... Essas sementes aqui registradas na forma de histórias são o próprio trabalho dignificado que se renova a cada dia, a cada estação, a cada ciclo. Que seja sempre com pequenas melodias que acalantemos os sonhos dos educadores de todas as gerações, fazedores de seus tempos... E de nossa História.

Antonio Gil Neto, fim de primavera de 2006

1956-1965

Em meio aos
anos dourados,
os pioneiros fazem
a escola municipal...

Breve panorama

MARIA KLECY CHRISPINIANO BETTI

O mundo ainda sentia os reflexos do pós-guerra, uma nova sociedade surgia a partir do modelo do *american way of life,* ditando um novo comportamento baseado no consumo e na busca da liberdade de viver, usando apenas *jeans* e camiseta, andando de Vespa, embalado pela imortal Edith Piaf, pelos *fox* e *blues* de Bing Crosby e Frank Sinatra. Ou cantando, com Gregório Barrios, os boleros repassados de sentimentalismo de Agustín Lara. Enquanto isso, dos estúdios da MGM em Hollywood vinham os musicais com Fred Astaire e Gene Kelly. No velho mundo o neo-realismo francês e italiano davam a conhecer os horrores da guerra. Nas *caves* e cafés parisienses Jean-Paul Sartre e a sua companheira Simone de Beauvoir davam asas ao existencialismo, a filosofia da época, a milhares de jovens vestidos com malha e calças pretas, que fumavam Gitanes e que tinham como musa a cantora Juliette

1956–1965

Gréco. Nos Estados Unidos, o livro *On the road*, de Jack Kerouac. influenciava milhares de jovens norte-americanos a *pôr o pé na estrada*, dando origem ao movimento *beatnik*. Eram os tempos da Guerra Fria, quando os temores de um conflito nuclear se misturavam ao doce, quase ingênuo sentimento de liberdade...

Na Ásia e na África teve início o processo de descolonização. Com o aparecimento de numerosos países independentes, formou-se um grupo de nações neutras, não alinhadas ao socialismo ou capitalismo. Nesse contexto se destacaram o presidente egípcio Gamal Abdel Nasser, o primeiro-ministro indiano Jawarhalal Nehru e o presidente iugoslavo Josip Broz Tito.

O coronel Gamal Abdel Nasser expulsou os franceses e os ingleses do Egito e nacionalizou o Canal de Suez com o apoio de americanos e soviéticos. E também liderou os árabes na luta contra o estabelecimento do Estado de Israel na região.

No extremo oriente, as idéias políticas do líder comunista Mao Tsé-tung, contidas em seu "livro vermelho", se tornavam a base do modo de pensar e viver chinês. A doutrina do "Grande Timoneiro" Mao baseava-se na idéia de que a "revolução permanente" era o principal meio para se erradicar o pensamento burguês na China.

Na Europa Oriental, a Guerra Fria refletia diretamente no bloco de países socialistas que, sob a égide da URSS, criaram em 1955 uma aliança militar, o "Pacto de Varsóvia", equivalente à "Organização do Tratado do Atlântico Norte", a Otan (1949), dos países capitalistas. A partir de 1956, ocorreu a desconstrução do regime stalinista realizada pelo líder comunista Nikita Khrushchov. Ao mesmo tempo, ocorrem os primeiros levantes contra a dominação soviética em Berlim Oriental, na Polônia, e uma efetiva revolta em outubro de 1956 na Hungria. No coração do Velho Mundo, surgia o Eurocomunismo quando os partidos comunistas da Itália e da Espanha se insurgiram contra o Partido Comunista Soviético, sustentando o direito de defender suas posições pela via legislativa, de modo a participar do processo eleitoral, objetivando assim um comunismo menos autoritário.

Em 1958, na VIII Copa do Mundo realizada na Suécia, o Brasil sagrou-se pela primeira vez Campeão Mundial de Futebol e apresentava ao mundo o "anjo de pernas tortas", o Garrincha, como era chamado Manuel dos Santos, e o jovem Edson Arantes do Nascimento, o Pelé.

Na nascente corrida espacial contra os norte-americanos, os soviéticos saem na frente com os lançamentos em 1957 dos satélites Sputnik I e Sputnik II, levando a cadelinha Laika. Quatro anos depois, o soviético Iuri Gagarin deu a volta em torno da Terra, tripulando uma cápsula espacial e perpetuando a famosa frase "A Terra é azul". A década de 60 no mundo começava "quente" no universo da Guerra Fria: os comunistas alemães erguiam um muro dividindo Berlim em duas partes, a oriental e a ocidental. O Papa João XXIII emitia a encíclica *Mater et Magistra* (1961), na qual manifestava sua solidariedade aos pobres e, no Concílio Ecumênico Vaticano II, estabelecia o diálogo entre as Igrejas Cristãs.

Na América Central, em 1959, a hegemonia capitalista norte-americana foi quebrada, quando a guerrilha chefiada pelos Comandantes Fidel Castro, Raúl Castro, Ernesto "Che" Guevara, Camilo Cienfuegos e Huber Matos derrubou a ditadura de Fulgêncio Batista, em Cuba. Fidel Castro, em meio ao processo de estabilização da Revolução, adotou diretrizes de caráter comunista ao se aproximar política e economicamente da URSS.

Em outubro de 1962, a disputa ideológica e militar entre Estados Unidos e URSS chegava a um de seus momentos de maior tensão com a Crise dos Mísseis de Cuba e a descoberta

1956–1965

pelo governo norte-americano de que o líder soviético Nikita Khrushchov tinha a intenção de enviar mísseis com ogivas nucleares e mais rampas de lançamento para serem instalados como uma suposta "defesa" do arquipélago cubano em resposta aos mísseis instalados pela Otan na Turquia. Essa crise quase levou as duas potências nucleares a um conflito real. Após negociações, Estados Unidos e URSS chegaram a um acordo e retiraram suas armas nucleares de Cuba e da Turquia. O presidente John F. Kennedy também se tornou conhecido por ser um defensor dos direitos civis dos afro-americanos. Em campanha para reeleição no ano de 1963, foi assassinado em Dallas, no Texas.

Em 1962, na IX Copa do Mundo de Futebol no Chile, o Brasil tornava-se Bi-campeão Mundial de Futebol.

Eclodia, em 1963, a Guerra do Vietnã, entre Vietnã do Sul (apoiado diretamente pelos Estados Unidos) e Vietnã do Norte (socialista). Nessa guerra houve o emprego, pelos americanos, de bombas de napalm, armas químicas e desfolhantes nas florestas (Agente Laranja). Foi uma guerra longa e "suja" que gerou muitos protestos e opositores, principalmente dentro dos Estados Unidos. A peça teatral *Hair*, de 1967, transformada em filme em 1979, revelava o sofrimento do jovem americano diante da convocação militar para lutar longe da pátria.

No campo das artes, este foi um período profícuo. Na literatura, o norte-americano Ernest Hemingway, morto em 1961, foi com certeza o mais lido e o mais amado dentre os grandes escritores. Elvis Presley, o fenômeno do *rock-and-roll*, encantou gerações com seus 33 filmes de sucesso e alcançando a marca recorde de vendagem de discos. No início dos anos 60, um novo fenômeno musical: surgia na cidade portuária de Liverpool, Inglaterra, os Beatles, um conjunto musical formado por John Lennon, Paul McCartney, George Harrison e Ringo Star. Suas músicas e suas atitudes marcariam definitivamente não só os jovens daquela época, mas a sociedade do século 20. Entre o final da década de 50 e a primeira metade da década de 60, o romance, o conto e a poesia latino-americanos foram revelados ao mundo através de escritores como Júlio Cortazar e Jorge Luís Borges, argentinos; Miguel Angel Astúrias, guatemalteco; Gabriel García Márquez, colombiano; Vargas Llosa, peruano; Pablo Neruda, chileno, além dos brasileiros Guimarães Rosa e Jorge Amado. O período nos contemplou com três mitos: na política, Evita Perón e Ernesto "Che" Guevara, e na ópera lírica, a diva Maria Callas.

No Brasil

No âmbito político nacional, em janeiro de 1956, tomava posse na Presidência da República, o mineiro Juscelino Kubitschek de Oliveira, cuja plataforma de governo era "cinqüenta anos em cinco". Tinha início um período da história brasileira denominado *Anos dourados*, que durou até os primeiros anos da década de 1960. O presidente JK, baseado no "Plano de Metas", foi o idealizador da nova Capital, construída na região central do Brasil e projetada pelo urbanista Lúcio Costa e o arquiteto Oscar Niemeyer, foi inaugurada em 21 de abril de 1960, com a transferência da Capital Federal do Rio de Janeiro para Brasília. A política de cunho nacional-desenvolvimentista de JK realizou ainda amplo programa de industrialização, incluindo a indústria automobilística. Implantou hidrelétricas e construiu estradas.

Tomava posse, em janeiro de 1961, como presidente da República, Jânio da Silva Quadros. Suas ambigüidades políticas e a forma como conduzia a política exterior no complexo contexto político latino-americano no início da década de 60,

| 1956–1965

aproximando-se de Fidel Castro, condecorando "Che" Guevara com a Ordem do Cruzeiro do Sul, entre outros motivos, acabaram por levar à sua renúncia, em 25 de agosto, sete meses depois de empossado. O vice-presidente João Goulart não era bem visto pelos militares. Foi necessário um acordo político entre parte do governo e militares, chegando-se a uma forma "conciliatória" ao instituir-se o Parlamentarismo no País. Um plebiscito realizado no ano de 1963 restaura o Presidencialismo. A partir daí, João Goulart começa a se aproximar de grupos ligados à esquerda ao planejar as "Reformas de Base", que incluíam a reforma agrária e a educacional. Milhares de voluntários se integraram ao Movimento de Educação de Base que aplicava o "Plano Paulo Freire", método de dinâmica acelerada que alfabetizava em seis meses.

A situação política e econômica nacional se encontrava em crise. Em 13 de março de 1964, o presidente Jango faz um comício com quase meio milhão de pessoas, em frente à Central do Brasil, no Rio de Janeiro, assinando solenemente o decreto da reforma agrária e da encampação das refinarias de petróleo particulares. Concomitantemente, eclodia uma revolta de marinheiros contra seus superiores. Esses fatos fizeram aumentar a crise política que culmina então com a deposição de João Goulart da Presidência, pelos militares. Em 1º de abril de 1964, João Belchior Marques Goulart exila-se no Uruguai e o Marechal Castelo Branco assume a presidência da República, dando início a um dos períodos mais complexos da República brasileira. Um regime de exceção (ditadura) foi instalado, atingindo, primeiramente, grupos formadores de opinião, como intelectuais, professores, jornalistas e políticos. Logo depois, qualquer um que se posicionasse de forma contrária ao regime – como estudantes, operários e até a Igreja – seria perseguido. Durante esse período de repressão, foram feitas muitas prisões, o uso da tortura se tornou corrente, levando a exílios e mortes de muitos brasileiros.

No campo da música, a partir dos anos 60, com João Gilberto, Tom Jobim, Vinícius de Moraes e a musa Nara Leão, entre tantos outros, teve destaque uma nova manifestação musical que marcaria para sempre a arte musical brasileira: a Bossa Nova. Surgiu também a "Jovem Guarda" liderada por Roberto Carlos e Erasmo Carlos.

A música popular brasileira floresceu e ganhou destaque nesse período, por meio de jovens cantores e compositores que surgiam ao lado dos já tradicionais. Foi numa noite de 1965, durante o programa *O Fino da Bossa*, da TV Record, comandado por Elis Regina e Jair Rodrigues, que apareceu um jovem estudante de arquitetura de belos olhos verdes, chamado Francisco Buarque de Holanda, que cantou *Pedro pedreiro* e encantou o Brasil desde então. Vieram os Festivais da Música Popular Brasileira organizados pela Record e realizados no Teatro Paramount em São Paulo e no Maracananzinho, no Rio de Janeiro, que consagraram Chico Buarque de Holanda, Caetano Veloso, Geraldo Vandré, Gilberto Gil, Ivan Lins, Luís Carlos Paraná, Tom Jobim, Maria Bethânia, Gal Costa, Nara Leão e tantos outros.

Muitos compositores, assim como autores teatrais, se engajaram na luta contra a ditadura, através da música e das peças teatrais de protesto, sofrendo por isso as conseqüências das práticas vigentes: prisão, tortura, exílio.

São Paulo

O Estado de São Paulo, embora tivesse sido ultrapassado na produção de café pelo Estado do Paraná, ainda era o centro dessa atividade agrícola. A agricultura paulista ocupava posição de destaque em relação ao conjunto nacional, particularmente no cultivo de algodão, cana-de-açúcar, amendoim, arroz, laranja, milho, mamona. A pecuária era outra atividade bastante desenvolvida.

São Paulo possuía um dos maiores rebanhos bovinos do país, e a criação de suínos e aves era significativa. A área de maior concentração de rebanhos bovinos era Barretos e Araraquara – para gado de corte; a zona Noroeste e Sorocabana, para criação. No Vale do Paraíba, concentrava-se a criação do gado leiteiro.

O desenvolvimento industrial do Estado caracterizou-se pelo seu intenso ritmo, passando de 30.294 estabelecimentos fabris em 1947, para 56.918 em 1961. As principais classes de indústrias eram as de produtos alimentares, material de transporte, química e farmacêutica, têxtil, metalúrgica, material elétrico e de comunicações, mecânica, minerais não metálicos, além da automobilística, com 11 das 12 fábricas existentes no país.

O Estado dispunha de uma rede de transporte que compreendia ferrovia, com uma extensão de 7.715 km; rodovias, com 176.962 km; navegação marítima, através do porto de Santos e de São Sebastião, e ligação aérea pelos aeroportos de Congonhas, na Capital, e Viracopos, em Campinas.

Através do eixo São Paulo-Santos, eram importados milhares de toneladas de equipamentos, matérias-primas e produtos manufaturados.

O censo de 1960 registrava no Estado 12.974.699 habitantes, correspondendo a 18,3% da população do país. Esses números, para muitas pessoas, apenas corroboravam a velha máxima de que o Estado Bandeirante era a principal força econômica da federação.

O município de São Paulo, o maior centro industrial da América Latina, era seguido de São Bernardo do Campo, São Caetano do Sul, Cubatão, Piaçaguera, com a usina siderúrgica Cosipa, Campinas, Jundiaí, Mauá e Piracicaba. Esses anos marcam um período de grande transformação social e urbana na metrópole paulistana.

Na São Paulo de fins dos anos 50, muitos moravam nos bairros, mas era na "cidade", como se costumava referir ao centro da capital paulistana, onde tudo acontecia. A região central concentrava a vida da cidade.

Com exceção da loja de departamentos Mappin, o comércio de roupas, sapatos e outros artigos do gênero era feito, preferencialmente, nas lojas das ruas São Bento, Direita e da Praça do Patriarca. Na Rua José Paulino e outras do bairro do Bom Retiro, as confecções, pertencentes aos integrantes da colônia judaica, vendiam seus produtos a preços populares. Na Rua 25 de Março, os sírio-libaneses comercializavam seus tecidos a metro, de excelente qualidade e bom preço. Mas era na Barão de Itapetininga e ruas adjacentes que morava o luxo. Lá estava o ateliê de Madame Rosita, a casa Vogue e as pelerias da Rua Marconi e as grandes lojas de calçados. Aos poucos, esse comércio fino foi se deslocando para a Rua Augusta até aparecer o primeiro *shopping*, o Iguatemi, inaugurado em 1966. Assim como o primeiro supermercado, o Peg-Pag, na esquina da Avenida Paulista com a Rua da Consolação.

A zona bancária localizava-se nas ruas XV de Novembro, Álvares Penteado e Boa Vista. Escritórios, cartórios e repartições públicas também encontravam-se instalados no centro. A Câmara Municipal, no Palacete Prates, na Rua Líbero Badaró; a Assembléia Legislativa, no Palácio das Indústrias, no Parque D. Pedro II, e o Governo do Estado, no Palácio dos Campos Elíseos, na Avenida Rio Branco.

O transporte urbano era feito por ônibus e por bondes abertos ou fechados (bonde camarão) ou táxis. Os carros eram importados, poucas pessoas os possuíam. O Censo de 1960 registrou 3.825.350 habitantes na cidade.

| 1956–1965

As faculdades da Universidade de São Paulo estavam espalhadas pela cidade: a Politécnica, no Bairro da Luz ; a Odontologia, na Rua Três Rios, no Bom Retiro; a Filosofia, berço de pensadores, intelectuais e contestadores, na Rua Maria Antônia e a Arquitetura, lá pelos lados de Higienópolis. Havia bibliotecas públicas em alguns bairros e nas faculdades, mas o charme era freqüentar a Mário de Andrade, que funcionava como ponto de encontro dos estudantes e candidatos a intelectuais.

Circulavam pela capital vários jornais: *Folha de S. Paulo, Folha da Tarde, Folha da Noite, Última Hora, Diário de S. Paulo, Diário da Noite, Gazeta, Gazeta Esportiva, Correio Paulistano, Diário Popular, O Dia, O Estado de S. Paulo,* entre outros.

A cidade era dotada de enormes e modernas salas de cinema, com ar condicionado, instaladas ao longo da Avenida São João, Ipiranga e Rua Dom José de Barros.

O grande mecenas da cidade foi Francisco Matarazzo Sobrinho, conhecido como Ciccilo, fundador da Bienal, do Museu de Arte Moderna – MAM, do Museu de Arte Contemporânea – MAC e um dos fundadores do Teatro Brasileiro de Comédia – TBC, juntamente com Franco Zampari. O TBC exerceu grande influência em São Paulo, provocando o aparecimento de outros grupos teatrais como as Companhias Nídia Lícia e Sergio Cardoso e Tônia-Celi e Paulo Autran e o Grupo Oficina. Surgiram novos espaços como os Teatros Cacilda Becker, Maria Della Costa e o Teatro de Arena.

O Museu de Arte de São Paulo, o MASP, funcionava nas dependências do Edifício dos Diários Associados, de Assis Chateaubriand, na Rua 7 de Abril, até ser transferido para o prédio da Avenida Paulista, em 1968.

O cinema nacional em 1962 fica em festa com a premiação do filme *O pagador de promessas,* de Anselmo Duarte, com as atuações de Leonardo Villar e Glória Menezes, no Festival de Cinema de Cannes, agraciado com a Palma de Ouro.

Quanto à Educação, à União sempre coubera a competência para traçar as diretrizes e bases da educação nacional, aos Estados a de organizar os sistemas de ensino e aos Municípios a aplicação de recursos oriundos de impostos para a manutenção e o desenvolvimento do ensino primário, fundamental, obrigatório, oficial e gratuito.

A Constituição Federal de 1946 estabelecia, em seu Artigo 168, inciso II, que "o ensino primário oficial é gratuito para todos; o ensino oficial ulterior ao primário sê-lo-á para quantos provarem falta ou insuficiência de recursos". Assim, à época, o ensino oficial obrigatório e gratuito era o do 1º ao 4º ano primário, ministrado nos Grupos Escolares Estaduais, por professores normalistas.

Quanto ao curso ginasial, de 1ª a 4ª séries, ulterior ao primário, não tendo caráter obrigatório, não se encontrava disponível em todas as escolas públicas, apenas em alguns estabelecimentos de grande porte, os famosos Ginásios do Estado, com sua excelência no padrão de ensino. Como solução para a falta de vagas, havia um exame de seleção, denominado Exame de Admissão ao Ginásio. A demanda não atendida pelas escolas públicas era suprida pela Rede Particular de Ensino, por meio das escolas leigas ou ligadas a ordens religiosas masculinas ou femininas.

Era no ensino médio que efetivamente se estreitava o funil da escola pública, pela falta de vagas e pelo exame de seleção. Dividido em profissionalizante: Curso Normal e Escola Técnica de Comércio e cursos para ingresso às faculdades: Curso Clássico para Direito, Filosofia, Ciências e Letras e Curso Científico para Medicina, Odontologia, Engenharia e Arquitetura. Outros cursos universitários não havia.

1956–1965

O Artigo 169 da Constituição Federal determinava que "anualmente, a União aplicará nunca menos de dez por cento, e os Estados, o Distrito Federal e os Municípios nunca menos de vinte por cento da renda resultante dos impostos na manutenção e desenvolvimento do ensino".

A municipalidade paulistana dava cumprimento à obrigatoriedade constitucional, por meio de acordo firmado com o Estado, pelo qual a Comissão de Construção Escolar, ligada ao Gabinete do Prefeito, construía os prédios escolares e repassava-os ao Estado, que os equipava e os colocava em funcionamento. O Fundo Estadual de Construções Escolares ainda não existia.

Terminada a vigência do acordo, não houve renovação. O Estado começou, de forma emergencial, a instalar classes em galpões de madeira para atender a demanda. A falta de vagas atingia seu ponto crítico em 1956, com elevado contingente de crianças, em idade escolar, sem escola. Sensível ao problema, o Prefeito Juvenal Lino de Mattos fez editar o Decreto nº 3. 069, de 04/02/56, que criou o primeiro "Grupo Municipal de Ensino Primário de Jaçanã", e o Decreto nº 3.070, de 07/02/56, que autorizou a "instalar, em prédios de propriedade da Prefeitura, unidades de ensino primário – grupos escolares". Mas não chegou a colocar em funcionamento as escolas, pois, eleito senador, foi substituído pelo Dr. Wladimir de Toledo Piza, que nomeou para Secretário da Educação e Cultura o Professor Henrique Richetti, Delegado do Ensino Estadual aposentado. Assim, junto com os Professores Pioneiros, na metade dos *anos dourados*, em meio a *bossa nova*, na cidade fundada por padres mestres-escolas, criaram o ensino municipal.

Enquanto existirem
estrelas no céu
irá durar a memória
do bem que recebemos.

Virgílio

Sementes de um sonho

ANTONIO GIL NETO

Como nasce uma lei assim tão vigorosa e triunfante? Surge do nada e resplandece? Da cabeça de uma pessoa? De uma trama coletiva? Pode ser. Um arabesco de atitudes se esboça num passado e vai desenhando na nitidez do presente as possibilidades, as aspirações do futuro. Num movimento de ideais quase despercebido do seu bem intento, vão se esculpindo com o cinzel das vidas as faces da lei.

Agosto, 1956. Dia 2. A garoa inaugura a manhã na minha cidade, já com cara de metrópole. Olho para fora. Um vento frio sacode as árvores como se fossem de seda. Tombam de leve como em reverência para o feito do dia. Algo importante nas páginas oficiais. Vou me arrumando para enfrentar mais um dia. Abro o guarda-roupa. Escolho o melhor, o mais adequado. E vou pensando que o nosso presidente-bossa nova instalara mesmo no país

1956–1965

um clima de esperança promissora, os 50 anos em cinco. São Paulo, a Terra da Garoa, parecia fazer juz ao intento federal. O nosso prefeito, Wladimir de Toledo Piza, não fica atrás. Publica precisamente hoje um decreto importantísssimo para a vida da nossa cidade. Já era hora. Ainda ouço o alarido das comemorações do quarto centenário dois anos atrás... Mas, hoje, poucos sabem.

São Paulo vai se tornando uma cidade cada vez mais acinzentada, quase uma Londres tropical. Uma cidade de abismos mais íntimos. Uma cidade sem navios, mas acolhedora de tantos portos, tantas pátrias. Essa é a geografia de seus méritos. Eu sei. Uma cidade permanentemente se inventando das dores, das dádivas, dos marcos zeros... seu destino, talvez.

Arremato minha arrumação com um pequeno fio de pérolas e um borrifar discreto da Coty. Sinto que a cidade não amanheceu igual. Meu coração diz isso. Algo me incomoda de um jeito orgulhoso, porém pungentemente triste. Mexe com meus brios mais secretos. Fecho a porta e saio. Bem agasalhada, entro no bonde. Após vinte minutos, desço ao lado da Praça Ramos e vou caminhando em direção à Secretaria da Fazenda, onde trabalho há poucos anos. Nem sei como consegui meu emprego de escriturária. Somos só eu e mais duas num mar de homens sisudos com seus ternos escuros e com polidez conveniente. Ares modernos paulistanos. Afinal a capital paulista já passa de longe o seu primeiro milhão de habitantes. E agora, mais precisamente hoje, a terra da garoa, a capital do café, o coração do Brasil abre seu dia com seu mais novo projeto para o futuro: um sistema próprio de escolas. De lambuja e no mesmo dia a criação de cem funções de professor primário para dar conta dessa nova empreitada. A 8.100 cruzeiros por mês, fora as despesas com a sala de aula e os materiais – é um salário promissor. Eu que o diga.

Em meio aos carros de luxo, aos bondes e muito poucos cabriolés, vou me encaminhando para o trabalho. Penso com meus botões e meus nervos encolhidos como será este meu dia na imensa repartição pública. E como o mar de homens elegantes comentará a notícia que ouvi pelo repórter Esso hoje pela manhã de um modo tão sonoro, tão solene... "O prefeito da capital paulista cria o sistema de ensino municipal..." Senti e sinto que é uma notícia exuberante. Combina bem com a idéia de reconstrução que paira nesse mundo de pós-guerra. Mas o que me incomoda e está adormecido, guardado, escondido no meu coração começa a brotar aos poucos. Como se faltasse a tudo isso uma alegria mais íntima, mais verdadeira.

Daqui do centro da cidade que pulsa nessa manhã de fim de inverno, penso que havia combinado com J, que iríamos inaugurar precisamente hoje sua Vespa amarela e preta. J está se saindo bem no seu ofício de advogado, saído da São Francisco. Primeiro terei de trocar a minha saia e blusa costumeiras por uma calça comprida, coisa que me atrevo a usar fora do expediente e bem antes de me casar. Depois de um pequeno passeio e uma parada no Mappin para um *milk-shake* de baunilha, iremos ao Cine Olido assistir ao mais novo filme da Vera Cruz, um em que a Tonia Carrero faz o papel de uma pianista. Mas continuo intrigada com a idéia que ecoa desse decreto. Preciso desatar alguns fios dessa história. E pressinto que meu encontro com J. começa a gorar. Testemunha de anos vividos, sinto agora um equilíbrio suave restabelecendo o desenho desses tempos idos. Acorda no ar e invade minha jovem memória em suspiros delicados e ardentes. Próximo ao secreto me aproximo. A cor do tempo é essencial para a pintura do passado.

Na Rua São Bento, a uma quadra do meu trabalho, ainda cometo a façanha de adentrar pela primeira porta que exala o perfume tradicional dessa cidade. Preciso tomar um café como um despertador de idéias vividas. O vento frio ainda causa ares londrinos na manhã paulistana. Entro rápido no local aconchegante, acalorado. Na Leiteria Pereira, o tilintar das xícaras brancas, os pires e colheres reluzentes pelo balcão me instigam. Alguns senhores com chapéus e ternos sóbrios falam à boca pequena. Nos espelhos se multiplicam, ecos humanos. Os algarismos romanos do *swiss made* na parede avisam a proximidade das oito horas. Degusto o café devagar e saio. Fico na porta um pouco escondida dentro de mim, cutucando lembranças. Risco no ar e no tempo da manhã um plano inadiável e delicado em meio a todo aquele burburinho de vozes masculinas. Meu encontro precisará ser outro. Heroicamente silencioso.

Já na minha mesa, mil coisas por fazer. Cartas expressas, telegramas, ofícios a datilografar, atas a conferir. Agenda cheia. Fora o telefone. Olho para fora, como se fosse ali uma paisagem ainda nunca vista. Pleno Anhangabaú solene, o Viaduto do Chá no seu abraço eterno sobre a cidade. Pessoas e carros espalhados como aquarela dançante. Lá em frente a imponência do Teatro Municipal. Encontro nele, num único gesto, uma fenda na história, funda cicatriz. Busco-a para reencontrar alguma pista que fez desabrochar em mim, vindo de um passado escorregadio e já transformado, as marcas mais precisas. Em pé, ali junto à janela, contemplativa decido, sem Vespa, sem cinema, sem calça comprida: tomarei o elétrico e farei uma visita a minha mãe, na minha casa de infância.

Fico despachando em ondas toda a papelada acumulada. No fogo-fátuo da memória, nem sempre sabemos a história completa. Sempre soube que a União organiza e mantém o ensino primário nos municípios. Por sua vez aplicam os recursos nas quatro séries do primário, que se diz oficial e gratuito. Mas, quanta gente fora da escola! Quantas pessoas chegam do interior e ainda virão aqui para fazer a vida. Sem conhecer uma linha do bê-a-bá, sem saber nada das tabuadas. Sei também do acordo entre o governo estadual e o da cidade. Este, por meio da sua comissão, construía até então os prédios escolares, passava-os ao Estado e a este cabia a tarefa de fazê-los funcionar. Mas o ritmo da chegada de pessoas é muito maior do que isso. A cada dia que passa, a falta de vagas desenha um grande contingente de crianças sem escolas e adultos na vida sem saber ler e escrever uma linha sequer. Será agora diferente?

Algo muito mais intenso do que simplesmente reverenciar o ato publicado com todas as letras da lei e que esta cidade tanto merece, falta em mim, moradora dessa cidade. Num vislumbre quase infantil, sinto que falta algo de reconhecimento. Penso que o destino das palavras é malicioso. Imagine-as dentro dos capítulos das histórias oficiais... E se elas pudessem cair fora delas?

Irei ver minha mãe. Sim. Ela merece ser homenageada por mim, testemunha de uma vida compartilhada. Sobretudo por este dia. Justifico com palavras escolhidas olhando bem firme nos olhos do Seu Alfredo, o chefe de gabinete, a minha extrema necessidade de saída antecipada por motivos familiares e urgentes.

À luz fatiada da tarde, levanto-me e saio. Como se respirasse vidro. E antecipasse a alegria.

O sol está mais forte aqui fora. A neblina já se dissipou. No bonde fico visitando tudo o que sei, o que aprendi. As primeiras atitudes rumo à construção de um sistema educacional nascem de um poeta, filho da cidade, Mário de Andrade. Nos idos de 35, por sua mão nasceram os parques infantis, como um rascunho de projeto educacional que era necessário e viria. Só agora, 21 anos mais tarde, o parque vira escola. Começa hoje com 100 clas-

1956–1965

ses espalhadas pela periferia. Mas não vai dar nem para o cheiro! É pouco para essa gente toda que precisa aprender...

Olho para fora. A paisagem vai mudando. Começa agora uma rua bem calçada com casas com seus jardinzinhos na frente. Puxo rapidinho da minha lembrança imagens da vida de minha mãe. Não para amenizar a saudade presente, mas para glorificar o já feito mais pungente e íntimo. E para prosseguir a vida, essa espécie de ficção da memória.

Precisamos de nosso olhar para tudo. Minha mãe... Irene... Que linda mulher por dentro e por fora! Que postura! Admiro-a, por tanta coisa... Lembro-me do que me falou, do meu avô, engenheiro, vindo de Veneza para trabalhar com Ramos de Azevedo na construção do Teatro Municipal, como projetista. Ela fez escola normal aqui mesmo e fala francês, italiano. De uma família de posses, teve até motorista que a levava para estudar. Desde quando comecei a tomar sentido, pude perceber como minha mãe tem sido uma batalhadora pela educação. E que amor tem pelas pessoas, pelas coisas que precisamos conquistar. Relembro seu afeto e o castigo bem dados. E aquele ar sereno com um breve desassossego...

Quando tinha alguma conversinha miúda comigo contava, com um ligeiro orgulho no olhar, que nos seus dezoito anos já lecionava nas Escolas Mistas Sete de Setembro, lá do bairro do Bexiga, e que eram mantidas pela prefeitura.

Se bem me lembro, lá pelos idos de 1926/27 nos mudamos para o Paraguai por conta de meu avô Domingos ter sido contratado por uma firma canadense para construir um porto por lá. A família toda foi junto: avós, pais e netos. Foi precisamente no norte do Paraguai que vi minha mãe como uma legítima educadora. Lá não só ensinou grupos de índios a ler e a escrever como aprendeu a língua deles. Falavam guarani. As crianças indígenas nas buliçosas brincadeiras foram lhe ensinando cantos, movimentos do mundo e novas maneiras de reconhecer frutos e plantas... Tivemos como vizinho o Sr. Stroisner. Ele queria muito ver seus filhos estudando fora para serem gente importante no futuro. Depois de alguns poucos anos, voltamos para cá, meu pai quis voltar. Meu avô ficou por lá.

Lembro bem e então a minha cabeça ferve de tanta coisa. Lembro-me da minha mãe, elegante, bem vestida e perfumada, lecionando. Ela até foi convidada a ser *miss*, mas não quis. Nunca teve vaidade exagerada. Quis abrir uma escola particular já naquela época, na Rua Botucatu. Ela acolheu muita gente do interior que vinha para cá despreparada. Me vejo indo com ela à Praça da Sé, onde pediram que ela abrisse uma escola na região da Penha, bairro distante. E foi lá que minha mãe abriu sua primeira escola, na Rua Mercedes Lopes.

Foi por essa época, 1933/34, que se criou a guarda-civil. Muitos dos futuros guardas precisavam ser alfabetizados. Minha mãe punha a mão nessa massa! Nem sei o tanto que minha mãe fazia. Arrumava salas e períodos noturnos para ensinar aos que precisavam. Arrumava ajuda na Melhoramentos, que mandava boa parte dos materiais e as cartilhas. Novinhas em folha!

Lembro-me da indignação da minha mãe pelo fato de manifestar sempre o absurdo que era para ela uma cidade como a nossa não ter uma escola própria, uma organização educacional competente. Costumava comentar com veemência em visitas a vários políticos, alertando a todos por essa necessidade. Tinha bons argumentos vividos no seu cotidiano. Eram fascinantes as suas propostas altruísticas. Falou com Adhemar de Barros, quando era interventor e, bem antes de virar presidente, com Washington Luis que era amigo da família.

Minha mãe foi professora de muita gente ilustre. Dos Matarazzo, dos Toledo Piza e de tantos outros que nem dá para contar. E de gente poderosa, pelo que sei. E também de seus filhos... tantos... alguns até ilegítimos. Lembro-me da minha mãe participando de movimentos em favor da Educação. Um deles do qual nunca esqueço foi o imposto de indústria, que passou a ser cobrado às escolinhas particulares. Ficou dias e dias sentada com outras poucas senhoras nas ante-salas dos gabinetes até conseguirem ser liberadas desse injusto imposto. Confesso, sem nenhuma modéstia, que mamãe é naturalmente *chic, uma uva*... como papai ainda diz. Sempre se arrumou lindamente. É uma mulher caprichosa! Lê muito, dedica-se à pintura como seu *hobby*. Desenha rostos e natureza. Uma beleza! Parece que esse jeito dela é que ensinava silenciosamente a seus alunos um jeito melhor de se viver. Todos vinham bem arrumadinhos, limpinhos, bem calçados. E mais, é muito querida de Tarsila do Amaral, nossa ilustre pintora, de Menotti del Picchia, Oswald e Mário de Andrade, nossos escritores. Sei até que alguns desses a galanteavam... o Assis Chateaubriand, o Menotti, mas ela preferiu o João, meu pai.

Quando era bem pequena e acompanhava a minha mãe no seu trabalho na escola, lembro-me de que, quando ela pisava na soleira da porta, a sala toda se levantava e, por uns bons minutos, todos cantavam. Quantas e quantas vezes a ajudei. Limpava, batia o apagador no chão até o pó de giz se esvanecer. Lavava o quadro negro com pano molhado na água de um balde. Recolhia pilhas de cadernos brochura encapados com papel de pão ou manteiga que iam para casa morar um pouco com a sua salvadora atenção.

O bonde tinha parado num solavanco ao lado da Praça Buenos Aires. Nem me dou conta. O condutor tira o quepe azulado e me pergunta curioso se não vou saltar. Abotôo o último botão, levanto a gola do casaco e saio. O vento está mais alegrinho, mais forte. Puxo com gosto um pequeno maço de rosas avermelhadas do latão da vendedora na esquina da Avenida Angélica. Já vinha olhando para elas de longe. Exalavam um perfume sutil de homenagem e compreensão procuradas. Em meio a todos esses atos bravos e pioneiros, acolho o buquê como quem redige com as linhas das lembranças um decreto particular, que é o fato de Dona Irene, a minha mãe, ser uma forte responsável por esse decreto que hoje desabrocha nas vigorosas páginas da lei. Comemoro por São Paulo, pelo seu futuro, levando nesse perfume colorido um abraço para minha mãe, Dona Irene, uma dentre tantas que plantou alguma semente de sonho que ora vinga. Ela merece...

O ensino municipal deve a ela e a tantos outros. Deve a Mário de Andrade, ele mesmo, o poeta. Mamãe citaria muitas outras educadoras firmes e anônimas. Aliás, lembro-me bem de ter ido com minha mãe à casa de uma amiga sua, a Dona Aurora, que nos idos de 1926/27 já recebia do município uma ajuda de custo por ter uma classe funcionando em sua própria casa, onde alfabetizava crianças. Vejo como se fosse agora a bandeira brasileira hasteada e tremulando na frente da casa, anunciando que ali tinha uma escola. Haveria outras mais? E isso não é sonho despontando?

Caminho por duas quadras e logo estarei na minha casa. Carrego apertadas ao peito as rosas condecoradas com a miúda garoa desta tarde paulistana e com o sorriso da vendedora. Dia de salvar a memória de uma permanente ausência que se desenhava em mim.

De fora, no abrir do portãozinho, vi passar pela janela seu vestido branco com frisos amarelos. Com certeza estaria na sala de jantar de teto adornado com cenas românticas, onde estava a cristaleira imponente. Dentro, as compoteiras. Dentro dessas o reluzir e o âmbar dos doces. Na poltrona aconchegante, os óculos de leitura para o bordado multicor no linho das toalhas, dos lençóis. Ela estaria ali a me esperar... Nosso rádio Telefunken ligado para um Lucho Gatica ou *Moonligth serenade* ensaiava o nosso sutil *american way of life* que parecia despontar. Guardada em mim, sua voz

| 1956–1965

ainda ecoa. "Não estou louca, desvairada... o ensino primário é a base para o resto da vida... Essa paulicéia que o diga..." Havia mais que palavras na voz da minha mãe. Havia baladas, vislumbres. E vá se saber em que labirinto de seu imaginário coração ela acolheu, com palavras lúcidas e afáveis, a cada aluno que a ela se achegou.

Olho para trás. O bonde já foi embora. Fica um rastro de possibilidades. Vou entrando como quem sabe e reconhece.

No manacá um bombardeio de flores alegra qualquer olhar curioso. Num primoroso roseiral, um carnaval apressado de aromas carmesins invade minha chegada. Paro e observo atenta aquele passarinho, temporariamente mudo, se alimentando vertiginosamente da Mãe Natureza. Mergulha o bico no íntimo de cada flor, saltita aqui e ali, nos galhos do ipê amarelo, nas ipomeas arroxeadas sobre os arbustos e em todo seu pequeno paraíso. Embaralha as folhagens num movimento festivo, retumbante. Parece ter o saber tranqüilo de que novos frutos e flores explodirão na próxima estação. E de que uma doce responsabilidade faz parte de sua vida.

Se minha mãe e muitos outros paulistanos de fibra não tivessem batalhado miudinho para o bem desses alunos, talvez esse decreto ainda não teria saído para a obrigação de todos os cidadãos paulistanos. Sei disso porque sou filha dela.

Abro a porta. Com passo firme e olhar engalanado, entro para parabenizar D. Irene, minha mãe, com meu cúmplice abraço florido. Afinal, hoje um de seus sonhos torna-se realidade!

Asas guardadas esvoaçarão na garoa paulistana. Novos silêncios fecundos se rebelarão aos poucos como as sementes de uma outra estação.

Em homenagem a Irene Favret Lopes

Sonhos, confetes, alunos e laquês
SILVIA LARA STEIN ARRUDA DOS SANTOS

Dezessete de janeiro de 1957, data registrada em um simples papel pelo tempo amarelado, que se transformou em um turbilhão de emoções quando atingido por meu olhar aposentado e saudoso. Tratava-se do recibo de aluguel da primeira sala que utilizei para lecionar.

Eu, com dezessete anos, sonhadora, irreverente e ousada. Uma sala para lecionar, giz, apagador e material de limpeza comprados com dinheiro emprestado pelo meu pai, porque meu salário mesmo só recebi em junho. Como foi bom aquele primeiro salário! Naquela época eu era gamada por cinema, laquês e roupas azuis, pois sempre achei que combinava com meus olhos e as pessoas reforçavam com elogios. Tinha de marcante em mim uma enorme vontade de ser feliz e promover a felicidade para meus alunos. Andava com alegria pelos ônibus munida de vassouras e rodos para limpar minha sala de aula, sem qualquer medo de ser feliz. E como era feliz! No carnaval de 1957, pulei quatro noites e provoquei espanto e curiosas perguntas em meus alunos sobre aqueles papeizinhos circulares e coloridos que insistiam em enfeitar meus cabelos.

Na lembrança desses alunos, em especial figura-me a imagem de Moisés. Um loiro menino de olhos claros. Muito determinado, respeitoso, alegre, carinhoso e vergonhosamente rejeitado por outras escolas, uma vez que, com oito anos de idade, não excedia a altura de 80 centímetros. Ser anão não o impedia de vir de sua casa para a escola descendo o morro, trazendo nas costas um banquinho, que, como os demais alunos, utilizava para melhor conforto nas aulas. Moisés cativou-me antes mesmo que eu conhecesse profundamente sua história.

Seus pais tinham altura dentro da média geral e, aos poucos, fui conhecendo sua família. No final do ano, por um acaso fiquei sabendo que aquele forte pequeno menino fora sempre determinado. Sua mãe, mesmo antes de saber de sua diferença genética, tentou tirar-lhe a vida antes do nascimento – "tomei de um tudo" dizia ela, "garrafadas, chás e remédio de todo tipo e, nada, o danado tinha que nascer e nasceu assim, atentado". Antes dele, dona Maria teve cinco filhos e, depois dele, mais três.

Seu pai, homem aparentemente rude e de poucas palavras, trazia no tom de voz a simplicidade sincera que às vezes chocava. "Esse aí", referindo-se a Moisés, "nasceu nanico que nem os outros dois que Deus levou. Errado mesmo, só ficou ele, que Deus não quis levar. A gente achava que Moisés não ia estudar, trabalhar e tudo mais, mas o danado, minguado desse jeito, passou os irmãos. O que tem de pequeno, tem de esperto".

E era realmente esperto. Quando voltava da escola para casa, Moisés punha-se a vender ora chuchu do quintal, ora roupinhas de lã que sua mãe fazia à mão. Ele bem sabia que, batendo de porta em porta, com seu tamanho diferente, co-movia, chocava e aguçava a compaixão das pessoas. Os olhares incômodos de rejeição que lhe eram lançados compensavam-se pelas coisas que vendia. Quando o dinheiro já estava em suas mãos, não pensava duas vezes. Sem precisar perguntar para seus pais, comprava pó de café, açúcar, pão e levava para saciar a fome dos grandões que estavam em casa.

Moisés consolidou sua amizade com Francisco, um lindo menino negro, que, muito tímido, desviava o olhar e encurtava as conversas quando requisitado. Eram opostos física e emocionalmente, porém, amigos fraternos e fiéis.

Entristecia-me perceber que ambos sofriam com olhares e expressões discriminatórias. Moisés, a meu ver, sofria mais que Francisco porque, além de pagar o peso da rejeição na sociedade, diferentemente de Francisco, quando chegava em casa não encontrava seus pares, seus iguais. Permanecia diferente e sentia também ali rejeitosos olhares.

Moisés, à exceção de seu tamanho, representava o perfil geral daqueles alunos: crianças obedientes, pais normalmente analfabetos e, no geral, ótimos alunos, o que muito me agradava.

Da vida, sempre obtive privilégios. Na década de 50 era muito comum os professores baterem de porta em porta para garantirem seus alunos. Eu, pelo conhecimento de que dispunha com um grupo de freiras, não precisei utilizar tal recurso, porque as freiras arrebanharam para mim os alunos.

Havia nesse tempo a figura temida e poderosa do Inspetor Escolar. Um deles, que conheci ao acaso, passou a fazer inesperadas e constantes visitas a minha escola. Nesse período, com vinte anos de idade, ainda sem o curso de Pedagogia, já fui designada diretora de escola. Recebi algo mais que a rotineira inspeção escolar. O insistente inspetor convidou-me, praticamente convocando, para uma visita ao planetário, enfatizando que não poderia levar mais ninguém, nem mesmo minha irmã, porque só havia dois convites. Nessa visita ao planetário, ante astros e estrelas, descobri que o interesse do inspetor transcendia o espaço da escola e de minha reconhecida competência pedagógica. Para ele, também foram marcantes meus olhos azuis e os longos cabelos loiros que eu insistia em trazer endurecidos pelo laquê. E eu, aos poucos, prazerosamente me deixava seduzir por aquele galante *latin lover* de cabelos negros e lisos e olhar encantador. Três anos depois, nos casamos. Além daqueles ingressos, ganhei mais quatro filhos e, no momento atual, só tenho dele doces lembranças, herdadas antes de deixar-nos nesta vida.

Minha irmã também não poderia queixar-se de sua sorte. Formou-se em 1958, na Escola Padre Anchieta. Na época trabalhava na Varig. Tinha dezenove anos e, além desse emprego, era professora substituta na rede pública municipal em São Paulo. Em uma ocasião, teve a oportunidade de atender ao prefeito Adhemar de Barros, que viajaria por aquela empresa aérea. Estimulada pela gentileza do prefeito que distribuía bombons e ovos de Páscoa da Lacta, de propriedade da sua família, dirigiu-se a ele num ímpeto corajoso, mas com muito charme e delicadeza: "Doutor Adhemar, sou professora substituta na escola da prefeitura, o senhor poderia me efetivar"? O prefeito imediatamente orientou que desse seu nome para o ajudante de ordem ao lado. E assim, com coragem e sem concurso, em duas semanas estava com o cargo efetivado.

Havia um desamparo legal para os servidores do magistério, e uma mistura de temor e respeito às autoridades. Acatávamos a todas as ordens dos inspetores, dos chefes de região, dos prefeitos. Havia mandos e desmandos das mais diversas naturezas.

Uma de nossas inspetoras de ensino exigiu que usássemos papel higiênico decorado e xícaras de porcelana, o que prontamente atendemos. Tantos eram os casos que, na administração Faria Lima, minha amiga Ana Elidia recebeu um telefonema informando que dali a dois dias a rainha Elisabeth seria recebida em São Paulo, e ela precisaria organizar uma apresentação com 400 crianças munidas da bandeira do Brasil. Criou-se então um mutirão entre os parques infantis. As bandeiras foram facilmente adquiridas, no entanto, não dispunham de pequenos mastros para serem acenadas.

Um dia antes, já sem saber como adquirir os desejosos mastros, desesperava-se em busca frenética e improdutiva pelos arredores escolares. Não havendo mais em vida o que pensar, lembrou-se do serviço funerário que, sem hesitar, após um simples telefonema, imediatamente cedeu a madeira necessária. Todos então, alegre, disciplinada e orgulhosamente apresentavam-se para a rainha inglesa, que, sem saber, pode ter levado em sua memória o aceno tremulante de varetas oriundas de um serviço até então não destinado aos vivos.

Passei também por algumas outras dificuldades. Era diretora e meu marido já não mais inspecionava a minha escola. Mas havia outros. Por vezes, eu e algumas serventes entrávamos em pânico. Naquele tempo, não era permitido aos servidores trazerem seus filhos para a escola. Eu, mãe extremosa, compreendia o dilema das serventes e permitia que os trouxessem. Lembro-me de que tínhamos um plano previamente combinado: quando o inspetor chegava, colocávamos a criança dentro de uma caixa de maçã que fazia a vez de berço. Assim a escondíamos em algum qualquer longe da sua rotineira inspeção. Morríamos de medo de que ela entrasse num berreiro. Mas isso nunca aconteceu, graças ao bom Deus! Duas ou três crianças foram criadas assim. Claramente também me lembro de uma servente que ficava de olho no meu filho mais velho enquanto eu dirigia a escola.

Meus filhos, meus ex-alunos, minha escola e minha vida foram cedendo espaços para o tempo.

Sonhos, confetes, alunos, laquês, salas de aula e planos foram, pouco a pouco, substituídos e lançados ao fundo do baú imaginário de minhas lembranças. De real, guardado como um tesouro, apenas aquele roto e amarelado recibo que representou não só o aluguel de um imóvel, mas, também, o início de uma gratificante vida.

Dois mais dois

SILVIA LARA STEIN ARRUDA DOS SANTOS

O ano era 1958 e o que me mantinha em retidão era o medo. Isso mesmo, o medo, esse substantivo masculino, definido, que indica receio, temor, pavor. Do que eu tinha medo? Medo de perder minha sala de aula, medo do inspetor escolar... Medo, medo, medo. Eu não percebia, mas hoje sei que, além do medo, a figura masculina para mim marcava também poder, respeito e admiração. Meu pai e muitos outros pais da época se desesperariam se ao menos comentássemos sobre a pílula anticoncepcional que surgiria anos depois. Nossas vozes eram caladas, mas nossos pensamentos rodopiavam vertiginosamente em nossas cabeças românticas. Eu ficava secretamente feliz quando vislumbrava que justamente a pílula anticoncepcional garantiria um comportamento feminino mais liberal. Também, em silêncio atroz, temia e torcia por mulheres que começavam a gritar por igualdades de direitos, salários e decisões.

Nos anos 60, quando um ousado grupo queimou sutiãs em praça pública, invadiu-me uma grande esperança de liberdade. Apesar disso tudo, bastava uma expressão severa no olhar de meu pai para que eu me recolhesse em reencontro ao medo. Para começar, lecionei escondido dele por muito tempo para não contrariá-lo.

Outra figura masculina que me amedrontava era o inspetor que me fazia tremer com sua presença, além de guardar em silêncio a mágoa que tinha quando notas baixas eram por ele dadas a meus alunos em suas estressantes visitas para a avaliação. Tinha também muito medo de perder minha sala, uma vez que havia muita dependência política e pouco conhecimento da lei. Somente em junho de 1959 foi promulgada uma lei que criou na Secretaria de Educação e Cultura o ensino primário.

Aí tinha medo de não entender a lei. Eram tantos nomes: escolas agrupadas, reunidas, isoladas... Diretoria, Divisão Pedagógica, concurso de ingresso. Até então, e mais uma vez por medo, atendi a todas as convocações. Das mais simples às mais pitorescas. Fui convocada para fora de meu horário de trabalho fazer parte do coral do Ensino Municipal, onde mais dublava do que propriamente cantava, porque o que eu gostava mesmo era de marchinhas carnavalescas. Nessa época era muito comum termos diversas atividades sociais, porque a própria cidade de São Paulo convivia com uma industrialização acelerada. Muito dinheiro estrangeiro era aqui aplicado. Acho que foi nesse período que a cidade foi ficando cada vez mais rápida, dinâmica. A capital paulistana estava visivelmente em crescimento e em transformação. Era um tal de demolir e construir que também assustava.

Dizem que ninguém dá o que não tem, portanto, quem muito tem muito dá, e como eu tinha muito medo para dar, meus alunos tornaram-se prósperos em medo. Lembro-me amorosa e fortemente de João, aluno que, como os demais, conquistei batendo na porta de sua casa e recebendo de sua mãe a confiança total e irrestrita, e que me valorizava profissional e pessoalmente.

Era uma tarde chuvosa. Eu e o João descemos o morro até o salão que eu havia alugado com meu salário. Era a nossa escola. Aliás, ressalto que fui muito feliz porque só comprava giz, apagador e produtos de limpeza, e o aluguel eu dividia com minha irmã que também era professora. João, como sua mãe, também confiava em mim e, assim, nos apoiávamos para descer o morro sem cair. Nesse dia, meu sapato ficou preso no barro e minhas pernas soltas pelo ar. Meu sapato foi libertado pelo valente João. Naquele tempo só podíamos usar saias ou vestidos para lecionar. Eu bem que tinha uma calça *cigarrete* super de vanguarda, porém, por conta da proibição, mantinha a compostura com saias rodadas e sonhava com garotos parecidos com Elvis Presley, vestidos com blusões de couro, *jeans*, topetes brilhantes nos cabelos e montados em lambretas coloridas.

Eu e o João, livres dos percalços, porém presos pelo mútuo amor que sentíamos, chegamos a nossa sala de aula. Encontramo-nos com os demais alunos e repetimos a rotina de varrermos o chão. Pensando bem, não ter banheiro tinha lá as suas vantagens: um lugar a menos para se limpar. Chão varrido limpinho, era local para os alunos sentarem quando ainda faltava uma cadeira, uma carteira. A aula prosseguiu e hoje sei que minha auto-imagem elevava-se pelos olhares confiantes que minuto a minuto me direcionavam. Entre alunos de diferentes idades, o João estava aprendendo a ler e a somar.

1956–1965

Nessa mesma tarde chuvosa, a pasmaceira da aula foi interrompida pela visita austera e respeitada de Petrônio Siqueira, o inspetor escolar que ali estava para avaliar os alunos, o que não ocorria sem choro e ranger dos meus dentes e dos dentes de meus alunos. A avaliação foi iniciada, a chuva se intensificou de maneira que cada gota pluvial no teto do salão estrondava em nossos peitos. A voz do inspetor coincidiu com o trovão ao chamar João para a avaliação.

Ali não eram mais meus sapatos que estavam presos ao chão e sim os pés do João que, com muito esforço, se arrastou até o inspetor. Seu olhar pequeno e amedrontado percorreu lenta e apavoradamente cada centímetro do corpo do inspetor, dos pés até a imponente cabeça. Não sabia se queria que a chuva parasse ou se era melhor levar tudo embora com ela! Nos segundos acelerados pelos impulsos cardíacos de nossos corações, veio a pergunta fatal: "João, quanto são dois mais dois?" Não é que o cérebro astuto e arguto de João transformou-se em geléia?! Nada respondeu. Como desejei ter ficado eternamente presa naquele barro.

O João, a classe toda, o salão e o mundo tremiam. Novamente o trovão e a pergunta ameaçadora: "João, quanto são dois mais dois?" Num esforço alucinante, sem qualquer raciocínio ou sensatez, apenas para livrar-se daquela tempestade de emoções, João respondeu vagamente, sem convicção: "são três". Chuva e trovão se intensificaram e lançaram-se em meio ao mais profundo silêncio. Eu só estava em pé porque, de tanto medo, expectativa e emoção, nem sequer sabia onde era o chão e tampouco me lembrava que tinha pés. Por sua vez, o inspetor, num ato solidário e por estar muito mais calmo que eu, lembrou-se de que tinha mãos e dedos e apresentou ao João sua mão esquerda com seus dedos indicadores e médios, que para João eram o pai de todos e o fura-bolo. Fez então novamente a pergunta, agora com a sugestão de que João contasse em seus dedos quanto seriam os dois mais dois.

João, como eu, parecia não deduzir que possuía pés, pois se deduzisse certamente voaria barro adentro entre chuvas e trovoadas. Lembrou-se certamente de que tinha olhos, pois os fixou em mim que também me lembrei dos meus e nos dele fixei esperançosamente.

Naquele momento, em tão pouco espaço de tempo recordei um ditado muitas vezes repetido por uma tia querida que dizia: "mais vale um covarde vivo que um valente morto". E, não podendo de fato fugir, em meu imaginário desloquei-me para outro evento costumeiro de nossa rotina escolar, isto é, aquela prazerosa cumplicidade que tínhamos quando terminava a aula e os alunos todos iam comigo para o ponto do ônibus e despediam-se acenando adeus. Ato repetido simpaticamente pelos soldados que ali sempre estavam. Um novo trovão trouxe-me de volta aqueles penosos momentos. Sim, eu estava dentro da minha sala de aula que antes era de paredes semi-deterioradas, escuras e posteriormente pintadas pelos pais com a tinta clara que comprei.

Eu era eu mesma, me chamava Leda, tinha dezessete anos, vestia um *tailleur* rosa, tinha laquê no cabelo, adorava Louis Armstrong, Nat "King" Cole e Maurice Chevalier e não tinha tirado férias por medo de perder a classe, a mesma classe que naquele momento tinha o tempo parado no aguardo da resposta de João, meu querido aluno e companheiro.

Acontecesse o que acontecesse, todos desejaram que aquilo tudo acabasse. Até o inspetor. João, então, percebendo que o mundo torrencialmente desmoronava-se a seus pés, olhou determinado para aqueles quatro dedos a sua frente, esforçou-se para garantir que seu cérebro voltasse a ser oxigenado, retomou a costumeira inteligência e, com descabida perspicácia, saiu-se com uma resposta que não lhe garantiu a aprovação, mas ele conquistou para sempre o apelido de dois mais dois e a eterna lembrança em meu coração ao encerrar esta história com sua derradeira resposta: "Não sei contar porque seu dedo é muito grande. Só sei contar nos dedos da dona Leda".

Entre dois amores

LUIZA HARUMI SIMAZAKI

Tenho nostálgicas lembranças daquele tempo em que ouvia o tilintar do bonde que circulava pelas ruas de paralelepípedos do bairro em que morávamos e da garoa fina que caía sobre São Paulo com freqüência. Meu pai era comerciante, dono de um estabelecimento na Rua 25 de Março, onde vendia os mais variados tecidos. Na região, a concorrência era dominada pelos libaneses, mas papai sempre possuía uma gama que agradava a freguesia: tafetás, crepes de algodão, organdi suíço, sedas puras.

Eu, Maria Alice Domingues, filha caçula dentre três irmãs, estava decidida a ser professora, pois, além de gostar de ensinar, não me agradava a idéia de ficar à espera de um príncipe encantado, bordando e engomando as infindáveis peças dos enxovais: toalhas íntimas, de banho, de rosto, fronhas, roupões, centro de mesa...

1956–1965

Quando terminei o curso normal, no Colégio Caetano de Campos, fui convidada pelo inspetor escolar Tavares, para a desafiadora tarefa de recrutar alunos e montar uma classe de alfabetização em um bairro periférico com verbas da Prefeitura de São Paulo. O salário era recompensador, mas nem imaginava o que me aguardava.

Munida de muita boa vontade e idealismo, subi no bonde no Largo São Bento e dirigi-me para a Zona Norte. Como sempre, estava bem vestida: *tailleur* de linho verde, luvas combinando com o conjunto e sapatos e bolsa de pelica. Assim, apresentei-me na primeira das quase cem residências que visitei.

Tempos difíceis, pois as ruas eram de terra, sem iluminação pública e as condições eram precárias. Isso não importava, pois estava feliz ao realizar o sonho de ministrar aulas. Quem abriu a porta em que bati foi uma senhora de meia idade e de ascendência africana. Ela estava desconfiada e atrás de si estavam várias crianças descalças e com vestimentas rudimentares, mas bem asseadas. Perguntei-lhe se na casa havia crianças que precisavam ser alfabetizadas. Respondeu com a cabeça que sim, que eram três. Quando pegou confiança, relatou que era seu sonho ter os filhos letrados. A escola mais próxima não possuía vagas disponíveis. Preenchi a ficha com os dados pessoais das crianças e disse-lhe que deveriam se apresentar na semana seguinte no endereço citado.

Na próxima residência onde fui, tinha um cavalo parado na porta e galinhas soltas pelo quintal. Havia crianças brincando na rua de amarelinha, bastão e pulando cordas. Bati palmas, pois campainha não havia. Quem me recepcionou dessa vez foi uma senhora de origem portuguesa. Informou-me sorridente que havia interesse em enviar para a nova escola os dois filhos mais velhos.

E assim, de porta em porta, a lista foi aumentando, com alunos de idades e origens variadas e que necessitavam ser alfabetizados.

No primeiro dia de aula, nem carteiras havia na sala. Apenas um pequeno quadro negro e algumas cadeiras que me foram fornecidos e instalados em uma garagem alugada. Recebera a promessa de que em breve seríamos transferidos para os galpões que estavam sendo construídos. Dia após dia os alunos iam se somando, até chegar ao total de 56. Guardo na memória e em uma folha amarelada a primeira lista com o nome dos meus queridos alunos.

Na época, o diário de classe devia ser preenchido sem rasuras. Usávamos cândida em caso de necessidade para apagar os erros e ficávamos torcendo para não sermos repreendidas pelo inspetor, tão exigente. Não possuíamos outros funcionários, assim deveríamos arregaçar as mangas, deixar as luvas de lado e limpar a classe, para que, no período posterior, a colega encontrasse a sala em bom estado de uso.

Toda dedicação aos alunos foi reconhecida quando o mesmo inspetor Tavares me convidou para dirigir o galpão recém-construído e inaugurado. Estava certa de encontrar professoras inexperientes no local e até preparei um belo discurso. Mas, pasmem, quando lá cheguei, vi-me só, diante de um imenso número de alunos. Fazia "malabares" para passar lições em todas as quatro classes, até que todas as professoras fossem contratadas. Até pensei: no futuro essa situação não se repetirá.

Algum tempo depois, ocorreu um episódio curioso e que modificou minha vida: fui convidada pelo inspetor Tavares a participar da inauguração do Planetário Municipal. Não tinha como negar o pedido. Convidou-me também para uma audição no Teatro Municipal. A ópera de Verdi seria apresentada

1956–1965

e ele adquirira ingressos para a estréia. Com o consentimento de meu pai, que antes fez questão de conhecê-lo, apreciamos a magnífica orquestra e ópera.

O tempo estava gelado e éramos obrigados a vestir sobretudos de lã compridos sobre as roupas luxuosas. Na mesma noite, jantamos à luz de velas no Spadoni, que ficava na avenida Ipiranga. Ao som de violino, num clima romântico, fui pedida em casamento. Desse romance, resultaram nossas filhas que são meus tesouros. Meu marido não está mais conosco e uma escola municipal recebeu o seu nome.

Hoje me orgulho de relatar essa minha história que se mescla com a do ensino municipal e de outras tantas profissionais, que idealizaram um futuro melhor para os seus alunos, cidadãos do mundo em constantes transformações. Também posso confessar que o amor que tive pelo ensino Municipal foi maior até que o que tive pela minha família.

Café aguado e pão com mortadela

LUCIANA MARLEY SACCHI

Não foi difícil escrever sobre tão rica história, história de profissionais com olhares soberanos, majestosos, salto alto, colares e muita certeza de sua escolha profissional.

Fui me sentindo servida pelas lembranças reavivadas daqueles saborosos cafés aguados e pães com mortadela que adentravam as salas de aula, servidos pela vizinha ou pela proprietária do local alugado para ser escola. Este simples lanchinho era ansiosamente esperado, sempre com aquele desejo de quero mais. E esse gosto vem me acompanhando, mesmo estando aposentada. Faz parte de minhas felizes lembranças de professora. Dos primórdios do nosso ensino municipal.

Parece que tudo aconteceu hoje, mas ocorreu em 1956, período em que batíamos esperançosas nas portas de tantas casas para solicitar aos pais que enviassem seus filhos à escola

1956–1965

que estava sendo inaugurada. Escola, não como conhecemos hoje, e sim apenas uma sala. Ou mesmo uma garagem desocupada e que se improvisava em sala de aula. Era nela que atendi crianças de várias faixas etárias e estágios de aprendizagem. O local transformado em escola era pago pelo próprio professor. Pagar aluguel com o bom salário que se recebia era fácil, e, cá entre nós, nada se assemelha com a situação atual.

Nesse tempo, férias não havia. Melhor era estar sempre em alerta, a postos e garantir a presença de tão esperado grupo. O primeiro salário demorava, demorava alguns bons meses. Porém, prefiro me lembrar do que realmente valia a pena: os alunos. Que alunos! Vinham interessados, felizes. Eram respeitosos que só vendo, sabiam da importância do estudo, queriam aprender. Assim, mesmo as salas que podiam ter até 50 alunos traziam para nós, professoras de primeira viagem, desafios, muito trabalho, mas um grande prazer. Fazíamos de tudo para que as crianças aprendessem a ler, a escrever bem e a fazer boas contas... Não pensem que os locais eram os melhores. Existiam umas salas no centro, mas muitas delas ficavam nas periferias. Tínhamos que subir e descer barrancos de terra para chegar sãs e salvas na nossa escola. Era assim.

Ah! Mas, chega de ficar me lembrando apenas. Quero mais! Vou ao sindicato contar minha história nas cirandas que vão ocorrer e lá vou retornar onde tudo começou...

Lembro-me do tempo de carnaval, tempo em que os salões dos clubes ficavam lotados as quatro noites; com muita marchinha, fantasia, serpentina e, claro, os confetes. Confetes que, ao sair do baile da terça-feira, insistiam em me acompanhar até a aula na quarta-feira de manhã, a quarta de cinzas. Como era difícil ficar acordada e atenta em meio às letras e aos números. Mas resistia bravamente!

Iniciei minha profissão de professora em agosto, de uma forma muito rudimentar. Lembro-me de meus alunos entrando pela sala com um banquinho em uma mão e na outra o lápis, a borracha, o caderno e, é claro, o que não podia faltar: a esperada cartilha!

Houve o fatídico dia em que recebi a visita do inspetor escolar que possuía objetivos bem definidos: avaliar os alunos para se saber os que passariam de ano. Para mim ele espetava a alma da gente, sim. Sentia minhas pernas tremerem. No íntimo, sabia que não eram só os meus alunos que estavam sendo avaliados. E então eu acabava sofrendo por cada um e por todos. Mas, que decepção! Nesse início de profissão, o temido inspetor afirmou categoricamente: "seus alunos estão fracos. Muitas notas baixas!" Naquele momento, parecia que se abria um buraco sob meus pés. Um abismo sem fim. Mas não me abati, não. E continuei com meu trabalho. Repensava tudo e lá ia eu recomeçando a velha luta de ensinar. Parecia que depois ia ficando até com mais força para reverter a situação do parco aproveitamento de meus alunos.

Para meu espanto, depois de um ano de trabalho fui convidada a ser diretora de uma escola. Era um local com mais salas, com uma pequena estrutura. Cheguei novinha com um discurso ensaiado em casa, que toda a minha família ouviu e sobre o qual pôde opinar. Os alunos já estavam lá. Fui diretamente à procura dos professores para as apresentações. Mas me vi sozinha, ninguém havia chegado. Não sabia o que fazer. Não esperava por aquilo. Num ímpeto e num átimo, reuni todos os alunos, coloquei-os nas salas e comecei a passar em todas as salas, dando-lhes algumas tarefas. Levei o maior susto, achando que ser diretora era dar conta de tantas classes...

1956–1965

Tempo bom, aquele! Traz-me tantas lembranças, emoções e sabores que só quem os viveu pode demonstrar. Vejo e sinto isso pelas falas, gestos e brilho nos olhos de todas as minhas colegas que viveram o que eu vivi nesse início de ensino na nossa cidade. É um orgulho ter feito parte do ensino municipal de São Paulo. De fato.

Será que, agora que terminei meu brevíssimo relato, alguém me servirá um café mais fortinho, um pão com mortadela e acrescentar um queijinho? Seria tão bom para matar a saudade...

Testemunha silenciosa

SILVIA LARA STEIN ARRUDA DOS SANTOS

Nascera e crescera entre seus pares. Levava uma vida tranqüila, sem muitas novidades. Sempre cercada por andorinhas e borboletas, em meio ao verde daquele ambiente acolhedor. Até que, lá pelos idos da década de 60, tão harmoniosa rotina fora brutalmente interrompida. Nada melhor do que suas próprias palavras para expressar o que sentiu:

"O que se via então era assustador e triste. Meus melhores amigos e parentes próximos ceifados e jogados ao chão. Eu, desconsolada, já nem mais me deleitava dos prazeres que ora o sol, ora a chuva me traziam. Sabia que poderia ser a próxima a qualquer momento e a angústia aumentava minuto a minuto. Quem seriam aqueles maldosos homens que, impiedosamente, cantando, conversando e gritando nos destruíam? Será que a resposta não chegaria? Chegou. Tratava-se da construção de um Parque Infantil no local. Para quem não sabia nem o que era um parque, nem o que era infantil, não adiantou saber a resposta. Com muita dificuldade, escutando aqui e ali, mais ou menos percebi que seria um lugar onde crianças de diferentes famílias, de diferentes idades brincariam enquanto estivessem longe de seus pais. Mas, quem delas cuidaria? A resposta trouxe mais dúvidas. Seriam as professoras. Professoras seriam algumas mulheres preparadas para cuidar de crianças enquanto estivessem brincando no parque infantil. E o mais interessante foi também perceber que os pais daquelas crianças ficavam felizes por deixá-las ali."

"As primeiras respostas para minhas perguntas não me resgataram a alegria. Seria certamente a próxima e, mesmo que não fosse, que prazer teria em permanecer sozinha com aquele mundo de gente estranha! O tempo, esse velho e sábio companheiro, mais uma vez foi meu grande consolador. Passada a turbulência, aqueles maldosos homens foram embora. Eu não fiquei sozinha. Comigo, algumas outras amigas ficaram. Aprendemos a conviver com a nova realidade. Agora entre nós havia grandes espaços que traziam saudade e tristeza, mas continuávamos juntas, podíamos voltar ao aconchego proposto pelas andorinhas, pelas borboletas e pela chuva".

Mal sabia quantas coisas lhe aconteceria, quantos fatos presenciaria. A inauguração do dito parque foi uma festa. Autoridades, balões coloridos, moças bonitas e crianças, muitas crianças. Vinde a mim as criancinhas! Não haveria de ser tão ruim assim, porque nada poderia ser melhor do que crianças. E divagava em suas lembranças:

"Dias após a inauguração, começaram novas rotinas. Os alunos chegavam com seus pés sujos de terra do caminho da casa até a escola. Havia, nas salas de alvenaria, a Bandeira Nacional e gravuras de Tiradentes e de outros heróis nacionais. Sob meus pés, os meninos jogavam bafo e bolinha de gude e as meninas brincavam de roda e de casinha. Otimista que sempre fui, embora lamentasse a perda de tantas amizades, sentia como recompensa divina a alegria infantil que me aquecia a alma e aumentava minha crença na melhoria do mundo".

E que mundo! Quantas mudanças, quantas novidades! Aquelas primeiras crianças cresceram e isso era triste. Assim que cresciam iam embora. Sofreria muito não fossem aqueles novos meninos e meninas alvoroçados e medrosos que, ano a ano, se revezavam ao seu redor. E, filosofando, prosseguia:

"Mas, também, não há quem neste mundo não sofra, pelo menos um pouco..."

Adorava meditar, principalmente nos períodos de julho e janeiro, quando o silêncio que agora já não mais lhe agradava fazia-se presente. Humilde, mas ousadamente, acreditava que suas meditações a aproximavam de forças superiores e benéficas.

Numa dessas meditações sobre as dores do mundo, concluiu que sofrimento (sofrimento mesmo) não existia para ninguém e existia para todo mundo. Confuso? Ela estava meditando e meditação é assim mesmo. Em suas reflexões e lembranças, percebeu que todos sofrem:

"Não só minhas amigas lamentavam alguma dor; as formigas, as borboletas, os insetos, até os pássaros assim faziam. O incrível é que cada um pensava ser o que mais sofria e, às vezes, o único que sofria. Comecei a perceber que necessidades todos tinham e das mais variadas. Percebi também que uns, mesmo com suas necessidades, eram felizes e outros não. Se todos tinham necessidades e uns eram felizes e outros não, qual seria a explicação?"

1956–1965

Pensou, pensou, observou, observou (porque era uma ótima observadora, daquelas observadoras amorosas que observam sem julgar) e tudo foi lhe clareando. Então concluía:

"Aqueles que encaravam as necessidades como um desafio planejavam estratégias para vencê-las e, com isso, movimentavam a vida com mais confiança. Sofriam menos e aparentemente eram mais felizes. Aqueles que se dedicavam unicamente a lamentar os sofrimentos ficavam estagnados e não se sentiam capazes de vencê-los e, aparentemente também, mais sofriam".

Não era tudo tão simples assim. A garantia da felicidade não estava apenas na decisão de cada um. Fatores externos interferiam naquelas conquistas, sendo que seria injusto centrar apenas na vontade individual de cada um a responsabilidade por aquela conquista.

Continuava meditando sobre tempos de outrora. Já havia se passado muitos anos desde a inauguração. Muitas coisas aconteciam. Não só as crianças se revezavam. Revezavam-se também as professoras. E não havia só crianças e professoras, havia também diretora, servente, orientador. Eram tantos nomes, tantas regras, tantas constantes novidades que foi se tornando cada vez mais conhecedora dos assuntos.

Para quem não sabia nem o que era Parque Infantil e nem o que era professora, agora ela estava bem espertinha. À medida que o silêncio chegava, entregava-se às lembranças.

"Sempre houve festas. Festa da Primavera, do Livro, da Criança, do Folclore e tantas, tantas outras. Tinha também muita reunião. Reunião administrativa, pedagógica, reunião de pais, reunião, reunião, reunião. De tempos em tempos tinha novidades trazidas por homens famosos nas letras. Aprendi muita coisa de muitos desses homens que faziam sucesso por um bom tempo, depois, caíam no esquecimento e davam a vez para outros. Os últimos de que me lembrava eram Rogers, Piaget e Vygotsky. Teve também uma mulher famosa chamada Emilia Ferreiro. Entre todos, para mim o de maior empatia foi um chamado Paulo Freire, que, por falta de sala de aula, a muitos alfabetizou aos pés de árvores pernambucanas. Desbravou e conquistou parte do mundo educacional com suas competentes idéias amorosas".

Muito ouviu falar sobre simpósios, congressos, cursos e tantas coisas que não lhe passavam despercebidos. Foi amadurecendo e, aos poucos, foi entendendo que os dramas que a entristeciam desvelavam-se naqueles pequenos alunos. Tratava-se das desigualdades sociais e econômicas que injustamente expunham aquelas crianças a casas precárias, pais sobrecarregados e outros tantos fatores que ficava difícil desvincular a educação do trato social. O que se via eram alunos, educadores e pais confinados cada vez mais à margem de uma digna inserção social.

Aos poucos foi adquirindo concepções a respeito do papel da escola. Via que muitos profissionais que ali trabalhavam se angustiavam buscando entender como agir criticamente na pedagogia em que atuavam. Educadora culta que se tornara, percebia a possibilidade de superações dos limites impostos pelas injustiças sociais, buscando o desenvolvimento daquelas crianças por meio da educação. Não era mais ingênua em acreditar que a função social fosse função única da escola, mas certamente havia grandes possibilidades de propiciar aos alunos e aos seus pais a compreensão da realidade em que viviam e de incentivá-las a exercitarem a cidadania.

Novidades nunca lhe faltaram. O Parque Infantil mudou de nome algumas vezes. Agora, ai de quem falasse Parque Infantil ou chamasse alguma professora de tia. Foi mesmo muito difícil a conquista desse novo nome porque não era só o nome,

1956–1965

mas o conceito que ele trazia. Agora, chamava-se Escola Municipal de Educação Infantil, o inspetor chamava-se supervisor, o orientador, coordenador pedagógico e muitas outras mudanças foram paulatinamente alterando a idéia inicial de "Parque" para o conceito de "Escola".

À sua frente avistou uma placa reproduzindo um dos pensamentos de Paulo Freire. Dentre outras coisas dizia:

"[...] que seja ele o professor licencioso, o professor competente, sério, o professor mal amado, sempre com raiva do mundo e das pessoas, frio, burocrático, racionalista, nenhum desses passa pelos alunos sem deixar sua marca."

"A leitura diária dessa placa me trouxe pensamentos sobre as marcas deixadas nas crianças. Testemunhei que a maioria dos educadores tinha práticas produtivas que bem marcavam os alunos. Mas lamentavelmente também havia professores que pareciam ter dificuldade de comunicação e diálogo, medos, resistências a mudanças, ressentimentos, incapacidade de ter uma imagem positiva de si. Motivados por diversas pressões sociais, pelas situações de estresse, desconforto e mal-estar e pela sobrecarga de atividades assumidas, pelo descontentamento com a valorização recebida, pelas constantes manifestações de desânimo e pessimismo, muitos educadores marcavam negativamente os seus alunos".

De tanto presenciar reuniões, de tanto conviver com todas as pessoas daquele lugar e, principalmente, de tanto amar as crianças, aprendeu a amar a escola. E, de tanto amar a escola e a educação, passou a se sentir também responsável tanto pelo sucesso, como pelo fracasso a que aquelas crianças estavam expostas, e não omitia suas considerações:

"Mesmo não querendo, meu foco de interesse estava nos alunos, como eram chamadas as crianças. Simplesmente desesperava-me quando alguma criança era maltratada. Queria ver-me infeliz era gritar, chacoalhar ou castigar alguma criança. Queria ver-me feliz era presenciar as crianças ouvindo histórias, brincando no parque, no jardim em todo canto."

"Quantas vezes desejei que me ouvissem. Principalmente quando algumas professoras insistiam em mandar as crianças abaixarem a cabeça e ficarem quietinhas até o final da aula. Ainda quando faltava pouquinho para acabar a aula vai lá, mas nem sempre era assim. Às vezes faltavam mais de 30 minutos para o término da aula e a garotada tinha que ficar com a cabeça abaixada. Isso era demais. Quantas vezes desejei que me vissem chorando de emoção pela maneira respeitosa e competente com que a maioria dos professores tratava aquelas crianças. As professoras – aquelas que eram negligentes e as que não eram – também sofriam muito com a desvalorização de suas profissões. Cansavam-se porque tinham muitos alunos na sala de aula, sofriam porque presenciavam os dramas de seus alunos sem poder saná-los."

Não tinha mais a ilusão de que, sozinhos, a escola ou o professor reformassem a sociedade ou resolvessem as dificuldades que envolvem o trato social. Apenas restava a certeza de que, na escola, com os professores e demais educadores, era possível conquistar a exploração sadia desses temas, na busca de conquistas educacionais e sociais que pudessem contribuir para que não só as crianças, mas também os adultos conquistassem sentimentos de segurança e confiança, sentindo-se estimulados a enfrentar desafios e a obter sucesso. Sabia que virtudes e sentimentos não poderiam ser ensinados, mas que sempre seria possível estimular professores a buscarem crescimento pessoal e profissional, o que repercutiria, certamente, a favor de seus alunos.

| 1956–1965

Sem as férias, seu repouso, silêncio e meditações ganhavam o alarido estimulante daqueles pequenos seres que, desdentados ou não por causa da idade, sorriam, pulavam, cantavam e sonhavam ao pé e ao redor de seu frondoso tronco. Seus galhos pareciam querer eternamente protegê-los. Seu tronco regozijava-se quando aqueles pequenos braços coletivamente o cercavam em brincadeiras de roda cercadas de inocência, beleza e magia.

Pardais e andorinhas mantinham com ela amizade sólida em sentimento mútuo e recíproco. Dividiam os mesmos prazeres que o sol, a brisa e o vento lhes proporcionavam. Sua ramagem era admirada por todos. Sua casca vistosa brilhava num marrom sóbrio e repousante e, por mais que lhe doesse quando lascada por uma traquinagem inocente, não se rendia a lamentações. Tratava a todos como gostaria de ser tratada, com respeito, cuidado e amor. Nunca negou sua sombra e seus frutos. Nem mesmo quando era desrespeitada. Desejava que a preservassem porque sabia que de suas origens seriam garantidos os papéis e demais materiais que a escola utilizava.

À sua volta fora construído um belo jardim onde as professoras, por vezes, traziam as crianças para atividades lúdicas e pedagógicas. Isso elevava sua auto-estima. Sentia-se importante. Sentia-se uma verdadeira árvore educadora e, sem modéstia, uma educadora das boas, porque trazia em si competência, sabedoria e muito amor. Como sempre gostava de comentar naqueles tempos, era sim uma árvore eternamente apaixonada pela educação.

Pitadas de história

Página do jornal A Gazeta, de 3 de agosto de 1956: matéria sobre a solenidade da municipalização do ensino primário na cidade de São Paulo, com destaque para a assinatura do Decreto nº 3.185 pelo prefeito Wlademir Piza e pelo secretário de Educação e Cultura, prof. Henrique Richetti

A escola bate à porta: a implantação

Em 2 de agosto de 1956, pelo Decreto nº 3.185, foi criado o "Sistema Escolar Municipal", subordinado à Secretaria da Educação e Cultura. Também em 2 de agosto de 1956, pelo Decreto nº 3.186 foram criadas 100 funções de "Professor Primário" e, logo a seguir, o Decreto nº 3.206, de 23 de agosto, criou 110 Escolas Primárias Municipais. Sucederam-se outros decretos de criação de escolas e de ampliação do número de funções de "Professor Primário".

Cada escola compreendia apenas uma classe do 1º ano primário, com 40 alunos, denominada Escola Mista Isolada, acrescida sempre pelo nome do bairro onde se localizava, como: "1ª Escola Mista Isolada da Vila Nova Cachoeirinha".

Localizadas principalmente em bairros periféricos, incluindo Osasco, que ainda não havia se emancipado, eram instaladas em sacristias de igrejas, garagens, clubes de futebol, clubes esportivos, sociedade amigos de bairro, em salas alugadas pelo próprio professor ou cedidas pela comunidade. Uniforme não havia.

O mobiliário às vezes era cedido por entidades, outras vezes enviado pela prefeitura. Ainda outras, confeccionado pelos pais dos alunos. A merenda escolar era fornecida, em parte, pela prefeitura, por meio da Caixa Escolar, e complementada pela comunidade escolar atendida e pelo professor. Eram os pais, alunos e professores que faziam a limpeza e a conservação da sala de aula.

A documentação necessária à criação das escolas e à designação dos professores constituía-se de uma listagem com os nomes de 40 alunos, croquis e localização da sala de aula e cópia do diploma do Curso Normal. O salário inicialmente foi de Cr$ 8.100,00 (oito mil e cem cruzeiros).

Havia ausência total de burocracia para a criação das escolas e designação dos professores.

A partir de 1958, quando os alunos foram promovidos do 1º para o 2º ano, as classes de 2º ano foram abertas para aceitar transferências. Salvo casos excepcionais, somente a partir de 1960 as escolas passaram a contar com os quatro anos do curso primário.

Houve a participação de delegados, diretores e de outros altos funcionários aposentados do Ensino Estadual, amigos do professor Henrique Richetti, Secretário de Educação, que emprestaram seus conhecimentos para a organização geral da rede de Ensino Municipal.

Aos poucos, no final de 1956, essas escolas foram sendo reunidas ou agrupadas, dependendo do número de classes, e instaladas em galpões de madeira, montados rapidamente, ou em prédios de alvenaria não entregues ao Estado, passando a constituir as Escolas Reunidas Municipais, de 4 a 7 classes funcionando num mesmo prédio ou galpão, e as Escolas Agrupadas Municipais, de 8 a 24 classes, levando invariavelmente o nome do bairro.

Era final de governo, em março, assumiria o novo prefeito eleito. A administração tinha pressa em adotar medidas para estruturar as escolas, visando tirá-las das salas improvisadas, buscando dar configuração de Rede Escolar como meio de evitar a anexação ao Sistema Estadual, notícia que mais circulava.

As funções de Responsável por Escola Reunida, de Diretor e Inspetor Escolar foram preenchidas, apesar de representarem funções de maior ônus e de dupla jornada de trabalho, para as quais o salário era o mesmo de professor. Havia sempre a esperança da regularização da situação.

Junto ao órgão central, instalado inicialmente no edifício Santa Helena, na Praça da Sé, e posteriormente transferido para a Rua Formosa, dirigido por Diretores do Departamento de Assistência e Recreio, passaram a funcionar de forma rudimentar e improvisada, num grande salão sem divisórias, os Setores do Pessoal, Cadastro, Expediente e Caixa Escolar, para dar suporte administrativo às escolas.

O Decreto nº 3.432, de 8 de janeiro, dividiu o Município de São Paulo em quatro Regiões Escolares, subdivididas em 20 Setores Escolares, primórdios das Delegacias de Ensino e dos Setores de Supervisão.

Um período de lutas e de expectativas

Em março de 1957, tomou posse o prefeito Adhemar Pereira de Barros.

Como em todo agrupamento humano, no Ensino não foi diferente. Logo as lideranças começaram a surgir para aglutinar, orientar, explicar e obviamente para assumir as quatro Regiões Escolares, postos-chave da época. Liderança totalmente masculina.

Fazíamos muitas reuniões na Biblioteca Municipal, no Teatro Municipal, para falar, ouvir, protestar, visando manter o grupo unido como meio de subsistir e de obter, por meio de lei, a consolidação do Ensino.

O novo prefeito reduziu o salário dos professores de Cr$ 8.100,00 (oito mil e cem cruzeiros) para Cr$ 5.400,00 (cinco mil e quatrocentos cruzeiros).

Gestões junto ao prefeito e junto à Câmara Municipal foram iniciadas com vistas ao envio de Projeto de Lei e à aprovação da primeira lei regulamentando o Ensino Municipal.

A Lei nº 5.607, de 3 de junho de 1959, estruturou o Ensino Municipal, criando, na Secretaria de Educação e Cultura, o Departamento de Ensino Primário. Entretanto, o fato é que o artigo nº 32, que efetivava nos cargos seus ocupantes, foi vetado. O veto foi derrubado na Câmara e fomos efetivados, mas, posteriormente, referidos atos de efetivação foram anulados.

Este foi um período de muita luta, de idas e vindas ao Gabinete do Prefeito, à Câmara Municipal e de contato com vereadores. Apesar de toda a mobilização, não conseguimos reverter a situação na via administrativa, tivemos que recorrer ao Judiciário. Por decisão favorável em mandado de segurança, fomos re-efetivados, a partir de 1965.

Outras medidas de relevância foram adotadas, visando ao fortalecimento do Ensino Municipal.

A ameaça da anexação

Em 1961, assumiu a prefeitura o Dr. Francisco Prestes Maia. A anexação do Ensino Municipal ao Sistema Estadual de Educação sempre foi motivo de apreensão entre o professorado, pois o tema sempre vinha à baila. Mas, foi com o prefeito Prestes Maia que essa ameaça se materializou nos constantes atos administrativos de extinções de unidades escolares, motivadas por transferências, proximidade de outras escolas, inconveniência de períodos e motivos administrativos diversos, conforme o Decreto nº 5.556, de 24 de janeiro de 1963; na falta de aplicação de recursos para a instalação de novas unidades, ou na conservação das já existentes e, finalmente, no levantamento efetuado em toda a rede para verificar a qualificação do professorado, a qualidade do ensino ministrado e as condições das instalações, cujo Relatório Final embasaria proposta de anexação, segundo voz corrente.

A inspeção e a orientação pedagógica

A Inspeção Escolar começou a atuar concomitantemente com a criação e o funcionamento das Escolas Isoladas, nos primórdios de 1956. A ela cabia a verificação *in loco* das condições das salas onde as classes passariam a funcionar: metragem mínima, entrada de luz, dependências sanitárias, fornecimento de água, mobiliário, etc, bem como a efetiva existência dos alunos e a documentação do professor. O inspetor ganhava o mesmo salário do professor, tinha dupla jornada de trabalho e habilitação profissional de 2º Grau de Professor Normalista.

As quatro Regiões Escolares foram subdivididas em vinte Setores Escolares, para efeito de controle geral do "sistema escolar" previsto no Decreto nº 3.185/56 e os inspetores escolares, distribuídos por estes Setores. Cada inspetor passou a trabalhar num setor fixo, com um determinado número de escolas, sob o sistema de rodízio anual.

Com o advento da Lei nº 5.607/59, foram criados 16 cargos de Inspetor Escolar com a competência de inspecionar e avaliar as atividades das unidades a eles atribuídas; zelar pela

1956–1965

exação, eficiência e probidade do exercício dos Diretores Escolares, sugerir a implantação de novas unidades escolares, bem como criação e supressão de classes; verificar as condições físicas do prédio, e a necessidade de pessoal, responder por toda a escrituração escolar, apresentar relatórios periódicos de suas atividades. Era o elo de ligação entre as escolas e os órgãos centrais. Suas atividades eram basicamente técnico-administrativas.

Eram apenas oito orientadoras pedagógicas reunidas sob o comando de Dona Dinah de Mattos Pimenta, assistida por Maria Aparecida Rodrigues Cintra, a Dona Lili, as quais passaram a responder pelas diretrizes pedagógicas das escolas. Desde o início, a necessidade de orientar e coordenar o trabalho do professor foi se fazendo sentir, pois o Ensino Municipal sempre teve como característica a valorização do aspecto pedagógico e a ênfase no aperfeiçoamento e na atualização do professor. Seis meses após a sua criação, em 26 de fevereiro de 1957, foi instalado o Serviço de Orientação Pedagógica. Em janeiro de 1957, já haviam sido ministrados cursos sobre Metodologia da Linguagem, da Alfabetização e da Matemática, de caráter obrigatório.

Ao Serviço de Orientação Pedagógica, cabia acompanhar e controlar o desenvolvimento das atividades curriculares e o trabalho do professor, com vistas à melhoria do ensino e ao maior rendimento escolar; em última análise, competia-lhe fazer a supervisão pedagógica em nível de sistema.

Seguindo os padrões vigentes da Educação Nacional, inspirados no modelo europeu de escola, mais especificamente, no francês, de disciplina, controles rígidos e fiscalização, o controle da qualidade do ensino era realizado por meio do treinamento contínuo e da verificação semestral do rendimento escolar através de provas elaboradas pela Divisão Pedagógica – PROVA ÚNICA –, base para o replanejamento e aplicadas por outro professor.

Administração Faria Lima: novos ares para o ensino municipal

O prefeito Faria Lima não foi apenas um grande tocador de obras, mostrou-se também um administrador preocupado com a área social. Nela deixou sua marca inconfundível, especialmente na Educação.

Um número significativo de prédios de alvenaria foram construídos e equipados para abrigar as escolas que funcionavam em galpões de madeira, ainda nominadas com nome de bairros em que se localizavam. Por ser ligado às Forças Armadas – era brigadeiro – passou a dar como patrono das escolas nomes de coronéis, generais e outros oficiais, que proliferam nas nossas escolas.

Através dos Decretos nºs 6.403, de 10 de fevereiro de 1966, e 6.515, de 20 de junho de 1966, criou o Ensino Prévocacional, ampliando a escolaridade para seis anos em 13 unidades escolares, prevista na Lei Federal 4.024/61, que fixou as Diretrizes e Bases da Educação Nacional.

Mas sua grande contribuição foi a ampliação e consolidação do Ensino Municipal, por meio da Lei 7.037, que viria em 1967.

1956–1965

1966-1975

Entre flores, golpes
e uma nova LDB,
o ensino municipal
se expande e consolida-se.

Breve panorama

MARA SILVIA SEABRA
SILVIA LARA STEIN ARRUDA DOS SANTOS

Se tivéssemos que identificar o período compreendido entre 1966 e 1975 com uma só palavra teria que ser: Golpe. Se nos fosse pedida uma melhor definição: Golpes Militares! Lembrando uma das leis da física – a de que a toda ação corresponde uma reação – um substantivo toma corpo: guerrilha. Independentemente do sistema de governo vigente, democrático ou ditatorial, ocorreram golpes de estado em várias regiões do globo, guerrilhas em grande parte dele, com exceção da Oceania.

Na Ásia, em particular na China, no início de 1966, o presidente do Partido Comunista Chinês, Mao Tsé-tung, consegue retomar o controle sobre seu partido e exorta seus seguidores a lançarem "uma verdadeira Revolução Cultural" contra os costumes burgueses. A Grande Revolução Cultural Proletária, como foi chamada, aboliu os "símbolos da cultura burguesa"

1966-1975

como antigas estátuas, obras literárias e teatrais, em favor da chamada "cultura proletária". Para tanto, contou com a ajuda das Guardas Vermelhas – milícias estudantis e proletárias que se formaram com a ajuda dos militares maoístas. Tinha início mais um capítulo sombrio do governo do *Grande timoneiro*.

No sudeste asiático, em particular na Indonésia, em março de 1967, o presidente daquele país, Ahmed Sukarno, foi forçado a entregar o poder ao general Suharto que era apoiado pela CIA e que governava de fato o país desde o golpe militar de outubro de 1966. Calcula-se que entre 500 mil a 2 milhões de comunistas foram massacrados desde o golpe.

Na Argentina, em junho de 1966, o general Juan Carlos Onganía, comandante do Exército argentino, liderou o golpe militar que depôs o presidente eleito, o centrista Arturo Illia. O militar dissolveu todos os partidos políticos e instituiu a censura à imprensa. O líder do golpe militar era conhecido como um linha-dura anticomunista, seguidor da Doutrina de Segurança Nacional, que viu na esquerda um "inimigo interno" que deveria ser combatido em uma verdadeira guerra.

Em 1967, o governo militar boliviano confirmou a morte do revolucionário Ernesto "Che" Guevara, ocorrida no dia 8 de outubro na selva de Valle Grande. Ele foi assassinado quando tentava criar um foco de luta armada na selva boliviana nos dois anos anteriores. Havia deixado o posto de ministro da Indústria de Cuba para se dedicar à expansão da revolução socialista pela América Latina.

No Uruguai, em janeiro de 1973, as Forças Armadas assumiram o poder de fato ao pressionarem o presidente eleito Juan Maria Bordaberry a fechar o Congresso e criar um Conselho de Segurança Nacional para por fim às greves, distúrbios estudantis e à guerrilha dos Tupamaros. A Casa Branca deu apoio a esse golpe militar, ministrando cursos de contra-espionagem e tortura às Forças Armadas daquele país.

No Chile, em 11 de setembro de 1973, um sangrento golpe militar liderado pelo comandante do Exército, general Augusto Pinochet, depôs o presidente eleito: Salvador Allende. A Casa Branca também deu apoio ao golpe militar chileno, contribuindo através da CIA com US$ 1 milhão para "ações secretas" contra o governo socialista.

Em Portugal, em 25 de abril de 1974, um movimento militar liderado pelo general António de Spínola, ex-comandante das tropas coloniais na Guiné portuguesa, depôs o primeiro-ministro Marcello Caetano, pondo fim à ditadura de quatro décadas por Antonio de Oliveira Salazar. O golpe entrou para a história como "Revolução dos Cravos", pois os soldados por onde passavam eram recebidos com essas flores, atiradas pela população. Aqueles, por sua vez, colocavam os cravos nas lapelas dos uniformes militares e nas bocas das armas.

Reflexo disso foi que Angola, em 16 de janeiro de 1975, foi reconhecida como nação pelo governo português, sendo a última colônia (portuguesa) a se tornar independente. No entanto, essa "emancipação", deu origem a uma guerra fratricida que durou até o primeiro trimestre de 2002. Considerando-se que os movimentos pela independência do país se iniciaram em 1961, Angola ficou mergulhada em conflitos internos e guerras civis durante mais de 40 anos quando então, ao fim desse período, se realizaram eleições para presidente.

Na América Latina, mais precisamente na Argentina, em 24 de março de 1976, os militares depuseram Maria Estela Martinez de Perón, conhecida como Isabelita. Ela governava como presidenta, desde a morte de seu marido Juan Domingo Perón, ocorrida em 1974. O novo presidente seria o general Jorge Rafael Videla. Em seu

1966–1975

breve governo Isabelita não conseguiu deter o terror de esquerda no país. Essa foi a alegação da cúpula militar argentina, responsável pelo golpe. Dezenas de pessoas foram mortas em ações de grupos terroristas de ultra-esquerda, como os Montoneros e o Exército Revolucionário do Povo – ERP, porém a maior parte dos atentados foi de responsabilidade da facção de extrema direita – Ação Anticomunista Argentina – também conhecida como Triple A.

Na Ásia, em particular na China, a exemplo do que ocorreu na Argentina, depois da morte de Mao Tsé-tung, em 1976, sua mulher Jian Qing, foi presa em outubro do mesmo ano, juntamente com outros dirigentes comunistas que ficaram conhecidos como "Camarilha dos Quatro". Milhões de chineses saíram às ruas de Pequim para comemorar a prisão do grupo, chamados de "cães burgueses revisionistas, imundos como fezes de cachorro".

Além desses golpes militares e movimentos guerrilheiros, nesse período, os conflitos no Oriente Médio se acirraram com a Guerra dos Seis Dias (de 5 a 10 de junho de 1967), na qual os israelenses impuseram uma derrota fragorosa aos egípcios no Deserto do Sinai, com a ocupação da Cisjordânia, da Faixa de Gaza, das Colinas do Golan e de Jerusalém Oriental. Os israelenses, por sua vez, seriam surpreendidos durante o Yom Kippur, o Dia do Perdão dos judeus, seis anos mais tarde, por um ataque maciço da coalizão árabe contra o Exército israelense. Os egípcios cruzaram o Canal de Suez e destruíram dezenas de aviões israelenses quando estes tentavam deter o ataque.

Nesse período, o terrorismo ganhava proporções assustadoras. O episódio mais marcante ficou conhecido a partir da ação do grupo terrorista palestino do "Setembro Negro", que seqüestrou atletas israelenses durante os Jogos Olímpicos de Munique. O seqüestro ocorreu em 5 de setembro de 1972, após desastrada tentativa de resgate dos atletas israelenses ocasionando a morte de 11 deles e de três terroristas palestinos.

A favor da paz, nessa "ebulição" da política mundial, em janeiro de 1973, houve a assinatura do cessar-fogo dos EUA, na Guerra do Vietnã, iniciada em julho de 1964. Há de se destacar neste conflito que, enquanto Elvis Presley servia de garoto propaganda para o governo americano, inundando a mídia internacional com sua foto paramentada com o uniforme do exército americano, rumo ao Vietnã, o campeão mundial de boxe, Muhammad Ali, perdia o título por ter se recusado a servir o exército dos EUA e, consequentemente, a lutar no Vietnã.

Em 8 de agosto de 1974, uma palavra ocupava espaço na mídia: *impeachment*. Nos EUA, o presidente republicano Richard Nixon, tornou-se o primeiro presidente daquele país a renunciar. Isto porque enfrentava um pedido de *impeachment* no Congresso, por conta de seu envolvimento no escândalo Watergate, de espionagem na sede do Partido Democrata.

Outra expressão – os protestos estudantis – explica fatos que ocorreram nesse período e que foram marcantes para a história mundial.

Em 1968, nos EUA, milhares de jovens recusavam-se a partir para o "desconhecido" na Guerra do Vietnã. Essa foi uma das fontes de inspiração do movimento *hippie* e de seu lema: "Faça amor, não faça a guerra". No ano seguinte, quase meio milhão de pessoas participaram do Festival de Woodstock, assistindo aos *shows* de Jimi Hendrix, Janis Joplin, Joe Cocker, Jefferson Airplane, Crosby, Stills, Nash and Young, The Who, dentre outros. O festival transformou-se em um verdadeiro canto coletivo ao amor livre e ao fim da Guerra do Vietnã.

A juventude negra, nos EUA, com o acesso vedado às melhores posições e sem contar com plenos direitos civis no país, rebelava-se através de manifestações, nem sempre pacíficas. Em 4 abril de 1968, o líder do movimento pela extensão dos direitos civis à população negra, Martin Luther King, foi assassinado a tiros, na sacada de seu quarto, em Memphis, Tennessee, no sul do país. Em fins de 1966, foi criado nos EUA o Partido dos Panteras Negras que defendia a luta armada a favor de um Estado Negro.

O assassinato de Bob Kennedy, ministro da Justiça dos EUA, chocava o mundo em 8 de junho de 1968.

Na Europa Ocidental, os partidos de esquerda sempre tiveram força entre os estudantes. Estes, em maio de 1968, começaram a protestar em Paris, motivados pela queda no nível de ensino e contra a rígida disciplina acadêmica. O governo do presidente Charles De Gaulle reagiu com violência, reprimindo uma passeata estudantil e ateando fogo à rebelião. Os trabalhadores se solidarizaram com os estudantes e, por sua vez, começaram a fazer reivindicações salariais. Disso tudo resultou a maior greve que a França já teve: 10 milhões de trabalhadores cruzaram os braços. Acredita-se que a inspiração dos estudantes franceses tenha vindo da Revolução Cultural chinesa.

No Leste Europeu, na Polônia ocorreram grandes manifestações estudantis contra o regime de partido único. Na Checoslováquia a rebelião estudantil atingiu o auge. Em 1967, uma sucessão de greves e protestos estudantis se irrompeu quando um congresso de escritores pediu a democratização do regime socialista, no episódio que ficou conhecido como "Primavera de Praga". No ano seguinte, centenas de blindados soviéticos entraram em Praga, acompanhados de tropas da Polônia, Hungria, Bulgária e Alemanha Oriental. A população enfrentou destemidamente os tanques com paus, pedras e coquetéis Molotov. Em vão, a "Primavera de Praga" foi esmagada pelos soviéticos. Um escritor tcheco, Milan Kundera, conhecido internacionalmente por seu romance: *A insustentável leveza do ser* (1983), também adaptado para o cinema, era estudante quando o regime comunista foi estabelecido em seu país. A publicação de seu primeiro romance, *A brincadeira* (1967), foi um dos marcos iniciais do movimento de libertação que culminou na Primavera de Praga. Depois da invasão russa de 1968 seus livros foram proibidos. Em 1975 transferiu-se para a França.

Na América Latina, o auge do movimento estudantil contra os regimes militares também ocorreu em 1968. Houve manifestações de esquerda na Argentina, Uruguai, Peru, Bolívia e Brasil.

No mundo das artes, da cultura da ciência

Poder-se-ia dizer que o mundo ocidental, no período de 1966 a 1975, também passou por "convulsões" no campo artístico, científico e cultural que principiaram por abalar muitas das crenças vigentes à época.

Uma delas foi a desmistificação de vários conceitos sobre a sexualidade humana, deflagrada em 1966, com a publicação do livro *A resposta sexual humana*, de Masters e Johnson, baseado em anos de pesquisa sobre o comportamento sexual norte-americano.

Em 1969, o Canadá legalizou o aborto e as uniões homossexuais e em 1973, foi a vez dos Estados Unidos legalizar o aborto. Em contrapartida, a encíclica papal, denominada *Humanae Vitae* reafirmou a condenação tradicional da Igreja Católica a todas as formas de controle da natalidade.

Ao lado dos *jeans* – que começava a se popularizar – a mini-saia, com mais de um palmo acima dos joelhos, criada pela estilista britânica Mary Quant, começou a ser adotada pelas jovens ocidentais, sempre associada à imagem magérrima da modelo Twiggy.

O mundo da moda, em 1971, pranteou a morte da estilista Gabrielle Bonheur – a Coco Chanel, inspiradora dos famosos *tailleurs*, vestidos por nove entre dez mulheres "chiques", na década de 60.

Depois da queima de soutiens em praça pública, o movimento feminista teve em Germaine Greer, através de seu trabalho: *A mulher eunuco* (1971), um dos manifestos mais realista do movimento de libertação da mulher. "Não se tratava mais de conquistar direitos civis para as mulheres, mas antes de descrever sua condição de oprimida pela cultura masculina, de revelar os mecanismos psicológicos e psicossociais dessa marginalização e de projetar estratégias capazes de proporcionar às mulheres uma liberação integral, que incluísse também o corpo e os desejos."

O *apartheid* – separação na língua africâner – na África do Sul, continuava vigorando e Nelson Mandela continuava preso. Os negros não podiam ser proprietários de terras, não tinham direito de participação na política e eram obrigados a viver em zonas residenciais separadas das dos brancos. Os casamentos e relações sexuais entre pessoas de etnias diferentes eram ilegais. Os negros geralmente trabalhavam nas minas, comandados por capatazes brancos e viviam em guetos miseráveis e superlotados. Por conta dessa sua política segregacionista, a África do Sul foi excluída dos Jogos Olímpicos de Munique, em 1972.

Nessa Olimpíada, o norte-americano Mark Spitz foi a sensação da natação ao ganhar sete medalhas de ouro, nas várias modalidades desse esporte.

No mundo das letras, um escritor colombiano, Gabriel García Márquez lançou um livro, em 1967, que viria a se tornar um dos clássicos da literatura universal: *Cem anos de solidão*. No outro lado do mundo, em 1974, o escritor russo, Alexander Soljenitsin foi expulso da União Soviética por ter escrito o livro *Arquipélago Gulag*.

No campo das artes plásticas Andy Warhol gozou bem mais do que os "15 minutos de fama", aos quais todas as pessoas tinham direito, segundo ele. Foi um dos iniciadores da Pop Art e ficou mundialmente conhecido ao pintar quadros coloridos e extravagantes com pessoas famosas: Jacqueline Kennedy, "Che" Guevara, Elvis Presley, Marilyn Monroe, dentre outros,

No cinema, também houve o lançamento de alguns filmes considerados marcos na cinematografia mundial: *A primeira noite de um homem* (1968); *Love story* (1970) que levou às lágrimas platéias do mundo inteiro; o *Poderoso chefão* (1973), de Francis Ford Coppola, sobre a Máfia e *Amacord* (1974), de Federico Fellini, baseado em recordações de sua infância e o musical *Cabaret* (1972), de Bob Fosse, protagonizado por Liza Minelli.

A mesma importância foi creditada à peça teatral que estreara em 1968: *Hair*, em referência aos *hippies* que em geral eram cabeludos. Ao final do espetáculo todos os atores ficavam nus, o que causou certo *frisson* na época.

No campo musical, os Beatles lançaram em 1967, o álbum *Sargent Pepper's Lonely Hearts Club Band*, considerado como uma obra-prima da música pop. Outro grupo, não menos famoso, mas considerados "rapazes perigosos", imagem oposta à dos Beatles, era os Rolling Stones. Seus melhores álbuns também foram lançados nessa época: *Exile on main street*, *Goat's head soup* e *It's only rock'n'roll*.

A década de 60 foi a mais efervescente e profícua em bandas de *rock*. Algumas delas foram: King Crimsom, Genesis, Black Sabbath, The Doors, Led Zeppelin, Pink Floyd, The Kinks.

Nessa era, chamada da era de *sexo, drogas e rock and roll*, vários músicos morreram em função de *overdose*: Jimi Hendrix,

Janis Joplin, Jim Morrison (vocalista do The Doors), Brian Jones (guitarrista dos Rolling Stones) e outros.

Dois acontecimentos muito noticiados na mídia em meio a esse período, chocaram a opinião pública e, por sua vez, despertaram acaloradas discussões. O primeiro, em 1969, foi o assassinato da atriz Sharon Tate, grávida de oito meses de um filho do diretor de cinema Roman Polanski, por um bando místico. O segundo foi um acidente de avião, nos Andes, em 1973, no qual os sobreviventes, todos uruguaios, venceram a repulsa e comeram carne humana de seus companheiros mortos para continuarem vivos.

Um ano depois, em 1974, a ONU – Organização das Nações Unidas – publicou um relatório no qual previa a morte de cinco milhões de pessoas no mundo, por causa da fome.

No campo científico, a Nasa – Agência Espacial Norte-Americana – lançou em 1972, a sonda Pioneer 10, com o objetivo de sair da Via Láctea. No ano seguinte, ela fotografou Júpiter, um dos planetas de nossa constelação, bem mais próximo. Em 1974 ela se aproximou de Saturno, outro planeta ainda mais distante do nosso.

No ano seguinte, mais precisamente em 11 de julho de 1975, no noroeste da China, uma equipe de arqueólogos chineses encontraram um exército inteiro em argila azul, formado por oito mil guerreiros, de quase dois mil anos de idade, com carroças e apetrechos, ocupando uma área de 1,2 hectare. Mais de quatro mil estátuas estavam intactas. O exército construído entre 221 e 206 aC, teria como objetivo glorificar o imperador Xi-Hang-ti.

Nesse mesmo ano, durante conferência na National Geographic Society, a antropóloga norte-americana Mary Leakey apresentou à imprensa evidências de que os primeiros exemplares da espécie *homo*, ancestrais do homem, viveram há pelo menos 3,75 milhões de anos. Exibindo um crânio, ossos e dentes encontrados na Tanzânia, África, a cientista afirmou que eles pertenciam a uma mulher, batizada de Lucy.

O golpe militar no Brasil

Por votação indireta do Congresso Nacional, o general Humberto de Alencar Castelo Branco foi eleito presidente, em 15 de abril de 1964.

No seu governo, foi baixado o AI-2, Ato Institucional que extinguiu todos os partidos políticos existentes. Foram criados somente dois partidos: a Aliança Renovadora Nacional (Arena), que agrupava os partidários do governo e o Movimento Democrático Brasileiro (MDB), que reunia a oposição. A maior parte dos políticos que se filiaram à Arena tinha pertencido à União Democrática Nacional (UDN). O MDB foi formado por figuras do PTB – Partido Trabalhista Brasileiro (PTB) e do Partido Social Democrata (PSD).

Em 28 de outubro de 1966, velhos adversários, o ex-presidente João Goulart (ex-PTB) e o ex-governador da Guanabara, Carlos Lacerda (antiga UDN), anunciaram a formação da Frente Ampla que contou ainda com o apoio do ex-presidente Juscelino Kubitschek (ex-PSD). Eles consideraram MDB e Arena criados pelo governo militar, "excessivamente dependentes" do regime para desempenharem um papel de importância na redemocratização do país.

A plataforma da Frente Ampla, sintetizada no lema "União para a liberdade; liberdade para a paz; paz para o desenvolvimento" incluía a realização imediata de eleições livres em todos os níveis, a reforma partidária, a retomada do desenvolvimento econômico e a adoção de uma política externa independente.

Essa Frente Ampla teve vida curta. Através de uma portaria baixada pelo Ministério da Justiça em 1968, suas atividadedes ficaram proibidas, sob pena de serem detidos pela Polícia Federal todos que violassem essa proibição.

O governo de Castelo fez aprovar pelo Congresso uma nova Constituição em janeiro de 1967, em substituição à Constituição de 1946. Essa Constituição, comparada com a anterior, apresentou graves retrocessos: suprimiu a liberdade de publicação de livros e periódicos; restringiu o direito de reunião, facultando à polícia o poder de designar o local para ela; estendeu o foro militar aos civis, nas hipóteses de crimes contra a segurança nacional; manteve as punições, exclusões e marginalizações políticas decretadas anteriormente.

Uma era de protestos e torturas

Em março de 1967, toma posse como presidente o general Arthur da Costa e Silva e para vice-presidente um civil, o udenista mineiro Pedro Aleixo, através de eleição indireta.

Em março de 1968, a Polícia Militar ao reprimir a tiros um protesto estudantil, contra a qualidade da alimentação fornecida aos estudantes pobres no restaurante do Calabouço, no Rio de Janeiro, acabou assassinando o estudante secundarista Édson Luis Lima Souto, de 17 anos. Seu enterro e a missa rezada na igreja da Candelária foram acompanhados por milhares de pessoas.

No dia 25 de junho do mesmo ano, houve a Passeata dos *Cem Mil* como ficou conhecida, reunindo não só os estudantes como setores representativos da Igreja e da classe média do Rio de Janeiro.

Outro estudante também foi morto na Rua Maria Antonia, em São Paulo, quando o prédio da Faculdade de Filosofia da USP foi incendiado. O confronto ocorreu entre estudantes de esquerda da Faculdade de Filosofia e alunos anticomunistas da Universidade Mackenzie, liderados pelo Comando de Caça aos

Comunistas (CCC) que passaram a atirar ovos e pedras, e então dispararam revólveres e rifles nos alunos da USP que faziam um "pedágio" na rua, recolhendo dinheiro para a realização do 30° Congresso da UNE – União Nacional dos Estudantes – que foi posta na ilegalidade.

Em outubro, ainda em 1968, mais de 700 estudantes foram surpreendidos e presos quando participavam de um congresso clandestino da União Nacional dos Estudantes, em Ibiúna, na Grande São Paulo.

O ano era ainda 1968, quando o Teatro Opinião, o jornal *Correio da Manhã*, a Editora Tempo Brasileiro e a Associação Brasileira de Imprensa – ABI, no Rio de Janeiro, sofreram atentados a bomba.

Apesar de todos esses fatos, o pretexto utilizado pelo governo para reforçar a *linha-dura*, foi a recusa do Congresso em suspender as imunidades parlamentares de um deputado, a fim de que ele fosse processado criminalmente, por ter feito um discurso em que concitava a população a boicotar a parada militar de 7 de setembro.

Em 13 de dezembro de 1968, o governo decretou o Ato Institucional n° 5, o AI-5, que permitiria ao presidente legislar por decreto, intervir nos Estados e Municípios, demitir ou nomear qualquer funcionário público. Ficou suspenso o direito de *habeas-corpus* para os acusados de crimes políticos. Também foi baixado o Ato Complementar n° 38, fechando o Congresso. O governo vinha adotando posições mais duras desde meados do ano, quando cresceram os protestos da oposição.

O presidente Costa e Silva suspendeu as eleições em 68 municípios, inclusive todas as capitais de Estados, tidos como "áreas de segurança nacional".

Nessa época, já havia vários grupos guerrilheiros no país, muitos deles compostos por ex-integrantes do PCB, o Partido

1966–1975

Comunista Brasileiro. Em sua maioria se propunham a uma ação objetiva e imediata contra a ditadura, através da guerrilha e da luta armada. Para o financiamento de suas ações eles assaltavam bancos e seqüestravam políticos estrangeiros. Os dois casos mais conhecidos foram o seqüestro em 1969 do embaixador norte-americano Charles Burke Elbrik, pelo MR-8 (em homenagem a "Che" Guevara, que havia sido capturado pela CIA na Bolívia, em 8 de outubro de 1967) e o seqüestro em 1970 do embaixador suíço Giovanni Enrico Bucher pelo VPR (Vanguarda Popular Revolucionária), comandado pelo ex-capitão do Exército Carlos Lamarca. Eles foram trocados pela libertação de presos políticos que foram levados para o Chile.

A única organização que conseguiu levar adiante a idéia da guerrilha rural foi o PC do B (Partido Comunista do Brasil). Conhecida como Guerrilha do Araguaia, seus cerca de 70 militantes, entre 1972 e 1975, enfrentaram quase 20.000 homens do Exército, da Marinha e da Aeronáutica, na região do baixo Araguaia, sul do Pará. Em dezembro de 1976, quase toda a direção do partido foi massacrada por tropas do 2º Exército, durante a invasão de uma casa na Lapa, onde se realizava uma reunião do Comitê Central.

A guerrilha do Araguaia foi o "último suspiro" dos movimentos guerrilheiros no país.

As razões apontadas para o isolamento da guerrilha de esquerda e, conseqüentemente, o definhamento da luta armada no Brasil, são creditadas por um lado, aos avanços importantes conseguidos pelo regime militar, no plano econômico. A inflação estava estabilizada. Os empréstimos estrangeiros vinham de forma fácil e impulsionavam obras de peso – hidrelétricas, pontes e estradas como a Transamazônica, que deveria ligar o norte ao nordeste do país. Contou-se também com um bom desempenho nas indústrias de bens duráveis (automóveis e eletrodomésticos) e de construção civil, cuja demanda por parte da classe média era saciada pelos consórcios e financiamento de crédito de instituições financeiras. O mesmo ocorreria com as indústrias de material elétrico, química, construção naval, dentre outras. As grandes obras e, atrás delas, as empresas interessadas na nova infra-estrutura, garantiam emprego para quase todos.

Eram os tempos do chamado "Milagre Econômico". Vivia-se um clima de euforia, explorado com habilidade pela propaganda oficial, que trombeteava *slogans* como: "Ninguém segura este país" ou "Brasil, ame-o ou deixe-o", fazendo uma referência óbvia aos opositores do regime. O tricampeonato mundial de futebol conquistado no México em 1970 caiu como "sopa no mel" para os governos militares, que à época haviam colocado o general Emílio Garrastazu Médici no comando da Nação. Era a "linha dura" no poder.

Por outro lado, a guerrilha brasileira ficou isolada por conta de um eficiente sistema repressivo, com base nos serviços secretos das Polícias Militares, do Exército, Aeronáutica e Marinha, todos coordenados pelo Serviço Nacional de Informação (SNI).

O trabalho sujo, as torturas e os desaparecimentos (cerca de 400 pessoas "sumiram" nas mãos dos organismos de repressão durante a ditadura) ficavam a cargo dos Dops, Departamentos de Ordem Política e Social, da Polícia Civil, ou dos DOI-Codi, divisões especiais do Exército. A censura aos meios de comunicação foi completa e violenta. Até 1969, o Centro de Informações da Marinha (Cenimar) foi o órgão tido como responsável pela utilização da tortura. A partir desse ano, surgiu em São Paulo a Operação Bandeirantes (Oban), vinculada ao II Exército, cujo raio de ação se concentrou no eixo São Paulo-Rio. A Oban deu

1966–1975

lugar aos DOI-Codi – Destacamento de Operações e Informação e Centro de Operações de Defesa Interna respectivamente. Os DOI-Codi se estenderam a vários Estados e foram os principais centros de tortura durante o regime militar.

Dentre as centenas de pessoas que foram presas e desapareceram nos porões da ditadura estava o deputado Rubem Paiva que foi levado preso de sua casa em 1971 e nunca mais encontrado. E o filho da estilista Zuzu Angel, Stuart Angel Jones, morto no Centro de Informações e Segurança da Aeronáutica, cujo corpo também nunca foi encontrado.

A censura aos meios de comunicação foi completa e violenta. Para denunciá-la, o jornal *O Estado de S. Paulo* publicava no lugar dos textos censurados trechos do poema *Os Lusíadas* e receitas de bolo, dentre outros. A revista *Veja* que começara a circular em 1968, passou a ser censurada a partir da décima quinta edição. E o *Pasquim*, semanário de humor surgido no Rio em 1969, editado por cartunistas e intelectuais, sofreu uma perseguição implacável da censura.

Dentre tantas outras músicas censuradas, uma ficou muito conhecida do grande público: *Apesar de você*, de Chico Buarque, que se utilizou de um pseudônimo como autor da música. Ela foi liberada inicialmente, pois os censores acreditaram ser uma música romântica. Mas, na verdade, o refrão: "Apesar de você, amanhã há de ser outro dia", referia-se à truculência do governo Médici.

Em 15 de março de 1974, o novo presidente da República, general Ernesto Geisel, tomou posse no Palácio do Planalto. A cerimônia, a mais luxuosa da história do Brasil foi a primeira a ser transmitida em cores pela TV. Contou com a presença de delegados de oitenta e nove países. Geisel foi o primeiro presidente escolhido pelo Colégio Eleitoral.

A inflação que nos anos anteriores estava estabilizada em torno de 15%, saltou para 34,55%.

Os empréstimos estrangeiros que subsidiaram o "Milagre Econômico" fizeram a dívida externa do país subir vertiginosamente: de menos de 40 bilhões em 1967, para 97 bilhões em 1972 e 375 bilhões em 1980.

Uma das principais causas apontadas pelos historiadores para essa instabilidade econômica, afora a elevação da taxa internacional dos juros, foi o fato dos países produtores de petróleo terem quadruplicado o preço desse produto aos países compradores, por conta dos conflitos no Oriente Médio, entre árabes e israelenses. Mesmo com a inauguração em Paulínia, no estado de São Paulo, em 1972, da maior refinaria de petróleo do país, o Brasil ainda estava longe de chegar à auto-suficiência. Ainda se importava mais de 80% de petróleo, do total que se consumia no país.

Em 1974, o Governo lançou o II Plano Nacional de Desenvolvimento – PND que teve como um dos objetivos o avanço no caminho da autonomia, em relação aos insumos básicos: petróleo, aço, alumínio, fertilizantes. O II PND preocupou-se com o problema energético, pois propôs o avanço na pesquisa de petróleo, o programa nuclear, a substituição parcial da gasolina pelo álcool e a construção de hidrelétricas, no caso da Itaipu.

Em 1975, foi instituído o Programa Pró-Álcool para combater a crise internacional do álcool.

A indicação de Geisel para presidente representou uma derrota da "linha-dura". Ele mesmo definiu a abertura política que teria vez no seu governo, como "lenta, gradual e segura".

As eleições legislativas de novembro de 1974 realizaram-se num clima de relativa liberdade, com acesso dos partidos ao rádio e à televisão. O governo esperava uma vitória fácil da Arena – partido da situação – mas os resultados eleitorais deixaram-no surpreso. O

MDB obteve 59% da soma de votos válidos para o Senado, conquistando 16 das 22 cadeiras em disputa. A Arena continuou a ter maioria, pois apenas parte do Senado foi renovada em 1974.

Para a Câmara Federal, a Arena superou o MDB por pequena maioria. O partido do governo conquistou 204 cadeiras contra 160 da oposição.

O MDB ganhou as eleições nos grandes centros urbanos e nos Estados mais desenvolvidos e perdeu para a Arena, no nordeste do país.

Em 1975, o governo suspendeu a censura ao jornal *O Estado de S. Paulo.*

Embora a guerrilha tivesse sido eliminada, a prática da tortura continuava, assim como o desaparecimento de pessoas que haviam sido mortas pela repressão. Em outubro de 1975, o jornalista Vladimir Herzog, diretor de jornalismo da TV Cultura, foi intimado a comparecer ao DOI-codi de São Paulo. Ele era suspeito de ter ligações com o PCB. Herzog apresentou-se ao DOI-Codi e dali não saiu vivo. Sua morte foi apresentada como suicídio por enforcamento, uma forma grosseira de encobrir a realidade: tortura, seguida de morte.

Em 31 de novembro de 1975, mais de cem mil pessoas, cercadas por centenas de policiais e agentes à paisana, participaram de um ato ecumênico na Catedral da Sé, em São Paulo, em memória do jornalista Vladimir Herzog. A missa celebrada pelo cardeal-arcebispo de São Paulo, Dom Paulo Evaristo Arns, assistida pelo rabino Henry Sobel e pelo pastor Jaime Wright foi um ato comovido de repulsa à violência.

A guerra fria e o milagre brasileiro

Todas as palavras destacadas – Golpe Militar, Guerrilha e Protestos Estudantis – para explicar o que ocorreu no mundo e no Brasil, no período compreendido entre 1966 e 1975, adquirem uma significação ainda maior quando colocadas dentro do contexto da Guerra Fria ou da Paz Armada, como também é conhecida a disputa entre os Estados Unidos e a União Soviética. É chamada "Guerra Fria" por nunca ter havido um confronto direto entre essas duas potências, apesar dos mísseis intercontinentais que ambas possuíam e que, se postos em ação, poderiam vir a destruir a vida no planeta Terra.

A Guerra Fria caracterizou-se como uma intensa guerra econômica, diplomática e ideológica pela conquista de zonas de influência, dividindo o mundo em dois blocos: o da União Soviética, com seu sistema socialista, baseado na economia planificada, com partido único – o Partido Comunista - com ausência de democracia e buscando a igualdade social. E o dos Estados Unidos, defensor do sistema capitalista, baseado na economia de mercado, no sistema democrático e na propriedade privada.

Desde a segunda metade da década de 40 (final da 2ª Guerra Mundial) até 1989 (queda do Muro de Berlim), estas duas potências tentaram implantar em outros países os seus sistemas políticos e econômicos, através de suas agências de espionagem: os Estados Unidos contavam com a CIA e a União Soviética com a KGB.

Essa "partilha", estava representada em termos de Organizações Internacionais pela Otan (Organização do Tratado do Atlântico Norte), reunindo além dos Estados Unidos e do Canadá, vários países membros da Europa Ocidental (Itália, Inglaterra, Alemanha Ocidental, França, Suécia, Espanha, Bélgica, Holanda, Dinamarca, Áustria e Grécia) e pelo Pacto de Varsóvia que, além da União Soviética, contava com Cuba, China, Coréia do Norte, Romênia, Alemanha Oriental, Iugoslávia, Albânia, Checoslováquia e Polônia.

| 1966–1975

Além da temida e acirrada corrida armamentista, a Guerra Fria também foi responsável pela corrida espacial: a União Soviética já havia lançado o primeiro satélite artificial ao espaço em 1957, bem como o primeiro astronauta, em 1961. Os Estados Unidos, enquanto demonstração da supremacia de "seu modo de vida", tinha no projeto Apolo, coordenado pela NASA, seu grande trunfo. Em julho de 1969 a Apolo 11 aterrissou em solo lunar. Um de seus astronautas, Neil Armstrong, foi o primeiro homem a pisar na Lua, tendo cunhado a frase: "Um pequeno passo para o homem, mas um grande passo para a humanidade".

Durante o período da Guerra Fria, havia uma crescente influência norte-americana sobre a sociedade brasileira. Essa influência podia ser sentida de diversas formas e em diferentes áreas: na música, no cinema, na alimentação, no estilo de vida. No entanto, foi na educação que a interferência americana acabou provocando o protesto veemente dos estudantes, através da UNE – União Nacional dos Estudantes. Segundo seus dirigentes, o governo tinha a intenção de transformar, gradativamente, todas as universidades federais em regime de Fundação, como uma imposição externa de cumprimento dos acordos feitos no Brasil com a Agência de Desenvolvimento dos Estados Unidos – Usaid. A discordância com os acordos MEC-Usaid tornou-se a principal reivindicação das manifestações estudantis.

O governo, por sua vez, tendo ultrapassado a fase de implantação do regime militar e da política de recuperação econômica, começou a tomar medidas práticas, a curto prazo, para tentar conter a crise instaurada no sistema educacional, ocasionada pela aceleração do ritmo do crescimento da demanda social por educação. Uma dessas medidas foi a criação do Mobral – Movimento Brasileiro de Alfabetização, em 1967, com o objetivo de erradicar o analfabetismo do

Brasil em 10 anos. Esse índice era por volta de 32,05% de analfabetos brasileiros. Outra foi a criação do Fundo Nacional de Desenvolvimento da Educação – FNDE. Em todo o país ocorria a fundação de novas Universidades Federais. Por influência da assistência técnica dada pela Usaid em todos os níveis de ensino, o governo engendrou as medidas necessárias para adequar o sistema educacional ao modelo do desenvolvimento econômico que então se intensificava no Brasil.

Criou, então em 1968, um grupo de trabalho encarregado de estudar a reforma universitária e propor um outro modelo.

Todo o texto do relatório do GT 9 é bem claro nas suas preocupações capitais: aumentar a produtividade e a eficiência das escolas; aumentar suas capacidades físicas, pelo melhor aproveitamento do espaço ocioso e dos demais recursos nele empregados; criar a racionalidade administrativa e a da aplicação de recursos pela implantação da superintendência de planejamento junto às reitorias; criar as carreiras de curta duração para servir à indústria e incentivar a implantação da pós-graduação, para a criação do nosso *know-how*; reorganizar o ensino médio, a fim de profissionalizar e qualificar a mão-de-obra reinvidicada pela expansão econômica e, ao mesmo tempo, desviar do ensino superior boa parte de sua demanda.

As duas orientações dadas pelo grupo de trabalho foram obedecidas pelo Governo, o que resultou na perda total da autonomia das Universidades bem como na publicação em 11 de agosto de 1971 da nova Lei de Diretrizes e Bases da Educação do país.

A nova lei de diretrizes e bases

Dentre as mudanças introduzidas pela nova LDB 5692/71, estava a ampliação da obrigatoriedade escolar para 8 anos, ou seja, na faixa etária dos 7 aos 14 anos, na junção do primário com o ginásio num só curso fundamental. Acabava o exame de admissão para a continuidade dos estudos no ginásio. Nesse sentido, um dos agentes responsáveis pela seletividade foi eliminado.

Outra mudança dizia respeito à eliminação do dualismo antes existente entre escola secundária e escola técnica, com a criação de uma escola única, de 1º e 2º graus. O 1º grau com vistas, além da educação geral fundamental, à sondagem vocacional e iniciação para o trabalho. E o 2º grau, com vistas à habilitação profissional de grau médio.

Ultrapassada a fase de implantação do regime militar e da política de recuperação econômica, o governo começou a tomar medidas práticas, a curto prazo, para tentar conter a crise instaurada no sistema educacional, por conta de duas demandas.

A primeira, ocasionada pela aceleração do ritmo do crescimento econômico, com a "complexificação" das categorias funcionais que exigia a formação de recursos humanos para o preenchimento desses cargos. O nível geral de qualificação da mão de obra era baixo, obrigando as empresas a suprirem as necessidades de treinamento por si mesmas ou através de instituições, como o Senai (Serviço Nacional da Indústria) ou Senac (Serviço Nacional do Comércio).

A segunda era uma demanda efetiva de educação, por parte de alguns segmentos da sociedade que já não encontravam no sistema vigente a elasticidade de oferta de oportunidades educacionais, tendo em vista a manutenção do seu *status quo*. O ingresso nos cursos superiores foi o aspecto mais crítico do problema. Enquanto de 1960 a 1964, a percentagem de inscritos aos exames vestibulares crescia em 50%, o número de vagas oferecidas crescia praticamente em 64%, num saldo positivo. No entanto, no período de 1964 a 1968, a situação se agravou profundamente, pois, a um crescimento de demanda de 120%, respondeu a oferta com um crescimento de apenas 52%

Alguns fatos não menos importantes...

Em 1966, foi lançada a revista *Realidade* que marcou época com reportagens que revelavam um Brasil distante do país "oficial". Uma de suas primeiras capas e que gerou muita polêmica na época pelo seu ineditismo, foi a foto de um feto completo ainda no útero materno. Dois anos depois, a Câmara Federal autorizou a importação de pílulas anticoncepcionais para distribuir à população pobre.

Em 26 de maio de 1968, o médico Euryclides de Jesus Zerbini e sua equipe do Hospital das Clínicas de São Paulo, realizaram com sucesso o primeiro transplante de coração do Brasil e 17º do mundo. Zerbini, de 56 anos, trabalhou nos Estados Unidos com o médico Christiaan Barnard, responsável pelo primeiro transplante cardíaco em um ser humano.

Em 1969, foi realizada a primeira transmissão internacional de televisão para o Brasil. O jornalista Hilton Gomes realizou uma reportagem de Roma, através do satélite Intelsat I. Entrou no ar o *Jornal Nacional*, da TV Globo. Um ratinho importado da Itália, o Topo Gigio, dividia o sucesso na televisão brasileira com a novela *Beto Rockfeller*.

Ainda em 1969, os cantores e compositores Caetano Veloso, Gilberto Gil, Chico Buarque de Holanda, Edu Lobo e Geraldo Vandré partiram voluntariamente para o exílio.

Em 1970, foi lançada primeiramente na cidade do Rio de Janeiro, a Loteria Esportiva. No ano seguinte, o Brasil determinou o limite de 200 milhas para o seu mar territorial, não sendo reconhecido pela ONU – Organização das Nações Unidas.

Em 31 de março de 1972, começaram as transmissões em cores da TV brasileira. Em 14 de março de 1974, foi inaugurada a ponte Rio-Niterói. No mesmo ano, foi sancionada a lei que determinou a fusão dos estados da Guanabara e Rio de Janeiro.

No campo dos esportes, Pelé fez seu milésimo gol no Maracanã de pênalti, num jogo contra o Vasco da Gama, em 1969. Em 1972, o piloto Emerson Fittipaldi tornou-se o primeiro brasileiro a vencer o Campeonato Mundial de Fórmula 1. No dia 15 de outubro de 1975, João Carlos de Oliveira, o João do Pulo, bateu o recorde mundial em salto triplo, com 17m89, nos Jogos Pan-Americanos.

No campo das artes, Glauber Rocha lançou o filme: *O dragão da maldade contra o santo guerreiro*. Em 1972, Jorge Amado publicou *Tereza Batista, cansada de guerra*.

Em 1974, foi extinta a censura na imprensa.

Em 1975, a censura proíbiu o livro *Feliz ano novo*, de Rubem Fonseca e a telenovela *Roque Santeiro*. Foi lançado o *Dicionário da língua portuguesa*, organizado por Aurélio Buarque de Holanda e da *Enciclopédia Mirador*, organizada por Antonio Houaiss. Em dezembro de 1975, estreou no Rio de Janeiro a peça *Gota d'água*, de Chico Buarque e Paulo Pontes com a atriz Bibi Ferreira no elenco.

Na cidade de São Paulo

No período de 1966 a 1975, em São Paulo, ainda se atravessava a pontezinha sobre o Córrego do Sapateiro, que cortava a Rua João Cachoeira, para se ir ao Colégio Costa Manso. Não existia ainda a famosa Avenida Juscelino Kubitschek.

O Metrô iria ser inaugurado somente em 1975, com uma única linha: a Norte-Sul, que ia de Santana ao Jabaquara.

O programa *A Jovem Guarda*, produzido pela TV Record e apresentado pelo jovem astro do iê-iê-iê, Roberto Carlos, batia recordes de audiência em 1966, com três milhões de telespectadores grudados na telinha, nas tardes de domingo. Com suas roupas em cores berrantes, os dedos cheios de anéis e expressões do tipo "barra limpa", "é uma brasa mora", Roberto Carlos consagrou-se como o rei do *rock* brasileiro.

Mesmo não se tendo "aquecimento global" naquela época, o calor foi a 38° e bateu recordes de desidratação, no dia 11 de outubro do ano de 1967, de acordo com a 1ª página do jornal *Folha de S. Paulo*.

Também naquele mesmo ano foi preso o Bandido da Luz Vermelha. Sozinho, mascarado e usando uma lanterna vermelha, ele costumava assaltar mansões em São Paulo, depois de desligar as luzes da casa. Foram seis anos de caça ao bandido acusado de roubar trezentas casas e de matar quatro pessoas.

Era a época dos festivais e um deles, o *3º Festival da Canção Brasileira*, promovido pela Record, consagrou dois jovens compositores desconhecidos, até então, do grande público: Caetano Veloso, com sua música *Alegria, Alegria* e Gilberto Gil com *Domingo no parque*, que teve no coral o conjunto os Mutantes. Anos depois, eles lançariam um novo movimento musical que ficou conhecido como *Tropicalismo*, influenciado pelos Beatles, pela música pop e pela bossa nova.

Em 27 de março de 1968, deixou de funcionar a última linha de bonde: a que fazia o trajeto Biológico–Santo Amaro. No mesmo ano, mais precisamente em 7 de março, foi inaugurado o Masp – Museu de Arte de São Paulo, projetado pela arquiteta Lina Bo Bardi. O prédio possui um vão livre de 70 metros, considerado o maior do mundo.

1966–1975

Duas tragédias marcaram a vida dos paulistanos nesse período: a primeira foi o incêndio no Edifício Andraus, em 1972. A segunda, dois anos mais tarde, o do Edifício Joelma.

Quem possuía televisão em 1975, também pôde ver o Edifício Mendes Caldeira ser derrubado em nove segundos com uma técnica recém-importada: a implosão.

Em 1969, um grupo de pesquisadores e professores universitários fundou na cidade, o Centro Brasileiro de Análise de Pesquisas – Cebrap – órgão independente dedicado ao estudo da sociedade brasileira. Da equipe fundadora participou o sociólogo Fernando Henrique Cardoso.

José Vicente Faria Lima governou a cidade de São Paulo, a partir de 8 de abril de 1965, ficando no cargo até 7 de abril de 1969. Sucedeu-lhe Paulo Salim Maluf, José Carlos de Figueiredo Ferraz, João Brasil Vita e Miguel Colassuono.

Faria Lima foi considerado o maior realizador de obras que a cidade teve. Foi o iniciador do Metrô, construiu os 45 km das marginais do Tietê, a interligação das avenidas 23 de Maio e Rubem Berta, 51 viadutos e pontes, além do alargamento de diversas ruas e avenidas, entre elas a Faria Lima (na época Rua Iguatemi) e a Rebouças. Na área cultural, deixou sua marca ao concluir o prédio do Museu de Arte de São Paulo, na Avenida Paulista. Chegou ao final de seu mandato no início de 1969 com uma popularidade jamais igualada: 97% dos paulistanos o consideravam bom ou ótimo prefeito. Em junho de 1967, na sua gestão foi criado o Departamento Municipal de Ensino, e o Departamento de Assistência Escolar, ambos subordinados à Secretaria de Educação e Cultura, em substituição ao Departamento de Ensino Primário.

Uma cl

E se o tempo me agarra
e me traz a fala
das minhas palavras
que não são em vão
Eu já não tenho tempo
já estou fora de cena

Cora Coralina

Uma classe para Angelina
MARILZA GOMES DA GAMA E SILVA

Mesmo que eu viva cem anos, não esquecerei o que costumo chamar de meu "batismo de fogo" em São Paulo.

Corria o ano de 1971 quando eu, então com 19 anos, vim conhecer a Capital.

Fiquei hospedada na casa da minha tia Nadir, que naquele tempo ainda era solteira e morava num pequeno apartamento na Vila Mariana. Professora secundária, Tia Nadir tinha vindo, poucos anos antes, morar na Capital, onde lecionava numa Escola Municipal. Sabendo que meu sonho era conhecer a grande cidade, me convidou para passar uma semana das férias de julho aqui, antes de seguirmos juntas para Matão, nossa terra natal.

Desembarquei do ônibus na estação rodoviária, que naquele tempo ficava no bairro da Luz. Era uma tarde de inverno.

Logo que saí do ônibus me chamou a atenção o interior da rodoviária, um prédio modernoso, arredondado, com janelões de alumínio, por onde a claridade entrava através dos acrílicos coloridos. De olhos arregalados, olhava os vasos presos às paredes, de onde caíam, às centenas, flores, também multicoloridas, de plástico. Carregadores gritavam oferecendo os seus serviços, um cheiro de óleo queimado saía do escapamento dos ônibus, gente se empurrando nas filas dos banheiros... Achei tudo feio e esquisito, muito diferente da simplicidade e da calma da minha cidade interiorana.

Ao sair da estação, conduzida por tia Nadir, me aguardavam na rua a garoa, um vento frio e um céu cinzento. Fui quase empurrada para dentro de um táxi, disputado por minha tia e por outras pessoas interessadas em ir embora depressa. Parece que aqui todos tinham muita pressa.

Do táxi, minha tia ia me mostrando a cidade: "Angelina, estamos no Vale do Anhangabaú, aqui é o Viaduto Santa Efigênia, aquele outro, lá adiante, é o Viaduto do Chá, veja, passa carro por cima e por baixo".

A cidade, ao vivo, era bem diferente daquela que eu conhecia só pelos postais. Minha cabeça se inclinava, chegando quase até o chão do táxi, para tentar ver o último andar dos edifícios grandiosos. Tudo era uma novidade para mim: o trânsito, os prédios, a garoa, as pessoas muito agasalhadas, a cidade tão grande que nem cabia no meu olhar.

Já em casa, de banho tomado, pijama de flanela, saboreando a sopa cheirosa escutava a tia Nadir ao telefone conversando com mamãe: "Já combinei com Angelina: amanhã, vou levá-la para conhecer o centro. Vamos à catedral, à rua Direita, ao Largo de São Francisco, vou lhe mostrar a Faculdade de Direito, entraremos no Teatro Municipal, se estiver aberto, e, para terminar o passeio, vamos almoçar no 'Gato que ri', lá no Largo do Arouche".

Eu estava estalando de curiosidade e resolvi dormir depressa para fazer chegar logo o esperado amanhã. Mal sabia o que me aguardava...

Depois do café gostoso – de coador – e do pão com manteiga, lá fomos nós de ônibus para o centro. Na Praça da Sé, camelôs armavam barracas, cada uma com sua especialidade: ervas curativas, brinquedos de dar corda, livros de história para crianças, panelas, calçados, roupas, perfumes. A cada passo, parava para olhar, perguntar o preço, queria logo comprar, para desespero de tia Nadir: "Vamos, Angelina, desse jeito não dá, você quer ver tudo, comprar tudo..." E minha tia me puxava pela mão.

Na frente da catedral, tiramos uma foto no lambe-lambe, fotógrafo ambulante que revelava fotos na hora e as vendia, caso o freguês gostasse da sua cara na pose.

Na rua Direita, parei extasiada diante da vitrine da Casa Sloper. Quanta coisa linda! Casacos de lã, *tailleurs*, lado a lado com sapatos, bolsas, lenços de seda, bijuterias finas, tudo combinando. Se Tia Nadir deixasse, ficaria ali a tarde toda, admirando tanta beleza.

Nas Lojas Americanas, do outro lado da calçada, me perdi de tia Nadir. Parei para ver a demonstração que uma vendedora fazia da camisa "volta ao mundo", que não precisava passar a ferro. Quando dei por mim, cadê a tia Nadir? Foi um alívio vê-la, depois de muito tempo de procura, já na porta de saída, cara amarrada, me esperando. Nem tive coragem de pedir o meu dinheiro que ela guardava por segurança. Assim, perdi a oportunidade de comprar a tal camisa para dar de presente a meu pai.

Hoje percebo que o meu ritmo de garota do interior não combinava com o de minha tia, habituada à pressa da capital.

1966–1975

Já cansada e um pouco irritada, ela resolveu não me mostrar mais a Faculdade de Direito. Iríamos direto, pelo Viaduto do Chá, até o Teatro Municipal.

Ao nos aproximarmos do Teatro, notamos que as portas estavam fechadas e que havia um comício, uma aglomeração de pessoas nas escadarias. Eram jovens que, aos brados, repetiam palavras de ordem, proferidas ao megafone por um homem de punhos cerrados. Ainda pude ler alguns cartazes que carregavam: "Abaixo a ditadura", "Não ao acordo MEC-Usaid", "*Yankees, go home*", "Viva Fidel".

Tia Nadir me agarrou pelo braço, e, aflita, apertou o passo, disposta a atravessar a praça em frente à calçada do Mappin, do lado oposto ao da multidão. Tarde demais: fomos surpreendidas por jipes e caminhonetes da Polícia do Exército, que vinham em nossa direção, com as sirenes ligadas. Só ouvi, no meio da confusão, a voz de minha tia gritando: "Sebo na canela, Angelina! Vamos correr!".

Foi o que fiz, com todas as minhas forças, mas sem muito êxito. Fomos alcançadas pelos policiais, que batiam a esmo com os cassetetes, em todos que encontravam pela frente. Escapamos, por milagre, de levar umas bordoadas. Bem perto de mim, o rapaz do megafone foi arrastado para dentro de um jipe a golpes de cassetete, já muito ferido, sob os protestos dos amigos, que tentavam impedir a ação dos militares.

Senti um enjôo, uma tontura, os joelhos amoleceram, quase caí. Se não fosse minha tia, não teria escapado da confusão que tomava conta de toda a rua. Ali, naquele instante, conheci de perto a realidade que o nosso país vivia naqueles tempos cruéis: repressão, intimidação, violência, restrição das liberdades. Eram os "anos de chumbo" da ditadura. Tive medo, muito medo. Medo que marcou a minha vida, mais do que eu poderia supor.

Pensei duas vezes quando tia Nadir ligou, dizendo que haveria concurso público para professor de Nível I, no Ensino Municipal de São Paulo.

Cinco ou seis anos já haviam se passado, desde o meu "batismo de fogo" na capital. Só resolvi me inscrever porque precisava trabalhar, ganhar meu próprio dinheiro, sair da dependência de meus pais, que, desde aquela época, já lutavam com as dificuldades que os aposentados enfrentam até hoje.

Estudei muito, lá mesmo na minha cidade, nas apostilas que minha tia mandou, compradas num curso especializado em concursos.

Mais uma vez, tia Nadir me acolheu – então já casada com tio Mauro – quando vim fazer as provas. Além do diploma do Normal, tinha também o de professora de Português.

Não sei se foi sorte, ou se estava mesmo preparada. O fato é que passei e logo fui chamada para escolher o cargo de professora de Nível I.

Lembro-me de que, no dia da escolha, o nervosismo tomou conta de mim. Acompanhada por tia Nadir entrei no auditório da Supeme, e ouvi a voz esganiçada de uma mulher, que comandava o processo de escolha, gritando o nome e o número de classificação de cada ingressante. Percebi que ela ficava muito brava e irritada, tratando com rispidez aquele que titubeasse na hora de escolher a escola onde iria trabalhar.

"Tia, estou com medo... E se na minha hora eu demorar e ela gritar comigo?", choramiguei ao ouvido de tia Nadir. "Deixa comigo", respondeu ela. "Esta é a Marília. Ela já faz parte do folclore da Rede Municipal, com seu jeito de impor ordem na escolha... Tudo vai dar certo!"

| 1966–1975

Admirei a coragem de tia Nadir e o modo confiante e altivo como ela encarou a tal Marília quando chegou a minha vez. O fato é que fiz minha opção com toda a calma. Até consultei o Guia da Cidade para escolher a escola mais próxima, sem escutar nem um pio da megera, o terror dos ingressantes...

———

"Angelina, não posso fazer nada, só sobrou esta classe, e tenho que dá-la a você..." Era a voz do Seu Pedro, o diretor da escola, me informando que eu teria de ficar com "aquela" primeira série, caso quisesse acumular na mesma escola, os cargos de professora de Nível I e de Português, para os quais havia sido contratada.

Não sei como é agora, mas, naquele tempo, as classes de primeira série eram formadas com alunos agrupados de forma "homogênea", isto é, os que tinham pré-escola ou prontidão para a alfabetização ficavam nas primeiras classes formadas, identificadas com as primeiras letras do alfabeto. Assim, as primeiras séries A, B, C, eram sempre as "melhores". Por terem os alunos mais espertos, eram muito disputadas e escolhidas primeiro pelos professores mais antigos e experientes da escola.

A classe que sobrou para mim, era a 1ª J, uma classe de multi-repetentes. Naquele tempo, os alunos repetiam a primeira série uma, duas, três, quatro, quantas vezes fosse preciso, até dominarem a leitura e a escrita das sílabas simples. Muitos alunos desistiam de estudar. Os que ficavam já estavam desestimulados, fora de idade, com a auto-estima rebaixada pelos anos e anos numa primeira série sempre igual.

Era muito difícil o trabalho com aquelas crianças, eu sabia disso, mas tive de enfrentar o desafio.

Eram 21 alunos problemáticos, dos quais Isaías se sobressaía. Além de não fazer nada em sala de aula, tinha a mania de botar fogo em tudo: um dia foi o cesto de lixo; na semana seguinte, a cortina. Até o casaco de um colega ficou chamuscado pelo furor incendiário do Isaías.

Lá pelo mês de agosto, com a escola se preparando para o desfile de Sete de Setembro, fui falar com seu Pedro que não gostaria de levar a minha classe. "Mas Angelina, será uma boa oportunidade para que seus alunos aprendam a conviver... Você já conseguiu muito com eles, e, afinal, nem seria justo deixá-los de fora dessa festa..."

Não teve jeito. Mesmo angustiada, precisei ceder aos argumentos do diretor.

Mais uma vez, Tia Nadir me salvou, ao sugerir que eu pedisse ajuda às minhas alunas da oitava série: cada uma delas poderia se encarregar de cuidar de duas outras crianças no dia do desfile. Aceitei o conselho de minha tia, sendo que Isaías... Bem, este ficaria aos meus cuidados, pois precisaria tê-lo bem perto de mim, o tempo todo.

Chegou então o grande dia, que coincidia com a inauguração da canalização do córrego da Avenida Inajar de Souza, vizinha à escola. Muitas personalidades estavam presentes. O Prefeito Olavo Setúbal, em pessoa, acompanhado por autoridades escolares e eclesiásticas, fazia honras ao alto comando militar, em vistosos trajes de gala. Com carros-tanque do Exército, fanfarras, cavalos paramentados, pelotões marchando ao som de bandas marciais, o desfile discorria impecável e maravilhoso, quando um cheiro de pano queimado pairou no ar... Assustada, olhei à minha volta, buscando Isaías.

Ainda pude vê-lo, correndo agachadinho, sumindo na multidão, jogando o fósforo que lhe queimava a mão... Havia ateado

1966–1975

fogo na Bandeira Nacional! Um segundo depois, aos berros, reapareceu diante dos meus olhos abobados, preso pelo braço por um enorme soldado da Polícia do Exército. "Quem é o responsável por este garoto?", esbravejava o encolerizado policial. Parada, olhos arregalados, pés pregados no chão, ouvi Isaías gritar: "Me solte! Quero Dona Angelina, minha professora!".

Ao me ver, o danado se atirou em meus braços, aos soluços...

"A senhora terá que me acompanhar", foi o que, atônita, ouvi o policial dizer, antes de sentir uma tontura que quase me fez cair ali mesmo. Nem sei como consegui sair daquela multidão que se formou ao meu redor, atrás do policial, com Isaías chorando alto, agarrado em minha cintura. Só sei que, minutos depois, me vi na escola, na frente do diretor, do policial e do comandante que me disse com ar severo: "Colocar fogo na Bandeira Nacional é crime de lesa-pátria! Alguém terá que responder por isto..."

Ao ouvir estas palavras, senti um enjôo, uma tontura, meu joelho amoleceu, e, de repente, me lembrei daquele dia, há muitos anos, em que, desesperada, corria na rua, no meio da multidão, vendo pessoas feridas à minha volta...

Tive, então, uma reação inesperada: comecei a rir. Ria, ria alto, gargalhava muito, curvava o corpo de tanto rir, para espanto do comandante, do policial e do diretor que me olhavam aturdidos, perplexos.

Nesta hora, não sei de onde, surgiu a tia Nadir. "Parem já de molestar minha sobrinha!", ouvi, com alívio, minha salvadora dizer com seu jeito decidido. Contudo, não conseguia parar de rir. "Vocês não estão vendo que ela está muito nervosa? Vamos embora, Angelina, deixe esses 'bolas-murchas' aí e venha já comigo!", impôs a minha tia.

Ao ouvir a expressão solta no ar e vendo a cara dos três homens, soltei uma gargalhada a mais. Rindo muito, gargalhando mesmo, com o Isaías quietinho pendurado no meu braço, passei pelo trio atônito. Quando o policial tentou nos deter na saída, a voz do comandante ecoou soberana na sala: "Alto lá, policial! Deixe-os ir. A professora está muito nervosa".

Demorei uns dias para me recompor, física e emocionalmente. Até hoje, sofro ao me lembrar do que ocorreu. Fico tensa quando tenho de enfrentar uma aglomeração. Me aflige ouvir som de sirene, mesmo que seja ao longe. Também não aprecio os desfiles militares, nem pela televisão... Marcas, quem sabe, da repressão e dos "anos de chumbo", tão presentes nas minhas lembranças.

Quanto ao Isaías, nunca mais tentou colocar fogo em nada. Pelo menos, até o fim daquele ano em que foi meu aluno na 1ª série J. Às vezes fico pensando por onde ele andará agora... No fim daquele ano, ele e seus colegas passaram para uma 2ª série de desdobramento. Mas isso já é uma outra história...

O marido da professora

MARIA KLECY CHRISPINIANO BETTI

A sala ficava no andar térreo, no sentido oposto à entrada principal, dando visão total de quem entrasse ou saísse do prédio. Ali funcionava a Comissão de Gratificação de Nível, cuja competência era examinar os títulos de grau superior, correspondentes a licenciatura plena ou curta, requisito necessário para a obtenção do benefício. A Comissão era composta por mais dois membros, Célia Ventura de Brito e Maria Aparecida Chibane e alguns auxiliares. Na sua fase de estudo, pesquisa e implantação contou com a prestativa, espontânea e valiosa colaboração de dois luminares técnicos da época, a Professora Aldina Anália Agostinha Taddeo Conde, a Dinália, e o Professor Arlindo Caetano.

Era sexta-feira, a folhinha na parede marcava 17 de dezembro de 1975. Final de expediente, depois de uma semana de muito trabalho, seguindo uma rotina preestabelecida há algum tempo. Passei os olhos por sobre as mesas e revi enormes pilhas de processos, do início dos trabalhos, alguns contendo os mais exóticos e variados tipos de certificados: "Curso de Tapetes Arraiolo", "Curso de Bordados Varicôr", "Curso de Corte e Costura", "Curso de Dança Espanhola", somente para citar algumas pérolas, quando a funcionária da Seção ao lado entrou toda alvoroçada.

– Venham ver o "pão" que está chegando.

Fomos para a porta. Realmente era um homem bonito, alto, vestindo um bem cortado terno de tropical inglês preto, muito em moda. Carregava uma pasta que compunha o personagem. Professor com certeza não era.

– Será um político? – disse alguém.

Ao que a outra retrucou:

– É claro que não, político sempre traz consigo um carregador de pasta. Tem mais o tipo de advogado.

– É, mas também pode ser um vendedor de enciclopédia.

Olhava de um lado para outro como se procurasse uma indicação, uma placa ou alguém que lhe desse informação.

Naquele momento, lembrei-me de que não havia placas indicativas nas portas das salas. Essa ausência era, com certeza, uma herança das precárias instalações por onde o Ensino passou nos seus primórdios, quando Diretoria, Seções e Setores se embolavam num único salão, sem divisórias, no prédio da CBI[1], na Rua Formosa, ou em um prédio com divisórias de eucatex e sem portas, no Parque Ibirapuera, ou ainda nos dois galpões de madeira, no Viveiro Manequinho Lopes, na Avenida República do Líbano.

Estar no prédio novo, de alvenaria, com banheiros decentes, era realmente um luxo. Para que placas, se sempre convi-

---

[1] CBI – Companhia Brasileira de Investimentos.

vemos sem elas? Todos sabiam onde ficava o Pessoal, o Expediente, a Orientação Técnica, a Diretoria, exceção feita, é claro, aos forasteiros e estes eram raros.

Alguém deu ao estranho a informação desejada e ele começou a se encaminhar em nossa direção.

Uma pessoa ficou no balcão, as demais assumiram seus postos nas várias mesas.

Entrou fazendo pose e se comunicava aos gritos. A moça que o atendia olhou para trás com os olhos arregalados a pedir socorro. Levantei-me e fui para o balcão.

– Pois não, professor, em que posso ajudá-lo?

De maneira ríspida, respondeu:

– Não sou professor. Vim saber sobre o processo da minha mulher. O nome dela é Maria Aparecida da Silva.

– Ah!!! O senhor não é professor. É marido de professora?

– Sim. Quero saber quando sairão os atrasados a que ela tem direito. Faz três meses que os papéis foram entregues.

Apesar de estar fantasiado de *gentilhomme* era muito grosseiro e mal-educado. Começou a me chamar de você.

Meu Deus! Os atrasados, certamente, já foram pagos. Preciso pensar bem no que vou dizer. A situação é delicada. Tentei ganhar tempo, esperando por uma luz.

– O andamento está dentro do prazo, pois se trata de um processo longo, no qual deve ser feita uma análise detalhada da documentação, do currículo universitário, têm que ser expedidos pareceres para embasar o deferimento ou o indeferimento.

– "Tá bom". "Tá bom". Você falou, falou, enrolou, mas não disse quando vai sair o dinheiro da minha mulher.

– Por gentileza, qual é o seu nome?

– José da Silva.

1966–1975

– Senhor José, estou lhe tratando com gentileza e urbanidade, por isso peço ao senhor que faça o mesmo. Por favor, trate-me de senhora.

O rosto do homem tingiu-se de vermelho, não sei se de vergonha ou de raiva.

Como num estalo, a luz veio.

– O senhor poderia me dar a procuração, com a firma reconhecida, para ser juntada ao prontuário e, em seguida, lhe passarei a informação.

– Como assim?

– Somente podemos informar sobre processo de pagamento ao interessado ou ao seu procurador. Se formos dar esse tipo de informe a qualquer um que o venha solicitar, estaremos desrespeitando o sigilo a que o interessado tem direito.

– Mas eu não sou qualquer um, sou o marido.

– Eu sei, é a maneira de falar, mas não posso informar, não depende de mim, são ordens superiores. Peça a sua senhora para vir, teremos o maior prazer em atendê-la, ou traga uma procuração.

– Ela não poderá vir, trabalha o dia todo.

Conheci muitas dessas heroínas que trabalhavam na Prefeitura, acumulavam com o Estado, cursavam faculdade ou davam aula de alfabetização para adultos no Mobral[2] à noite e ainda cuidavam da casa, do marido e dos filhos. Nunca entendi como conseguiam dar conta de tantas tarefas.

À medida que falávamos, fui me convencendo cada vez mais de que estava agindo certo, que aquele era, realmente, o procedimento correto, que deveria ter sido adotado desde o início, em respeito ao interessado. E não a maneira informal de dar informações a quem quer que viesse em nome do professor.

---

[2] Mobral – Movimento Brasileiro de Alfabetização.

– Vou fazer um último pedido: verifique se dá para dar um "empurrãozinho" no processo.

– Não posso, não podemos dar prioridade, temos que seguir, rigorosamente, a ordem cronológica de entrada dos processos.

Ao sair, voltou-se e, me olhando fixo, disse:

– Saiba, você é intratável.

– Com certeza.

As funcionárias se aproximaram, falando quase todas ao mesmo tempo:

– De onde você tirou tudo isso que disse ao homem?

– Acabei de inventar.

– Mariza, verifique na ficha da professora como está o processo. Creio que já recebeu os atrasados.

– Sim, senhora, no holerite do mês passado.

– Mariza, faça um cartaz e pendure: "INFORMAÇÃO SOBRE PROCESSO SOMENTE SERÁ DADA AO INTERESSADO".

Estava criada uma norma de procedimento, como tantas nascidas de forma aleatória para disciplinar situações concretas, reais do dia-a-dia, algumas das quais passaram para o folclore. A grande maioria, porém, passou a fazer parte dos usos e costumes, institucionalizando-se mais tarde como fonte dos ordenamentos que foram surgindo: Regimento Comum, Calendário Escolar, Estatuto da APM etc.

Não cheguei a tanto, mas fiquei contente quando, tempos depois, vi na Seção do Pessoal o cartaz: "INFORMAÇÃO SOBRE PROCESSO SOMENTE AO INTERESSADO"

À saudosa e querida amiga Tarsila Pousa Machado

A professora,
o Roberto

A professora, o Chico Buarque, o Roberto Carlos e a televisão

SILVIA LARA STEIN ARRUDA DOS SANTOS

O que eu fazia ali? Por que aceitei aquele convite? Narrar fatos marcantes de minha vida, depois de tantos anos vividos? E, ainda mais, para uma platéia absurdamente mais jovem?

Já não dava mais para retroceder. Todos me aguardavam. Aos poucos o cenário se completava. No anfiteatro da escola, cartazes enalteciam minha presença e minha existência. Os lugares vazios dos assentos se preenchiam com a presença de alunos, professores e diversos outros convidados.

Não reconhecia nenhum daqueles rostos, porém, incríveis características escolares açoitaram meu coração como o cheiro peculiar que, para mim, até hoje se assemelha ao cheiro de madeira encerada e ao frio insistente que parecia invadir todos os cantos como se nunca o sol pudesse dar conta de todo aquele ambiente. Em meio a isso, rapazes se debatiam com uma falha

1966–1975

no sistema de som e eu aproveitava para rever o que planejara contar. Havia decidido expor um balanço de meus primeiros anos na Educação. Optei por contar minha história com sinceras e marcantes lembranças. Incrível como algumas coisas nunca mudam! Como no meu tempo, tudo previsto para o início do evento, menos o som. Adorei aquele aparelho que, muito solidário, como eu, covardemente hesitava em se fazer ouvir.

Mesa de honra formada, público em conversa alvoroçada e um pimmmmmmm estridente do som traidor que resolveu funcionar. O diretor pediu silêncio, agradeceu pela presença de todos e passou a apresentar-me de forma tão carinhosa e enaltecedora, que mal me reconheci naquelas palavras. Tampouco me neguei a levantar quando, antecedendo as palmas, ouvi suas derradeiras palavras: "Chamamos então à mesa a professora Maria Ester Gonçalves".

Passado o impacto dos cinco primeiros minutos de minha narrativa me acalmei, entreguei-me à emoção e soltei o verbo. Sempre fui perspicaz e comunicativa. Daquela vez não foi diferente. Utilizei a música como antídoto para que minha história não fosse enfadonha. Munida de um aparelho de som do tipo 3 em 1 e CDs com músicas previamente selecionadas, segui de vento em popa. Para cada ano citado, coloquei pequenos trechos musicais que, para meu conforto, pareciam agradar a quase todos. Tinha tudo escrito, porém, motivada por aquele ambiente escolar sentime à vontade para realmente contar uma história, o que se tornou também prazeroso para mim. A insegurança anteriormente sentida cedeu lugar à emoção quando assim relatei:

"Dividirei aqui saudosos dez anos de minha vida profissional, desde quando, repleta de sonhos, expectativas, planos, medo e insegurança, pela primeira vez assumi a regência de uma sala de aula. Nem mesmo o tremor das mãos e da voz e o bater acelerado de um jovem coração cheio de esperanças velaram a realidade que na sala de aula insistia em se rebelar: crianças pobres, malvestidas e mal nutridas alimentavam o sonho da passagem da desigualdade para a igualdade. E tanto eu quanto elas inocentemente canalizávamos nossas esperanças na educação. Cada ano profissional que aqui recordo se mistura com minha história pessoal. Jamais consegui separar minha maneira de ser da minha maneira de ensinar. Vaidosa e faceira, jamais colocava um só de meus pés de casa para a escola se não houvesse em mim ao menos a luminosidade de um pó-de-arroz. Nesse período faziam parte de minha vida pessoal as primeiras e incoerentes paixões: Chico Buarque de Holanda, Roberto Carlos e muitos e muitos programas de televisão.

Com açúcar e com afeto,
Fiz seu doce predileto pra você parar em casa...

Ou

Eu te darei o céu, meu bem, e o meu amor também.

Na televisão as atenções eram voltadas para a novela Redenção, a mais longa novela da TV brasileira, que ultrapassou os 500 capítulos em mais de dois anos no ar. Minha mãe adorava e meu pai só pensava em carros. Ele tinha um Simca 1964. E eu, mais para impressioná-lo, aprendi a dirigir. Nessa época eu trabalhava em um colégio coordenado por freiras. Lembro-me de que, muitas vezes, isentava-me das aulas para socorrê-las como motorista. Como agradeço ao infinito número de santos que rogavam nas horas de desespero para uma jovem motorista: Santa Terezinha de Ávila, protetora dos professores; Santa Úrsula, padroeira também dos professores; São Cristóvão, protetor dos motoristas; São Judas Tadeu, protetor das pessoas em situação de desespero e dos

1966–1975

funcionários públicos e assim por diante... Quantas e quantas vezes foram eles e o trânsito suave de São Paulo que me garantiam vida. A mesma sorte não teve a enorme caminhonete que as freiras me entregavam. Não chegou a se acabar, porém esteve bem perto disso por conta de nossas peripécias. Tanto fizemos eu e a pobre caminhonete que nossas aventuras culminaram na decisão unânime das freiras em aprenderem a dirigir.

Tem dias em que a gente se sente,
Como quem partiu ou morreu...

Ou

Eu sou terrível, é bom parar
De desse jeito, me provocar...

Durante três anos de maior audiência no horário, o programa de auditório chamado *A Família Trapo* fazia sucesso. E, enquanto isso, eu lutava com constantes inundações nas salas de aula da escola pública em que lecionava, ficando encharcados não só meus pés, mas também minha alma que, mesmo alienante, clamava também por justiça.

Num emaranhado político e social, ainda lutava entre chuvas e temporais para garantir minhas aulas, meu salário e meus alunos. Teve início nesse período (abril de 65 a abril de 69) uma virada política no Ensino Municipal de São Paulo com a administração do Prefeito José Vicente de Faria Lima, quando construiu escolas de alvenaria em substituição aos galpões da década anterior. Criou também creches municipais. Entendo até que tenha sido o maior realizador de obras que São Paulo já teve. Construiu hospitais, muitos viadutos, muitas pontes. Lembro-me claramente de que ajudou a conduzir o último bonde de São Paulo no trajeto Centro-Perdizes e iniciou a primeira linha do metrô nesta cidade. Foi um prefeito muito popular, que conquistou imbatíveis 97% de aprovação dos paulistanos.

Vou voltar,
Sei que ainda vou voltar...

Ou

Quanto tempo longe de você...
Quero ao menos lhe falar...

Os paulistanos também aprovavam Beto Rockfeller nesse mesmo período. Não um político, mas uma novela que inovou com diálogos mais coloquiais, com gírias e expressões do dia a dia. Um sucesso! Tudo era moderno e muito bacana porque tocava músicas dos Beatles, dos Rolling Stones e dos Bee Gees. Romântica, eu adorava o tema dos personagens Cida e Vitório, a música *Dio come ti amo*, de Gigliola Cinquetti.

Gostava de tudo que era novo, não tinha medo de mudanças. Tenho ainda hoje muito orgulho porque deixei a escola particular e fiz carreira no Ensino Municipal. Participei e fui aprovada no primeiro concurso público para o magistério nesta cidade. Tal concurso foi anulado porque houve a suspeita de fraude. Diziam que o gabarito fora vendido por funcionários da gráfica. Fiquei muito triste por isso e também porque, infelizmente, a ditadura no Brasil estava em efervescência e, em dezembro desse mesmo ano, o governo do Marechal Arthur da Costa e Silva, no poder de março de 67 a agosto de 69, decretou o Ato Institucional nº 5 – o famoso AI-5.

Foi nesse clima que meu querido Chico Buarque foi levado ao Ministério do Exército para prestar depoimento sobre sua participação na Passeata dos Cem Mil e sobre as

1966-1975

cenas exibidas na peça *Roda viva*, consideradas subversivas. Sofria por perceber legislações e intervenções desastrosas que me assombravam. Porém, sem que tivesse coragem suficiente para debatê-las, preferia entreter-me com meus artistas e suas canções.

Há certos dias em que penso em minha gente,
E sinto assim todo meu peito se apertar...

Ou

Se você pretende saber quem eu sou
Eu posso lhe dizer...

Em 1969 fui aprovada em um novo e validado concurso. Junto com outras amigas, vivenciamos certo mal-estar com as antigas professoras substitutas que brigaram por direitos garantidos em Lei para se manterem no cargo. Tanto tinham direitos que, em um primeiro momento, os professores efetivos foram impedidos de tomar posse. Uma amiga com quem dividia os mesmos sonhos pessoais e profissionais, sendo substituta, recebia menos do que eu, sem direito ao abono, nem mesmo à licença remunerada. Lembro-me inclusive de muitas vezes termos consultado a Lei nº 7.037/67, que determinava tais diferenciações. O Presidente era o General Emilio Garrastazu Médici, o governador em São Paulo era Roberto Costa de Abreu Sodré e iniciava a administração da Prefeitura Paulo Salim Maluf.

A cumplicidade com minhas amigas se estendia também ao costume de assistir às peripécias do boneco Topo Gigio, que na época era apresentado no programa de auditório *Mister Show*. Com muita graça, em seu diálogo orientava as crianças a escovarem os dentes, lavarem as orelhas, fazerem as orações etc.

Hoje você é quem manda, falou tá falado
Não tem discussão...

Ou

Olho pro céu e vejo
Uma nuvem branca que vai passando...

Não só as mulheres se rendiam à televisão. Inspirada nos filmes de *bang-bang*, uma novela fez muito sucesso também entre os homens: *Irmãos Coragem*.

Homens e mulheres também se entregaram ao ano em que o futebol brasileiro consagrou-se tricampeão de futebol no México. E quase todos comemorávamos, tentando esquecer aqueles que não comemoravam porque morriam, apanhavam ou sumiam em meio a tantos cartazes e panfletos convidando-nos a amar ou a deixar o Brasil.

Nesse mesmo ano marcou para mim a chance que tive de entender a famosa frase do filósofo Sócrates: "todo o meu saber consiste em saber que nada sei". Estava em vias de elaborar um projeto para a educação e minha inexperiência causava-me temor. Pedi orientação a meu chefe, que me respondeu com tal segurança e altivez que me encorajou a não temer a suposta sabedoria alheia: "minha filha, ninguém sabe nada. Você não diz que não sabe. Tudo aqui é empírico. Quando você mencionar suas questões sobre o tema, ninguém lhe responderá que não sabe. Todos responderão que pesquisarão com alguém que sabe e, assim, no não saber de todos, em um mês teremos não um, mas, no mínimo, três bons projetos."

Por esse pão pra comer, por esse chão pra dormir,
A certidão pra nascer e a concessão pra sorrir...

| 1966–1975

Ou

Não adianta nem tentar me esquecer
Durante muito tempo em sua vida eu vou viver...

No transcorrer de minha narrativa, com o intuito de ser verdadeira, ousei mencionar a Lei de Diretrizes e Bases, que marcara parte de minha época. Então, somente nesse momento li este pequeno trecho:

"Em 1971 o ensino brasileiro introduziu a Lei Federal nº 5.692/71, que em seu artigo 1º prometia:

O ensino de 1º e 2º graus tem por objetivo proporcionar ao educando a formação necessária ao desenvolvimento de suas potencialidades como elemento de auto-realização, qualificação para o trabalho e preparo para o exercício consciente da cidadania.

Retornando ao improviso narrativo, continuei. E eu, mais pelo entusiasmo que pela experiência, ajudava o governo – ainda que hoje isso me encabule – a centrar nos alunos a responsabilidade isolada pela conquista da cidadania, o que coincidia com os princípios da filosofia liberal. Uma Lei de Diretrizes e Bases que introduzia mudanças de grande porte denotava para mim uma nova esperança. Primeiro porque apontava para a obrigatoriedade escolar de oito anos, com a junção do primário com o ginásio num só curso fundamental. Depois, a criação de uma escola única de 1º e 2º graus com enfoque para sondagem vocacional e iniciação para o trabalho no primeiro grau e habilitação profissional para o segundo grau. Com relação ao meu cargo e ao cargo dos especialistas, essa Lei instituiu a admissão por meio de concurso público de provas e títulos.

Seguidamente lembrei-me de que na televisão o que empolgava o público era *Meu pedacinho de chão*, uma novela rural com propósitos educativos para o homem do campo no combate a doenças, higiene e educação. Essa novela foi simultaneamente exibida pela Rede Globo e pela TV Cultura de São Paulo.

Recordei-me de quantas e imensas esperanças tivemos quando a Lei nº 4.024 foi substituída pela 5.692 e me perguntei se os profissionais que ali estavam alimentavam a mesma esperança com a atual LDB. Indiferentes às minhas reflexões, Chico e Roberto cantavam...

Carolina, nos seus olhos fundos
Guarda tanta dor...

Ou

Como vai você,
Que já modificou a minha vida...

O nome de minha filha que nasceu nesse ano? Nem precisa ser adivinhado. Na televisão, nada melhor que o programa *Vila Sésamo*, também exibido simultaneamente pela TV Globo e Cultura, numa versão brasileira para um programa infantil americano com enfoque pedagógico.

Falando em pedagógico, lembrei-me também de Carl Rogers. Era merecidamente aplaudido por teóricos educacionais. No entanto, na prática, a realidade de nossos alunos se apresentava diferente da realidade dos alunos dele.

Pai, afasta de mim esse cálice
De vinho tinto de sangue...

Ou

Eu te proponho,
Nós nos amarmos, nos entregarmos...

Minhas ironias remeteram-me à novela *O bem amado*, que inovava a televisão fazendo uma sátira aos políticos corruptos e representava, na fictícia cidade de Sucupira, retratos do cotidiano brasileiro. Um cotidiano que na Educação vivenciava lamentáveis reprovações em massa no Ensino Municipal. O índice de repetência na primeira série chegava a 50% e o de quinta a oitava série, a 30%. Não menos lamentável e alarmante era o índice de evasão escolar, por vezes citado na Revista *Escola Municipal* divulgada naquela época. Novamente, durante o tempo em que meus amores encantavam-me com suas músicas, perdia-me em reflexões: tantas décadas depois, como estariam se sentindo esses profissionais quando temas como índice de repetência e evasão eram citados? Lamentariam, como eu, as condições atuais de seus alunos? Uma voz conhecida me despertava...

Acorda amor,
Eu tive um pesadelo agora...

Ou

Você que tanto tempo faz,
Você que eu não conheço mais...

Querendo garantir uma pseudo-intelectualidade, criticava, criticava, mas não perdia um só programa do *Clube do Bolinha*. Muitas de minhas tardes de sábado eram embaladas por artistas que se apresentavam nesse programa sob o comando de Edson Curi, o "Bolinha". Cafona demais para o gosto de um professor? Não sei. Sei que nas escolas falava-se em preparo consciente para a cidadania. Falava-se em programas de integração família-escola-comunidade, assim como em Projeto de Férias na Escola. Porém, infelizmente, eu não percebia mudanças, pelo menos, não mudanças imediatas.

Já lhe dei meu corpo, minha alegria,
Já estanquei seu sangue, quando fervia...

Ou

Quero que você me aqueça neste inverno,
E que tudo mais vá pro inferno...

Estariam também os atuais professores desejando que fossem para o inferno propostas infrutíferas? Imaginei que sim. Deixei minhas reflexões e, pedindo licença ao Roberto Carlos, retornei às narrações de minhas lembranças. Delas veio-me o programa sensação na televisão dessa época: o *Chico City*. Um programa humorístico exibido semanalmente em que Chico Anísio interpretava vários personagens famosos como o Bozó, o Professor Raimundo, o Nazareno e tantos outros.

Finalizo essa década de recordações lembrando que nesse período ficou também marcado em minhas lembranças a interação – boa ou péssima – que tive com diferentes diretoras de meu convívio escolar. Não saberia dizer por que, mas sentia entre meus pares que as interações eram na maioria das vezes conflitantes.

Em uma das escolas em que atuei, angustiava-me só de pensar em falar com a diretora sobre qualquer assunto. Lembro-me de que saía do Paraíso às 4h30 para tomar dois ônibus e obrigatoriamente chegar à escola às 6h45 e assinar o ponto da aula que iniciaria às 7 horas em ponto. Caso qualquer professor chegasse às 6h46 para assinar o ponto, seu nome imediatamente era riscado e o professor infrator, impedido de lecionar naquele dia. Assustadora e inexplicavelmente, em um fatídico dia eu e mais duas professoras chegamos exatamente entre as 6h46 e 6h50 horas. Dona Amélia, considerada muito brava por uns e bruxa por outros, se apoderou abruptamente do livro de ponto poderoso e nos impediu de assiná-lo. Num lance de rara ousadia, nós, as três mosqueteiras professoras do dia, tivemos um momento de uma por todas e todas por uma. Percebendo que os pais se aglomeravam no portão

| 1966–1975

aguardando o início das aulas e que, a "maga pedagógica" não teria outros professores para nos substituir, dissemos a ela em uníssono que só subiríamos para a aula se pudéssemos assinar o ponto. Ela pensou, pensou, sacudiu por vezes a cabeça e decidiu mandar-nos para a aula enquanto iria decidir se assinaríamos o ponto ou não. Aceitamos orgulhosamente. Demos nossas aulas e fomos autorizadas a assinar o desejoso livro. Daquele dia em diante houve menos rigor com relação ao horário.

Propositadamente me limitei a recordar as histórias iniciais de minha vida no magistério. Entre tantas e marcantes interações, muitas lembranças ficaram eternamente guardadas. Compartilhá-las será sempre gratificante.

Finalizei minha narrativa recordando aquelas perguntas iniciais e percebi que agora estavam respondidas. O que eu fizera ali? Marcava minha existência, pois, como disse Gabriel García Márquez, "A vida não é o que a gente viveu, e sim a que a gente recorda para contá-la". Por que aceitei esse convite? Porque amo o amor e a crença que tenho pela Educação. Por todos os educadores que me educaram, pelos que eu eduquei e por todos que educarão depois de mim. Narrar fatos importantes de minha vida, trinta anos depois de serem vividos? Sim, porque minhas memórias, presas no imaginário baú da profissão que escolhi, encontrariam a liberdade nos ouvidos atentos daquela platéia que, simultaneamente, também construía sua história perpetuando a vida.

Dez anos, dez músicas do Chico Buarque de Holanda, dez músicas do Roberto Carlos, dez programas marcantes da televisão e centenas de lembranças de uma profissão que às vezes me dava a sensação de dever cumprido, noutras de que muito deixei de fazer. No entanto, todos os anos saudosos e dignos de ainda serem vividos.

Muito obrigada!

O drama da falta abonada
MARIA KLECY CHRISPINIANO BETTI

Não me sentia bem naquela manhã, começara a ter dores. Estava no quinto mês da minha segunda gravidez e já conhecia bem os sintomas. Achei melhor não ir trabalhar, teria que subir e descer dos ônibus e andar um bom pedaço até a escola. Ficaria em casa repousando.

Liguei para a minha mãe vir ficar comigo, avisei a escola e chamei o Serviço Médico para abonar a minha falta. Tínhamos direito a duas faltas abonadas por mês, num total de dez por ano, por motivo de saúde, com percebimento do dia.

O Serviço Médico tinha como finalidade justificar as faltas ao trabalho, através de visitas feitas por médicos que iam à casa do funcionário faltoso para verificar se efetivamente ele estava doente. Dependendo do mal que o afligia, a seu critério, abonava ou não a falta, mas jamais medicava o infeliz.

1966–1975

Esse setor fazia parte do Departamento Médico da Secretaria de Higiene e Saúde e se localizava na Rua da Glória, entre o Colégio São José e o Teatro São Paulo, também da Prefeitura.

Foi um suplício, melhor teria sido faltar, perder o dia, e depois justificar a falta. As dores estavam aumentando, tive medo de perder meu filho. Precisava de atendimento, mas teria que esperar o médico até às 18:00 horas, que não me receitaria nem um copo d'água, mas que me puniria com falta injustificada, caso não estivesse em casa. Falta do tipo que atrapalhava a vida funcional, na classificação dos concursos, nas promoções etc.

Meu marido chegou, minha mãe havia lhe telefonado dando a notícia. Antes que eu pudesse esboçar qualquer motivo para não ir, já estava no carro a caminho do hospital, que ficava a uma quadra da minha casa.

Passados alguns minutos, o médico chegou. Mamãe deu todas as explicações possíveis para justificar a minha ausência. Pediu para que ele fosse até o hospital. Ele deu boa tarde quando chegou, fez algumas anotações numa folha de papel que estava na prancheta e se despediu. Não pronunciou uma palavra a mais.

Assim que soube do ocorrido, tive a certeza de que seria punida, o que efetivamente ocorreu, dias depois, de acordo com a publicação do Diário Oficial.

Voltei para casa no dia seguinte e obtive 15 dias de licença médica para repousar. Felizmente o problema foi superado e iniciei a batalha para cancelar a punição.

Falei com a minha Inspetora e juntas fizemos um belíssimo recurso recheado de citações, apelações e anexos, dirigido ao Prefeito, a quem cabia efetuar o cancelamento, e fiquei acompanhando o andamento do processo.

A Administração Municipal à época, poder-se-ia dizer, era doméstica, sua estrutura era pequena e sempre havia alguém que conhecia alguém, que ia falar com alguém que empurraria o processo de uma Seção para outra ou de um Setor para outro, até chegar ao Gabinete do Prefeito e lá não haveria problema.

A Administração Faria Lima sempre manteve seu Gabinete aberto para o pessoal do Ensino Municipal. Era com a maior tranqüilidade que se era recebido pelo Prefeito.

Assim que soube que o processo chegaria ao Gabinete, apressei-me em marcar uma audiência. Pedi às demais Diretoras do Setor e à Inspetora que me acompanhassem. No dia marcado lá estávamos nós, juntamente com um Oficial de Gabinete, aparentado ou amigo de uma das Diretoras.

Expus a situação. Solícito como sempre, ele mandou procurar o processo, que constava como estando em seu gabinete. Mas, por mais que o procurassem, não conseguiram localizá-lo.

Era o final da Administração, mais alguns dias e ele deixaria o cargo. Havia processos e papéis por todos os lados e eu queria resolver o meu problema antes que ela terminasse.

– Minha filha, não se preocupe. Vou mandar vasculhar esta sala para achar o seu processo e cancelar sua punição.

Ele foi embora e não teve tempo de cumprir o prometido. O processo se extraviara pelo caminho, só sendo localizado pelo Serviço de Protocolo algum tempo depois, já na Administração Paulo Maluf.

Teria que começar tudo de novo em uma Administração diferente. Ninguém conhecia ninguém. Por várias vezes, por telefone ou pessoalmente, tentei marcar uma audiência, sem êxito.

Numa tarde reuni meia dúzia de colegas, coloquei-as, feito sardinhas em lata, no meu Gordini – um carrinho feito em São Bernardo do Campo pelos franceses – e fui ao Gabinete, disposta a expor meu drama a quem quisesse ouvi-lo. Não consegui nem falar com a secretária, que não se encontrava.

1966–1975

Estava tão desesperada que, em uma última tentativa, contei a minha história ao contínuo perfilado à frente da porta da sala do Dr. Paulo, que me disse:

– Mas isso é uma injustiça !

Uma semana depois foi publicado o cancelamento da minha punição. Nunca consegui saber o que aconteceu: se a Assessoria Jurídica opinou favoravelmente, se o Dr. Paulo agiu de moto próprio ou se foi sensibilizado pelo contínuo. Por duas vezes voltei ao Gabinete do Prefeito tentando localizá-lo, mas não o encontrei.

Uma escola à prova d'água

MARILZA GOMES DA GAMA E SILVA

Assim que a chuva apertava, eu corria para o banheiro, que ficava na parte da frente da escola, subia no vaso sanitário e pensava, olhando aflita para a rua: "Será que a água vai subir?"

Todo verão era aquela angústia. O Parque Infantil Várzea do Glicério, situado próximo ao Rio Tamanduateí, era sempre invadido pelas águas quando as chuvas vinham mais fortes.

Estávamos em meados dos anos 1960, e eu, ainda muito jovem, era a diretora do Parquinho, como a escola era carinhosamente chamada pela população.

Naquele tempo, as escolas eram precárias, as dificuldades eram muitas, e ninguém queria ser diretora, razão pela qual fui quase obrigada a aceitar o cargo, apesar da pouca idade. Minha mãe sempre falava: "Enfrentar tantos pepinos, e ganhar quase a mesma coisa que uma professora, só gostando muito...". E eu gostava.

A grande paixão da minha vida era o Parque Infantil. Tinha muito orgulho de contar para os meus amigos e familiares a história da criação dos parques infantis, em 1935, por Mário de Andrade: "Vocês sabem", dizia eu toda prosa, "que os nossos parques infantis foram criados dentro da mesma filosofia das escolas europeias?".

Nem mesmo as constantes enchentes tiravam o meu ânimo. Mesmo porque, depois de alguns anos no Parquinho, eu podia contar com a ajuda de pessoas bacanas que tinham vindo trabalhar ali: as professoras Natália e Juanita, o vigia, Seu João, D. Maria, a servente. As mães também me prendiam àquele lugar: eu, pessoalmente, havia treinado muitas delas, que se tornaram meu "braço direito" no dia-a-dia da escola.

É bem verdade que, das duas professoras, de quem eu mais gostava era Natália. Nem parecia moça de família rica, formada no Sacrée Coeur, acostumada ao luxo e ao conforto. Eu admirava o jeito decidido e despachado de Natália. Logo na primeira enchente que enfrentou, não teve dúvida: passou a mão nas suas crianças, e as foi acomodando em segurança no apartamento de D. Laura, vizinha do parquinho, a boa e solícita mãe do aluno Pedrinho. Natália colocou as suas crianças em cima das mesas, cadeiras, camas e sofá, a salvo das águas que subiam. E olha que eram 60 crianças, entre três e seis anos de idade, na sala de Natália! Pois a danada deu conta do recado!

Já com Juanita era diferente. Segurava o lenço de linho no nariz, por causa do pó, sempre que entrava em sua sala, recém-varrida por D. Maria. Volta e meia, ia trabalhar de luvas, para não sujar as mãos... "Esta não fica aqui por muito tempo, ela não é das nossas...", pensava eu, ao ver os modos de Juanita. Mas ela foi ficando...

Naquele dia, enquanto descia da privada, meu ponto de observação para fugir a tempo das enchentes, tive uma idéia: "Amanhã mesmo, sem falta, irei ao Departamento de Cultura e Assistência Social pedir a construção de uma passarela na entrada do parquinho. Assim, quando a água subir, poderei tirar as crianças mais depressa". Como não pensara nisso antes?

No dia seguinte, vestido tubinho, cabelo escorrido no ombro, sapatos e bolsa azul-bebê, meias de *nylon* e muito bem maquiada, eu aguardava na sala de espera do Dr. Turíbio, Diretor do Departamento.

Queria causar boa impressão. Dormira aquela noite de "touca", um jeito que as moças daquele tempo tinham de enrolar os cabelos em volta da cabeça, prendendo-os com grampos, e seguros por uma meia de seda cortada, para que ficassem bem lisinhos. Ainda na tarde do dia anterior, eu tinha ido até a *Sears*, famosa loja de departamentos, que ficava no Paraíso, para comprar sapato e bolsa que combinassem com o estampado do vestido. "Aparência é tudo, minha filha", dizia mamãe, completando sempre com as mesmas palavras: "A primeira impressão é a que fica".

Andar "bem arrumada" era natural naquele tempo. Até para trabalhar, era obrigatório o uso do uniforme, sob pena de perder o dia de trabalho: calça azul, avental branco, sapato preto fechado e meia branca.

Certo dia, numa das enchentes do Glicério, cheguei a perder o sapato na lama da rua. Mas, no outro dia, lá estava eu, impecável, de uniforme, ajudando as mães e D. Maria na limpeza do pátio...

Diziam que esse sistema rígido tinha sido adotado porque, antes, muitas professoras iam trabalhar mal arrumadas, de *bobbies* nos cabelos, ou saias muito curtas, o que provocou o desagrado de D. Maria Teresa, a chefona do pessoal dos parquinhos. Às que reclamavam, ela dava de ombros, do alto da sua autoridade: "Atrás de mim virá quem bom me fará. Enquanto eu aqui estiver, exigirei compostura no trajar!".

Ao chamado da secretária, entrei na sala do Dr. Turíbio, que me recebeu com um largo sorriso: "Julieta, minha filha, que prazer revê-la. Como vai passando seu tio, meu amigo Siqueira?".

Ele nunca se esquecia de lembrar, nas entrelinhas, que, graças a um pedido do meu tio Siqueira, havia conseguido para mim o lugar de professora... "Olá, Dr. Turíbio, o senhor sempre bem disposto! Meu tio Siqueira está bem, e lhe mandou um abraço", respondi amavelmente.

Ao ouvir o motivo que me levara até ele – a passarela para a retirada mais rápida das crianças, em caso de enchente – o Dr. Turíbio cerrou o cenho: "Impossível, minha filha, o dinheiro anda curto nesses tempos...".

"Mas Dr. Turíbio", questionei, sentindo o rosto pegar fogo. "O Parquinho precisa dessa passarela! É para a segurança das crianças... E se a água subir de repente, com essas chuvas que estão caindo? Quem o senhor acha que será responsabilizado, se alguma criança for arrastada pela correnteza?".

Até hoje, não sei onde arrumei coragem para falar daquele jeito com uma autoridade, nem de onde vieram aquelas palavras, mas o fato é que o Dr. Turíbio me olhou fixamente por um momento, coçou o vasto bigodão, e, de um salto, pegou o grande telefone preto que tinha sobre a sua escrivaninha. Virou-se de costas para mim, colocou a mão esquerda sobre a boca, e conversou em voz baixa com alguém, que não consegui saber quem era. Ao desligar, falou-me: "Julieta, minha filha, como estava lhe dizendo, as coisas andam difíceis, mas... como posso recusar o pedido da sobrinha do meu amigo Siqueira?

Vou providenciar a madeira para a passarela, e você arruma a mão-de-obra para construí-la. É o máximo que posso fazer por você e pelas crianças do seu Parquinho..." Com aquelas palavras, ele foi se levantando e me conduzindo para a porta de saída.

⚬⚬⚬

Naquele dia, o tempo amanheceu abafado. Ventara muito à noite. Eram dez horas da manhã, quando a chuva começou a cair. Ao meio-dia, eu já tinha subido três vezes na privada, para ver como estava a situação da água na rua. Da quarta vez, saí do banheiro gritando: "Seu João! Natália! Juanita! A água está subindo! Corram, tirem as crianças!".

Natália foi a primeira a usar a passarela de madeira feita, dois meses antes, por Seu João. Atravessou-a, carregando uma criança no colo e puxando outras duas pela mão. Seu João vinha logo atrás. Era a própria figura de São Cristóvão: trazia uma criança pendurada no pescoço, e duas no colo. Assim, numa correria só, todos foram se alternando, passando pela passarela, entrando e saindo do Parquinho, carregados de crianças, enquanto a água subia rapidamente. Até mesmo Juanita, geralmente tão lenta, corria de cá pra lá, puxando três, quatro crianças de cada vez.

Eu, do lado de dentro, organizava as saídas de todos, enquanto, com aflição, via a água se aproximar. Fui a última a deixar o Parquinho, com a máquina de escrever no colo e uma criança grudada nas pernas. No meio da passarela, ouvi a voz grave do Seu João: "Jogue a máquina, D. Julieta! Pode jogar que eu pego!".

Sem pensar duas vezes, joguei e Seu João abraçou no ar a única e velha máquina de escrever do Parquinho. Passei para

Natália a criança que tinha agarrada em minha perna e, para espanto de todos, dei meia-volta. Ainda ouvi os gritos de Seu João: "Volte, D. Julieta! A água está subindo rápido demais, a senhora vai ficar presa lá dentro!".

Entrei na sala do Jardim e só então tive certeza de que minha intuição não falhara: dormindo candidamente, duas criancinhas haviam ficado para trás...

No dia seguinte, logo cedo, eu, D. Maria, Seu João e várias mães limpávamos o Parquinho, antes da chegada das crianças: geladeira, fogão, mesinhas, tudo muito enlameado.

Avental branco todo sujo, calças arregaçadas, botas de borracha, lenço prendendo o cabelo, vi entrar no Parquinho um senhor de cabelos grisalhos, terno bem talhado, acompanhado por duas senhoras muito elegantes, que pulavam as poças, tentando manter limpos os finos sapatos de salto alto. Cumprimentei o grupo, perguntando o que desejavam. "Falar com a diretora", disse o homem. "A diretora sou eu...", respondi meio sem jeito. Ele sorriu, e estendeu a mão, que eu senti macia e quente, dentro da minha: "Muito prazer, Senhorita, eu sou o Secretário...".

Sem graça, passei a mão na cabeça, tirei o lenço, ajeitei o avental e, sentindo o rosto arder, sorri encabulada, cumprimentando o Secretário de Educação Municipal.

<hr />

O Secretário se apaixonara... pelo Parquinho. Não saía mais de lá. Fazia questão de acompanhar pessoalmente os engenheiros do Serviço de Obras, nas vistorias da construção da nova escola.

Sim, porque pessoalmente havia convencido o prefeito sobre a importância de atender aquela comunidade tão sofrida pelas enchentes, construindo-lhe uma escola mais adequada, mais segura.

Algumas semanas depois de iniciada a obra, o *Diário da Noite* anunciava em manchete: "Glicério ganha escola à prova d'água".

Naquele dia, bem me lembro como se fosse hoje, Natália entrou no Parquinho gritando, com o jornal na mão. Corremos à sua volta e escutamos, atentos, a voz de uma Natália risonha e marota, na leitura da publicação:

"Uma escola vai fazer o desafio às inundações na Várzea do Glicério. Dentro dos costumeiros transbordamentos do Rio Tamanduateí e conseqüentes inundações da região e vizinhança, a novidade será uma escola à prova d'água. Transformado numa escola suspensa, o estabelecimento será, em épocas de enchente, uma verdadeira ilha. As crianças estarão a salvo das águas, e isso é uma questão fundamental para o funcionamento normal das aulas".

Logo adiante, o repórter entrevistava o Diretor do Departamento de Edificações: "Como entrarão os professores e alunos na nova escola. De barco?".

Diante da pergunta embaraçosa do repórter, o diretor, como também fazem hoje os políticos, já tinha uma resposta na ponta da língua: "Isto é uma outra história... Somente a construção da escola é de nossa competência. O problema da inundação da área é com o prefeito".

Eu, animada e feliz, ouvia sorrindo a leitura do jornal. No íntimo, sabia que a construção da nova escola se devia a uma pitada de sorte e à dedicação de toda a equipe do Parquinho da Várzea do Glicério, depois chamada Escola Municipal de Educação Infantil da Várzea do Glicério.

"A nossa sorte", comentei piscando um olho para Natália, "foi o secretário ter se apaixonado perdidamente... pelo Parquinho"...

| 1966–1975

As "duronas"

MARIA KLECY CHRISPINIANO BETTI

Nas minhas andanças como fotógrafo escolar, aquele itinerante que vai de escola em escola bater foto dos alunos arrumadinhos e enfileirados à frente dos galpões, tive oportunidade de conhecer muitas diretoras, pois era com elas que acertava os detalhes do meu trabalho. Mulheres condutoras, donas do seu espaço. Conseguiam misturar gentilezas e amabilidades com pulso forte, adaptando ou traçando, por entre alunos, professores e comunidade, suas estratégias, normas e regulamentos, tudo para cumprir a tarefa de fazer a escola funcionar e bem.

Essas escolas, à época, eram verdadeiras ilhas, distantes e desprovidas de tudo, o que lhes conferia um certo ar de liberdade, independência e autonomia para se auto gerir, garantindo sua sobrevivência e expansão.

Teria muitas histórias para contar, como aquela, quando a auxiliar de diretora chegou com uma caneta bic e provocou

1966–1975

a maior confusão, pois era proibido usá-la na escrituração escolar: supunha-se que com o tempo a tinta desapareceria. Tudo era manuscrito com caneta tinteiro. Ou aquela, em que a professora substituta quase deu à luz no pátio, pois a diretora do tipo draconiano achava que o horário tinha que ser rigorosamente cumprido. Ou, ainda, a do inspetor que percorria as escolas de Osasco a cavalo.

Dentre tantas histórias, uma me marcou.

Quando a vi assumir a direção dos trabalhos, naquele 9 de julho de 1966, na Escola de Astrofísica, no Parque do Ibirapuera, onde se realizava o Primeiro Concurso de Remoção de Professor Substituto e eu acompanhava minha mulher, jurei que se tratava de uma diretora escolar.

Sobre o palco havia uma mesa, nas paredes cartazes afixados com os nomes das escolas e o número de vagas dispostos por região escolar, retiradas à medida que eram escolhidas. Havia um microfone que nem sempre funcionava. Os professores tinham sido classificados e foram chamados pelo Diário Oficial com dia e hora marcados para escolha, distribuídos em 3 turnos.

Era 11h30 quando ela subiu ao palco. Os trabalhos estavam atrasados por conta do barulho reinante, não se ouvia quase nada, os nomes dos candidatos, assim como as escolhas, tinham que ser anunciados várias vezes, apesar dos constantes pedidos de silêncio.

Devido ao feriado e ao sol que fazia, a sala estava apinhada, o calor era insuportável, além dos que iriam escolher naquele horário havia os que controlavam as vagas remanescentes, os maridos, filhos, babás com carrinhos, crianças correndo, comendo, chorando, todos na esperança de passear no parque depois da escolha. Tentei bater uma foto daquela confusão, mas minha mulher me impediu, alegando que poderíamos ser repreendidos.

Divisei um jovem que circulava de um lado para outro e falava com as substitutas como que as orientando. Comentei o fato com a minha mulher, que ponderou não saber sobre o que ele poderia estar falando, uma vez que o edital era bem explicativo e sempre havia alguém da comissão presente para prestar outras informações. Achou, ainda, pouco provável que estivesse oferecendo seus préstimos para fazer alguma alteração posterior, pois se tratava de um concurso público com publicação no Diário Oficial. Mas ele circulava e falava.

Às 11h45 ela pegou o microfone e, com um sotaque indefinido, misto de caipira paulista com carioca e nordestino, anunciou com voz firme:

– Por gentileza, desejo comunicar que estamos atrasados, ainda faltam escolher 15 professores do 1º turno, por isso para que se possa regularizar o atendimento e em respeito aos professores, solicito que evacuem a sala. Vou proceder a chamada dos que irão escolher e que deverão adentrar. Quanto aos demais, deverão aguardar lá fora.

No fundo da sala alguém tentou reclamar e ela prontamente respondeu:

– A matéria não está em discussão, por gentileza, evacuem a sala.

Aí tive a certeza de que ali estava uma diretora e das bravas.

Em seguida, desceu do palco e foi ajudar as pessoas a saírem, conversando com uma, passando a mão na cabeça ou no ombro de outra, afagando uma criança, numa atitude que demonstrava intimidade e conhecimento com os professores.

O jovem que circulava veio em sua direção muito nervoso e gesticulando. Apressei o passo e cheguei perto para ouvir.

– Você é maluca, pôs para fora da sala um vereador.

– Não pus ninguém para fora e muito menos o faria com uma autoridade, apenas pedi que saíssem para que se possa organizar esta escolha. Quanto ao vereador, mostre-me quem é que irei me desculpar.

– A propósito, o que você está fazendo aqui? Irá escolher uma classe, por acaso?

A moça, bem jovem, aproximou-se do vereador, e eu sempre seguindo-a para registrar a conversa. Em tom respeitoso disse:

– Senhor Vereador, aceite as minhas desculpas, não quis ser grosseira ou desrespeitosa com o senhor, nem com as demais pessoas, apenas estava tentando montar uma estratégia para melhor realizar a minha tarefa. Por favor entre.

– Absolutamente. A senhora está certa, de há muito já deveria ter sido adotada uma providência mais drástica para agilizar a escolha. Vou esperar minha filha aqui no saguão.

Esticando a mão para cumprimentá-la, acrescentou:

– Foi um prazer conhecê-la, professora.

Ela foi para a porta da sala, iniciou a chamada dos professores, que um a um foram se acomodando. Em seguida, fechou a porta.

Minha mulher não demorou muito para sair. Conversando, fiquei sabendo que a moça não era diretora. Era inspetora escolar. Itinerante como eu, ia de escola em escola em estreito contato com os professores e, principalmente, com a direção das escolas.

Elas eram tão parecidas na maneira de agir que me levaram a pensar que a segurança e o poder de decisão que possuíam não vinham apenas de suas personalidades fortes, deveria haver, por trás, um treinamento. Mas quem ensinava quem? Ou será que ambas cresceram através de um aprendizado recíproco, baseado na troca de experiências, calcado no dia-a-dia, nos erros e acertos, nas tentativas, nas improvisações, à medida que as situações iam surgindo a exigir soluções, naquela esquecida periferia da cidade.

Pitadas de história

Ouves?
Somos nós que passamos
rasgando os abismos
Somos nós que passamos
libertando as palavras.

Clara Sacramento

Educação infantil: alteração de rumos

Na administração do prefeito Faria Lima (de abril/65 a abril/69), de acordo com as teorias pedagógicas, sociológicas e administrativas da época, foram tomadas três medidas técnico-administrativas, consideradas fundamentais no sentido de proporcionar uma educação pré-escolar eficiente a todas às crianças matriculadas:

1) criação do Departamento de Assistência Escolar, através da Lei nº 7.037 de 3/6/1967, com o objetivo de incrementar a assistência médica, odontológica e alimentar das crianças;

2) criação de 24 classes de ensino pré-primário, em caráter experimental, junto a 12 parques infantis, através do Decreto nº 7.072 de 13/7/1967;

3) estudo e aplicação de uma programação pedagógica para os três graus da educação pré-escolar dos 3 aos 6 anos e 11 meses.

Algum tempo depois, diante da luta dos educadores da área infantil por melhor qualificação profissional e reconhecimento do seu fazer pedagógico, foram elaboradas pela Administração Municipal outras legislações que implicavam diretamente no trabalho dos professores recreacionistas. Era então prefeito o senhor Miguel Colassuono.

Uma delas, o Decreto nº 12.115 de 29/7/1975, deu nova designação aos Parques Infantis e ao Departamento de Educação e Recreio que passaram a denominar-se, respectivamente: Escolas Municipais de Educação Infantil – Emei e Departamento de Educação Infantil. Qual seja: a nova denominação fez jus ao trabalho de caráter eminentemente pedagógico que já vinha se desenvolvendo há tempos nesses espaços, em detrimento do caráter puramente assistencialista e recreacionista, presentes à época de sua criação.

O cargo de Educador Recreacionista passou a denominar-se Professor de Educação Infantil e o cargo de Diretor de Parque Infantil passou para Diretor de Escola de Educação Infantil, através da Lei nº 8.209 de 3/3/1975.

Vale lembrar que, anterior a esta legislação, a Lei nº 8012, de 14/2/1974, havia criado 120 cargos de Diretor de Parque Infantil, lotados no Departamento de Educação e Recreio da Secretaria de Educação e Cultura. Esses cargos eram providos mediante promoção dentre titulares de cargos da classe de padrão mais elevado da carreira de Educador Recreacionista. E outra Lei, a de nº 8.056, de 14/5/1974, alterou a forma de provimento desses cargos: "para o primeiro provimento dos cargos ora criados, somente poderão concorrer titulares dos cargos de Educador Recreacionista, padrão V-C, que, até a data da publicação da presente lei, contêm 5 (cinco) anos ou mais de serviço público municipal e, pelo menos, 2 (dois) anos nas funções de Dirigentes de Parque Infantil".

A população aumenta e a escola cresce

De acordo com dados do IBGE, na década de 1960 a população estava assim dividida: 31.302.000 pessoas na área urbana e 38.767.000 pessoas na área rural.

O ano de 1967 abriu novos horizontes para o Ensino Municipal. É quando se edita a Lei 7.037, aos 13 de junho, ampliando-se o quadro do pessoal técnico e docente.

Em março de 1968, é criada pelo Decreto 7.393 a Escola Técnica de Comércio Municipal, de nível médio, voltada para a área terciária, considerando-se, principalmente, o interesse da coletividade paulistana.

No final desse ano é criado o Instituto Municipal de Educação e Pesquisa – Imep, Escola Integrada-Piloto, através do Decreto 7.834, responsabilizando-se pela preparação do novo elemento técnico para as escolas da Rede Municipal: o assistente pedagógico.

Em 1969, objetivando a divulgação da música nas Escolas Municipais, através de corais, fanfarras e bandas rítmicas, é criado o Setor Musical, pelo Decreto 7.889, de 7/1/69.

Na década de 1970, a divisão era a seguinte: 52.084.000 pessoas na área urbana e 41.053.000 pessoas na área rural. Qual seja: pela primeira vez, a população urbana ultrapassara a rural. Da população total do País, quase 56% dela vivia na zona urbana, nos grandes centros. Considere-se também o incremento da migração nordestina para São Paulo, no final da década de 1960 e durante toda a década seguinte, e se tem um *boom* demográfico!

O Ensino Municipal foi obrigado a se reestruturar em face da demanda social por educação. A Lei 7.693, de 6 de janeiro de 1972, dispôs sobre a organização, a estrutura e o funcionamento do Departamento Municipal de Ensino, e estabeleceu outras providências.

1966–1975

Através de dados levantados no Memorial da Educação Pública e, de acordo com um Relatório de 1976, 65% das escolas passaram a funcionar em três períodos e 20% delas em quatro períodos; o número de matrículas passou de 265.522 para 351.194, com um crescimento de 32% no ensino de 1º Grau. Houve a extensão do ensino de 1º Grau para mais 116 escolas da rede municipal e a absorção de 53 escolas do Estado com seu alunado.

Reestruturação e expansão do ensino municipal

No período de 1965 a 1976, foram promulgadas duas leis referentes a organização, estrutura e funcionamento do Ensino Municipal de São Paulo. São elas:

Lei nº 7.037, de 13/7/1967

A referida lei dispôs sobre a criação do Departamento Municipal de Ensino e do Departamento de Assistência Escolar, vinculados à Secretaria de Educação e Cultura.

A essa secretaria competia a organização, orientação, planejamento, pesquisa, supervisão geral e controle do ensino municipal, incluindo a direção geral das unidades de ensino.

Essa lei preconizava que o ensino público municipal seria ministrado através de unidades escolares isoladas, reunidas e agrupadas. As Escolas Isoladas seriam unidades de penetração destinadas a atender às necessidades imediatas de núcleos menos densos de população. As Escolas Reunidas seriam unidades com 4 (quatro) a 7 (sete) classes, funcionando no mesmo prédio, dirigidas por um professor responsável designado entre os elementos docentes do estabelecimento, que exerceria essa função sem prejuízo da regência de sua classe, fazendo jus à gratificação mensal de 20% (vinte por cento) sobre o padrão inicial do cargo de professor primário. As Escolas Agrupadas seriam unidades com 8 (oito) ou mais classes, dirigidas por um diretor e teriam um auxiliar para cada 14 (catorze) classes, até o máximo de 3 (três) auxiliares.

As escolas primárias municipais deveriam funcionar em um ou dois períodos, com um mínimo de 4 (quatro) horas por dia.

Através dessa lei, foi instituída a carreira do Professor Primário. As substituições docentes deveriam ser feitas por Professores Substitutos admitidos pela Secretaria de Educação e Cultura, na proporção de um (1) para cada duas (2) classes de Escola Reunida ou Agrupada, entre candidatos portadores de diploma expedido por estabelecimento do Ensino Normal oficial ou reconhecido do Estado de São Paulo.

Também foram criados 28 (vinte e oito) cargos de Inspetor Regional de Educação, distribuídos, à medida das necessidades, para exercício nas Administrações Regionais.

Lei nº 7.693 de 6/1/1972

A referida lei dispôs sobre a organização, estrutura e funcionamento do Departamento Municipal de Ensino.

Assim a Divisão Pedagógica da legislação anterior passa a denominar-se Divisão de Orientação Pedagógica – EM 1. Também é criada a Divisão de Planejamento – EM 2 e a Divisão Administrativa – EM 3.

O Ensino Municipal passa a abranger exclusivamente o ensino de 1º Grau, a que se refere a Lei Federal nº 5.692/71.

A carreira de Professor Primário passa a denominar-se "Carreira de Professor 1º Grau – Nível I".

São criados, no Departamento Municipal de Ensino, para provimento em comissão: 250 (duzentos e cinqüenta) cargos de Assistente Pedagógico e 100 (cem) cargos de Secretário de Escola. Também são criados 100 (cem) cargos isolados de Orientador Educacional, de provimento efetivo por concurso público de títulos e provas. E ficam extintos, na vacância, os cargos de Inspetor Escolar de Educação.

Instituem-se promoções no Magistério Municipal, mediante pontos atribuídos aos candidatos através de mérito, títulos, tempo no cargo, tempo no serviço público municipal, encargos de família e idade.

Ficam promovidos aos cargos de "Diretor Escolar", correspondente ao número de unidades escolares oficialmente criadas até a data da publicação dessa Lei, e ainda não providos, os professores municipais habilitados legalmente para o cargo, obedecida a classificação publicada anteriormente em Diário Oficial.

Novos caminhos para o magistério

Com a Lei nº 8.209 de 4/3/1975 organizou-se o Quadro do Ensino Municipal e instituiu-se a carreira do Magistério. De acordo com seu Anexo II, foram criados 9 mil cargos de Professor (ensino de 1º Grau) Nível I, viabilizando a realização do Concurso Público de Ingresso, para o provimento desses cargos.

A carreira do Magistério Municipal, constituída de cargos de provimento efetivo, compreendeu:

I – Cargos docentes com as classes:
a) Professor de Educação Infantil;
b) Professor (Ensino de 1º Grau) nível I:
c) Professor (Educação de Deficientes Auditivos);

II – Cargos de Especialistas de Educação com as classes:
a) Orientador Educacional;
b) Assistente Pedagógico;
c) Diretor de Escolas de Educação Infantil;
d) Diretor de Escola de 1º Grau;
e) Orientador Pedagógico (Educação Infantil);

f) Orientador Pedagógico;

g) Inspetor Escolar.

Também integravam o Quadro do Ensino Municipal, como especialista de educação, os cargos de Supervisor Regional de Educação, de provimento em comissão.

Com exceção do cargo de Orientador Educacional (provimento por concurso público de provas e títulos), todos os demais cargos integrantes do Quadro de Especialistas da Educação seriam providos por acesso. Em havendo vagas remanescentes, estas seriam providas por concurso público.

Foi instituída a Gratificação de Nível aos ocupantes de cargos docentes, em razão da obtenção de habilitação específica de grau superior correspondente à licenciatura de duração curta ou plena.

Como um dos deveres afeitos aos integrantes da carreira do magistério municipal, estava o de "desenvolver e preparar nos educandos o sentimento de nacionalidade".

Foi admitida a forma de contrato para o exercício de funções docentes relativas ao Ensino Municipal na área de 5ª a 8ª séries de 1º Grau.

"Ivo viu a uva. Vovó viu o vovô"... Dá para ler?

Por muito tempo, os pedagogos e os educadores em geral acreditaram que as habilidades perceptivo-motoras fossem condição *sine qua non* para a alfabetização. Ou seja, se as crianças possuíssem tais habilidades, detectadas por meio de testes, estariam "prontas" para serem alfabetizadas. Caso contrário, precisariam adquiri-las.

Essas habilidades constavam de:

• preparação para a leitura e a escrita;

• atividades de percepção, discriminação e memória auditivas;

1966-1975

- atividades de percepção, discriminação e memória visuais;
- atividades de percepção, discriminação espacial e temporal;
- atividades de coordenação motora.

Essa crença esteve presente em todos os cursos e treinamentos dados aos professores alfabetizadores, desde os primórdios da organização do sistema municipal de educação.

Foi só em 1984, através do DEPLAN – Departamento de Planejamento da Secretaria Municipal de Educação, que a teoria de Emília Ferreiro e Ana Teberosky sobre a Psicogênese da Língua Escrita, tornou-se conhecida para os professores alfabetizadores.

Esse estudo veio derrubar o mito de que a criança precisaria estar "pronta", "madura", para a alfabetização. Deitou por terra a certeza que se tinha de que a alfabetização se dava nos mesmos moldes da aquisição da linguagem oral: através da repetição e do reforço positivo dados pelos adultos.

Com a psicogênese, muda-se o foco do trabalho escolar: de "como se ensina (o professor)" para "como se aprende (a criança)". Do método de ensino, parte-se para o processo cognitivo da criança rumo à aquisição da base alfabética.

De acordo com a teoria de Piaget, a aprendizagem ocorre através da assimilação-conflito-internalização. Qual seja: a criança é um ser cognoscente. Ela não espera entrar na escola para começar a pensar sobre a escrita, sobre o que ela representa. Ao contrário, comprovou-se que, ao ingressar na escola, a criança traz várias hipóteses sobre esse objeto de conhecimento.

A aquisição da base alfabética deixou de ser uma habilidade a ser adquirida e passou a ser um conceito a ser construído: é preciso que a criança pense acerca das regularidades da escrita, assim como pensou sobre as regularidades da língua ("fazi", em vez de fez, assim como acontece com a maioria dos verbos – dormi, comi).

Assim, nessa época, o ensino municipal da cidade, de um paradigma empirista-associacionista, passa para o do construtivismo-interacionista.

A Lei 5.692/71 e o ensino da capital

A Lei 5.692/71 revogou as diretrizes e bases da educação constantes na lei anterior, a de nº 4.024/61.

Os dispositivos legais da nova lei federal traziam para o município paulistano o compromisso com a educação préescolar, e, também com as escolas de ensino de 1º grau em conjunto com o Estado, bem como lhe foi facultado manter escolas de outros graus de ensino.

Considerando-se o contexto político a que estava submetido o Brasil e conseqüentemente o ensino no período de implantação da Lei 5.692/71, o ensino do 2º Grau priorizava a preparação para o prosseguimento de estudos e a habilitação para o exercício de uma profissão técnica que atendesse às necessidades das multinacionais que se ramificavam com base no suposto "milagre econômico".

Eis então uma mudança significativa para a educação: oito anos de escolaridade para o primeiro grau e a qualificação profissional no segundo. A nova LDB se fundamentou em dois princípios: o da continuidade e o da terminalidade.

O da continuidade foi proporcionada, por um conteúdo que partia de uma base de educação geral ampla, nas primeiras séries do 1º grau, para a formação especial e as habilitações profissionais no 2º Grau. Dessa forma, um núcleo de conhecimentos básicos foi garantido em todos os níveis e em todas as regiões. Esse núcleo era praticamente exclusivo, nas últimas séries do 1º grau, para permanecer em plano secundário, no 2º grau, onde então, era predominante a formação específica de habilitação profissional. A passagem gradativa do geral para o particular era o que garantia a continuidade das séries anteriores nas posteriores.

A terminalidade foi proporcionada pela possibilidade de cada nível ser terminal, ou seja, de facultar uma formação que capacitasse o educando para o exercício de uma atividade. Uma vez concluído o ensino de 1º grau, o educando já estava em condições de ingressar na força de trabalho, se isso lhe fosse necessário, já que, nesse nível, ele teria uma formação que, se não o habilitasse, ao menos realizava a sondagem de sua vocação e lhe dava uma iniciação para o trabalho.

No nível de 2º grau, a terminalidade dizia respeito à habilitação profissional de grau médio, que proporcionava as condições essenciais de formação técnica, capazes de assegurar o exercício de uma profissão, ainda que o estudante pretendesse prosseguir seus estudos em nível superior.

Quanto ao conteúdo, ficou estabelecido que: "os currículos de 1º e 2º graus teriam um núcleo comum, obrigatório em âmbito nacional e uma parte diversificada para atender, conforme as necessidades e possibilidades concretas, às peculiaridades locais; aos planos dos estabelecimentos e às diferenças individuais dos alunos." (art. 4º)

O Conselho Federal de Educação foi incumbido de fixar as matérias do núcleo comum para cada nível, e de fixar também o mínimo a ser exigido em cada habilitação profissional para o 2º grau. Os Conselhos Estaduais de Educação ficaram incumbidos de relacionar as matérias que comporiam a parte diversificada do currículo, nas quais deveriam recair as escolhas dos estabelecimentos de ensino dos respectivos estados. E os estabelecimentos ainda obtiveram o direito de propor matérias para seu currículo que não constassem das listas de opções dos Conselhos Estaduais.

Complementando a organização do currículo, houve a inclusão de matérias obrigatórias nos currículos plenos de 1º e 2º graus, a saber: Educação Moral e Cívica, Educação Física, Educação Artística e Programas de Saúde.

Esta LDB também previu o tratamento metodológico que deveria ter esse currículo: as matérias deveriam ser trabalhadas sob a forma de atividades, áreas de estudo e disciplinas, sendo as duas primeiras predominantes no início da escolarização e as últimas no ensino de 2º grau.

Um dos avanços dessa Lei, referiu-se à questão dos professores e especialistas: em seu artigo 34 dizia: "a admissão dos professores e especialistas no ensino oficial de 1º e 2º graus far-se-á por concurso público de provas e títulos (grifo nosso), obedecidas para inscrição as exigências de formação constantes nesta". Estava dado o primeiro passo para a instituição da carreira do Magistério Municipal que, de fato, viria a ocorrer em março de 1975.

Certamente, tais determinações provocaram a necessidade de uma grande reformulação nas leis que regiam o ensino público municipal na cidade de São Paulo.

As mudanças legais, por sua vez, provocaram grandes expectativas e alterações de rotina na vida dos professores e da equipe técnica naqueles tempos. Em meio a tantas novidades, os educadores deparavam também com problemas antigos: repetência, evasão, diversidade sócio-econômica e tantas outras questões que previsivelmente afetavam a qualidade de ensino, já tão almejada, desde então.

| 1966-1975

O Ensino Municipal na cidade de São Paulo concluiu em 1976 a implantação do ensino do 1º grau em oito anos. Os dados estatísticos da Prefeitura naquela ocasião já apontavam também uma aparente preocupação em motivar professores e equipes técnicas a empenharem-se para a solução dos problemas inerentes à educação. Um dos caminhos escolhidos à época foi o de divulgar quadros que indicavam as porcentagens de aprovação e retenção de região por região, de escola por escola. Num documento elaborado pela Secretaria Municipal de Educação, no ano de 1978 obtinha-se o resultado alcançado durante o período de 1970 a 1978 pelas 17 Administrações Regionais existentes. Na mesma ocasião, publicava-se uma classificação das unidades escolares que trazia o levantamento dos índices de repetência escolar de cada uma das 277 escolas existentes.

O então Secretário da Educação assinou documento datado de 1/8/1978 com registros tais como: "... ao divulgar estes dados, a Secretaria Municipal de Educação pretende ir além da simples publicação de um informe estatístico. O seu objetivo maior é o de fazer com que cada Escola (diretor, orientadores, assistentes e professores), ao tomar conhecimento de sua situação, em termos de classificação quanto aos índices de repetência, redobre os seus esforços, diligenciando no sentido de aumentar o aproveitamento escolar dos seus alunos, ou seja, de aprimoramento qualitativo do ensino, sem, é claro, rebaixamento dos padrões de avaliação".

A partir de 1971, atendendo à LDB (Lei 5692/71), para o professor formar-se teria que cursar as disciplinas do Núcleo Comum (formação geral) no primeiro ano de estudo no 2º grau, e, a seguir, optar pela Habilitação do Magistério em que cursaria as disciplinas profissionalizantes nos próximos dois ou três anos. Nessas disciplinas seriam incluídas especificações em pré-escola, deficientes, alfabetização etc. de acordo com o que era apresentado pelo Parecer CFE 349/72.

Numa análise histórica da formação dos professores no Brasil desde 1833, constata-se que para a formação de professores foi criada a Escola Normal de Niterói-RJ. Essas escolas proliferaram para outros estados, inclusive para São Paulo. É interessante destacar que as Escolas Normais nesses tempos destinavam-se exclusivamente ao sexo masculino. Às mulheres cabiam os afazeres domésticos. Essa realidade só veio a ser alterada no século 20, quando as mulheres começam a freqüentá-las.

As transformações político-econômicas e sociais impostas pelo capitalismo industrial ao País não se deram apenas e inicialmente no período de 1966 a 1976, mas com início por volta de 1930, devido à crise internacional da economia que impôs a urbanização industrial, substituindo o agrário rural até então existente. Surgia a necessidade de que as escolas instruíssem pessoas para operarem máquinas. Um fato desencadeia outro. Assim a população se aglomerava nos centros urbanos e começa a procurar as escolas como recursos para uma ascensão social e inserção no mercado de trabalho.

Surgia também a chamada escola nova, que trazia como princípio a luta por uma escola pública gratuita e laica para todos, em contestação às escolas religiosas e pagas. Havia a proposição de educação que privilegiava a democratização na relação entre alunos e professores, principalmente destacadas nos anos 1960 com as classes experimentais, os ginásios vocacionais.

Nesse contexto, a Escola Normal acentua-se como uma necessidade política, econômica e social que se estende aos anos 1970 onde a profissão de professor já não aparece mais como demonstrativa da emancipação feminina e, sim, como uma necessidade financeira em que a figura predominantemente existente no magistério concilia os afazeres domésticos com o trabalho.

Pesquisas sugerem que os programas de formação dos professores nesse período visavam garantir que esses profissionais operassem a serviço dos interesses do Estado, o que tinha como principal enfoque manter e legitimar o *status quo*.

1976-1985

Com a esperança equilibrista,
os exilados retornam...
A demanda escolar aumenta.
Busca-se a qualidade.

Breve panorama

APARECIDA BENEDITA TEIXEIRA

DINAH MARIA BARILE

Com um mergulho em nossas lembranças, em nossas vivências, a história parece emergir e florescer novamente em nossas vidas...

Cenário internacional

Na Ásia, o chinês Mao Tsé-tung, um dos mais controversos líderes comunistas do século 20, morria em 9 de setembro de 1976.

Israel mantinha ofensiva no sul do Líbano para ajudar as forças cristãs na luta contra os palestinos.

O terrorismo na Itália atingia seu momento de maior violência, chocando profundamente os italianos e a opinião pública mundial com a morte de Aldo Moro, ex-primeiro ministro, vítima da organização terrorista Brigada Vermelha. O mundo entra em protestos contra atos terroristas.

1976–1985

Na Rússia, em julho de 1978, os julgamentos dos dissidentes políticos iniciam-se. Um, do poeta Alexander Ginzburg, acusado de fazer agitação e propaganda. Outro, do engenheiro Anatoly Scharansky, acusado de espionagem e traição à sua pátria. Representantes de embaixadas, familiares e o prêmio Nobel da Paz, Andrei Sakharov, foram impedidos de entrar nos tribunais para presenciar os julgamentos.

Carol Woijtila, de 58 anos, arcebispo de Cracóvia, era eleito Papa, João Paulo II.

Após 15 anos de exílio, Khomeini retornova a Teerã e anunciava a República Islâmica do Irã.

O gabinete egípcio aprovava em 15 de março de 1979, por unanimidade, o texto da minuta do acordo de paz com Israel, proposto pelo presidente dos EUA, Jimmy Carter, mesmo diante de protestos populares contra a assinatura do referido tratado.

Ainda em 1979 chegava ao fim a luta na Nicarágua, contra o Presidente Anastasio Somoza Debayle. Os guerrilheiros sandinistas tomaram as ruas da capital, onde foram saudados pela população. Era a vitória da Frente Sandinista de Libertação Nacional (FSLN).

Na Polônia, Lech Walesa se consagrava líder dos operários, liderando greves por melhores salários e por direitos trabalhistas.

Na França, todos os sindicatos de trabalhadores ameaçaram parar em uma greve geral contra o plano de austeridade econômica adotado pelo governo e pela ruptura da política contratual.

No dia 8 de dezembro de 1980, John Lennon, aos 40 anos, compositor, músico, cantor, considerado o líder dos Beatles, era assassinado em Nova York.

No Egito, o presidente Anuar el-Sadat era assassinado no Cairo, como prenúncio de ser reavivada a guerra no Oriente Médio.

Em 3 de maio de 1981, o Papa João Paulo II era ferido a tiros pelo turco Mehemet Ali Agca, na Praça São Pedro, em Roma, Itália.

No campo da medicina, um grande feito era registrado: os cientistas isolaram o vírus da AIDS, que matava milhares de pessoas no mundo.

Em maio de 1982, a Inglaterra realizava operações militares para reconquistar as Ilhas Falklands (Malvinas), frente à ocupação Argentina. No comando da investida militar estava Margaret Tatcher, então primeira-ministra.

A Rússia derrubava um avião Jumbo sul-coreano, com 269 pessoas a bordo, por ter entrado inadvertidamente no espaço aéreo russo, aparentemente por problemas de rádio-comunicação. Todos morrem. O mundo fica chocado. Solicita-se então ao Conselho de Segurança da ONU (Organização das Nações Unidas) uma reunião extraordinária para debater tal questão.

Em meio a tantos conflitos, era criada a *Internet* com a promessa de uma grande revolução tecnológica.

Na Índia, em 31 de outubro de 1984, era assassinada em Nova Déli a primeira-ministra, Indira Gandhi.

Na América Latina, vários governos militares, como os do Brasil, Chile e Argentina, aplicam leis rigorosas e fechadas. Em 24 de maio de 1976, autoridades brasileiras estudavam a possibilidade de fechar a fronteira com a Argentina para evitar a entrada de refugiados políticos no Brasil, em virtude do golpe militar argentino. No Chile e no Uruguai era decretado estado de alerta na fronteira.

Na 30ª reunião anual da SBPC – Sociedade Brasileira para o Progresso da Ciência, realizada na Universidade de São Paulo, uma mesa-redonda discutia sobre a temática "Perspectivas da Democracia na América Latina". O interesse dos participan-

| 1976–1985

tes foi tão grande que o debate precisou ser feito ao ar livre para cerca de 2 mil pessoas.

A Venezuela iniciava consultas junto a países da América Latina para articular uma ruptura conjunta de relações com Londres, caso as tropas britânicas prosseguissem sua escalada bélica nas Ilhas Malvinas.

Na década de 1976 a 1985, a questão da pobreza ocasionada durante os vários regimes ditatoriais ocupava um lugar de destaque nos relatórios internacionais.

O Banco Mundial, criado em 1944, nos Estados Unidos, tinha como meta, nessa época, a redução da pobreza. Instituiu-se como um salvador da situação. Passou a ser o financiador e o orientador dos países pobres. Para Marília Fonseca, professora da Faculdade de Educação da Universidade de Brasília, "A solução para o problema dependia menos do crescimento do País e mais do aumento da produtividade dos pobres, a qual passou a ser considerada como a principal estratégia para garantir a distribuição dos benefícios do desenvolvimento. Segundo a nova visão, a responsabilidade deveria ser transferida do Estado para os próprios indivíduos, isto é, a diminuição da situação de pobreza dependeria da capacidade dos pobres em aumentar a sua produtividade. A nova visão era reiterada na seqüência dos documentos políticos que o Banco elaborou para a área social, inclusive para a implantação de estratégias privatizantes durante a década de 1980, que reforçaram o deslocamento do público para o privado, sob o controle "natural" das leis de mercado.

Cenário brasileiro

Vários fatos marcaram o Brasil no governo do presidente Ernesto Geisel (1974-1979), que iniciou uma abertura política controlada, definida como "lenta, gradual e segura". E também no governo do presidente João Batista Figueiredo (1979-1985), que teve como tarefa consolidar a transição democrática.

Nessa época, vivenciava-se, de forma meio desconfiada, a criação do Programa Nacional do Álcool (Proálcool) em novembro de 1975, por ser considerado algo novo e que prometia substituir gradativamente a gasolina pelo álcool. O Brasil produzia pouco petróleo, um dos vilões da alta inflacionária. Assim, o objetivo do programa era estimular a produção do álcool, visando ao atendimento das necessidades dos mercados interno e externo e o da política de combustíveis automotivos.

Ainda ocorriam perseguições e torturas. Em outubro de 1975, nas dependências do DOI-Codi de São Paulo, era encontrado morto o jornalista Vladimir Herzog. E, em janeiro de 1976, o metalúrgico Manuel Fiel Filho.

Nessa conjuntura, uma bomba explodia na ABI, a Associação Brasileira de Imprensa, no Rio de Janeiro.

Em 22 de agosto de 1976, falece o grande estadista Juscelino Kubitschek, sepultado em Brasília.

Em 1º de abril de 1977, o Congresso Nacional era "colocado" em "recesso temporário" para promover reformas políticas, o chamado "Pacote de Abril", além da já esperada reforma do judiciário.

Carro-chefe do governo Geisel, a Ferrovia do Aço que ligaria Belo Horizonte a São Paulo, passando por Volta Redonda, se apresentava como um grande fiasco. Esbarrava em sérios obstáculos de toda ordem, decorrentes de improvisação e pressa dos órgãos oficiais, que foram incapazes de prever dificuldades econômicas por que passava o País.

Professores pediam reajuste salarial de até 63% e mais 40% para os que possuíam nível universitário. Houve também amplo debate para discutir o Estatuto do Magistério.

O jornalista e político Carlos Lacerda era sepultado no dia 22 de maio de 1977, sem honras oficiais, mas com forte comoção popular, considerado uma das grandes figuras da política nacional.

Em 7 de junho de 1977, 2.500 jornalistas assinavam manifesto da ABI contra a censura instaurada no País.

Em 16 de junho de 1977, o divórcio era aprovado em primeira votação, em meio a discussões acaloradas expressando várias opiniões contrárias a lei: "a desquitada é uma mulher cantável", "divórcio é fabricação de menores abandonados".

O Secretário de Segurança Pública, coronel Antônio Erasmo Dias, invadia a Pontifícia Universidade Católica, no dia 23 de setembro de 1977, no 3º Encontro Nacional de Estudantes, comandando pessoalmente a operação policial e prendendo cerca de 1.000 estudantes, alegando que: "comícios, passeatas e qualquer tipo de ato público estão proibidos. Todos serão presos e enquadrados na lei de segurança nacional".

A Ordem dos Advogados do Brasil – OAB, a Câmara Municipal, o Jornal *Tribuna da Luta Operária* e o Riocentro, no Rio de Janeiro, sofriam atentados.

Em 12 de maio de 1978, teve início a primeira greve dos metalúrgicos do ABC, nas cidades de Santo André, São Bernardo e São Caetano do Sul.

Nesse mesmo ano a Embratel – Empresa Brasileira de Comunicações – implantou uma plataforma de dados para viabilizar a criação da Rede Nacional de Comunicação de Dados.

Foram muitas as manifestações pela anistia "ampla, geral e irrestrita" realizadas em diversas regiões do País. A canção *O bêbado e a equilibrista*, de João Bosco e Aldir Blanc, na voz de Elis Regina, tornava-se praticamente um hino desse movimento. Muitos exilados políticos, que pensavam de modo muito diferente dos governos militares, retornaram ao nosso País, com a revogação do AI-5 – Ato Institucional nº5, ocorrida em dezembro de 1978. Em agosto de 1979, era promulgada a Lei da Anistia. Havia cerca de 4.650 pessoas cassadas, banidas, presas, exiladas e destituídas de seus direitos políticos e de seus empregos.

Era aprovada a lei orgânica que extinguia a Arena e o MDB, restabelecendo-se assim o pluripartidarismo no País. Surgiram, nesse contexto, o PDS (Partido Democrático Social), o PMDB (Partido do Movimento Democrático Brasileiro), o PT (Partido dos Trabalhadores), o PDT (Partido Democrático Trabalhista), o PTB (Partido Trabalhista Brasileiro), entre outros.

No dia 3 de julho de 1980, no campo de Marte, em São Paulo, cerca de 1,5 milhão de pessoas assistiam à missa celebrada por João Paulo II, em visita a várias cidades do País.

Em novembro de 1982, eram realizadas as primeiras eleições diretas estaduais para governador. E, em 24 de janeiro de 1984, 300 mil pessoas foram às ruas clamando por eleições diretas. Na Praça da Sé e proximidades, em São Paulo, estava presente a esperança de 130 milhões de brasileiros. Em abril desse mesmo ano, mais de um milhão de pessoas compareciam no Vale do Anhangabaú pelo Movimento Nacional das "Diretas, Já!". O sonho estava por pouco para ser realizado. Porém, a Emenda Dante de Oliveira, que previa eleições 'diretas já' para a Presidência da República, era rejeitada. Faltaram 22 votos para se atingir os dois terços exigidos para a aprovação da emenda. Uma grande frustração encobria o sonho do povo brasileiro. Os líderes peemedebistas se articularam com os partidários do PDS (Partido Democrático Social), formando a Aliança Democrática que elegeu de forma indireta, a partir do Colégio Eleitoral, o candidato do PMDB, Tancredo Neves, que venceu a referida eleição, com 480 votos contra 180, do líder do governo, Paulo Salim Maluf.

| 1976-1985

O ciclo do autoritarismo tinha acabado. Tancredo Neves era o primeiro presidente civil e de oposição desde 1964. Não pôde, porém, iniciar exercício por problemas de saúde. Na época de sua posse era internado no Hospital das Clínicas em São Paulo, vindo a falecer. Esse fato marcou profundamente a alma dos brasileiros, pois Tancredo Neves representava a esperança democrática. Assumia o vice-presidente, José Sarney.

Para combater a grande inflação que assolava a vida dos brasileiros, o governo José Sarney colocava em prática, a partir de fevereiro de 1986, o Plano Cruzado. Todos se tornaram consumidores e ao mesmo tempo fiscais (os chamados "fiscais do Sarney"), contra a remarcação dos preços nos supermercados. No entanto, o plano fracassou.

Crescia a expectativa por uma nova Constituição que contemplasse os anseios de liberdade, igualdade de direitos, preservação das leis trabalhistas, cidadania, políticas públicas de atendimento à população.

Era lançado, em 1985, o satélite Brasilsat AI para maior integração das comunicações no País. Também foram realizados vários estudos sobre inflação, dívida externa, bancos provinciais e crises econômicas e financeiras.

Na área da psicologia, houve produções científicas, elaboração de periódicos, discussões sobre saúde mental, reforma psiquiátrica e desinstitucionalização do atendimento a doentes mentais.

A década de 1980 foi bastante marcante para a história do século 20, sobretudo nos campos políticos, econômicos e sociais. Nesse contexto, pode ser considerada como fim da idade industrial e como início da era da informatização, em vários âmbitos. Foi também chamada por muitos economistas como a "década perdida" para a América Latina.

O cinema brasileiro era também vítima da chamada crise de criatividade que se abateu sobre o cinema mundial durante esta década. O Cinema Novo, que prometia uma imagem direta, sagaz e desconcertante, virara apenas um rótulo que, de acordo com as conveniências, poderia ser aplicado a obras tão díspares como *Lição de amor* (1975), *Mar de rosas* (1977) e outras assinadas por Cacá Diegues, Rui Guerra, Arnaldo Jabor, Walter Lima Jr., Eduardo Coutinho, conforme aponta o crítico Sérgio Augusto.

Na cidade

A época foi marcada, também, por uma grande organização legislativa no Município de São Paulo, que crescia desordenadamente, em decorrência, dentre outras coisas, da migração iniciada na década de 1940. São Paulo já tinha trânsito ruim, mesmo sem motos e sem rodízios. Os *shoppings centers*, poucos, sem lazer e comida rápida, não eram o passeio predileto da maioria. Bons filmes, só nos cinemas. O aeroporto de Cumbica era inaugurado para pousos e decolagens internacionais. Muitas casas noturnas, as discotecas, surgiam na cidade, onde a pauliceia dançava freneticamente. A moda era psicodélica (*new wave*), muito colorida. Os objetos acrílicos se firmavam como tendência. Caminhava-se à noite pelas ruas para ir a um bom restaurante, ao teatro, para visitar amigos e parentes. A disponibilidade de crédito para aquisição de imóveis, carros e negócios pouco existia. Roupas e utilidades domésticas podiam ser compradas em parcelas, mas com muita cautela por causa da inflação. A onda do *squash* e do vídeo-pôquer se tornava moda nos fins dessa década. Assistimos também à derrubada de várias fábricas pioneiras, símbolos da indústria brasileira. O *crack* começava a ser consumido. Surgiram as redes de lanchonetes, os *punks*, os metaleiros, a rádio-rock, a delegacia da mulher, o vale-refeição (antes, se levava marmita de casa ao trabalho ou se comprava uma refeição com o próprio salário). Foram pagos resgates milionários para grandes empresários seqüestrados. A velocidade das transformações parecia aumentar.

Os paulistanos aplaudiam o som das bandas Tokyo, Titãs, Ira, Ultraje a Rigor, dentre outras. Assistiram à companhia de balé russa Bolshoi, no Brasil pela primeira vez, e aos filmes recordistas de bilheteria como *Tubarão* (1975), *E.T.* (1982) e *9½ semanas de amor* (1986), dentre tantos outros.

Apesar de novos e velhos problemas, os paulistanos pareciam buscar a manutenção da tradição e do *glamour* inerentes a esta paulicéia desvairada.

O Setor Educacional: fazeres e mudanças

Os "olhos da águia" estavam no encalço.

Qualquer deslize poderia ser fatal, diante dos inúmeros desaparecidos políticos na ditadura militar.

Os professores eram os cérebros pensantes que tinham a responsabilidade de promover a formação educacional dos cidadãos brasileiros.

Apesar de a maioria dos educadores clamar por mudanças educacionais, a Lei nº 5692, de 11/8/71, que fixava as diretrizes e bases para o ensino de 1º e 2º graus, foi muito tímida para o avanço que se pretendia para o Brasil.

Para o regime militar parecia estar perfeito.

As políticas públicas educacionais seguiam essa tendência, embora com ensaios de libertação por muitos educadores, que, não contentes com a derrota de seus sonhos, continuavam a caminhada...

Nessa década começaram a aparecer, na literatura internacional, estudos que consideravam os conteúdos e as idéias dos estudantes frente aos conceitos científicos aprendidos na escola. Nascia o construtivismo.

Tão logo surgia, era muito criticado por vários autores europeus e americanos, por suavizar a imagem do pensamento científico, algo rigoroso e racional. E também por não acreditarem que fosse possível modificar e construir novas idéias científicas a partir da experiência sensorial, conforme o pensamento de Collins e Pinch (1982), Nussbaum e Novick (1982).

Tal discussão não circulava ainda junto aos educadores brasileiros.

A informática na educação nascia no início dos anos 1970, a partir do interesse de educadores de algumas universidades brasileiras que se encontravam motivados pelo que acontecia nos Estados Unidos e na França. Acreditava-se que o papel do computador era o de provocar mudanças pedagógicas profundas em vez de "automatizar o ensino", incluindo os alunos na nova "alfabetização", bem como o de desenvolver nos educandos as capacidades lógicas, além de prepará-los para o trabalho nas empresas.

Por essa época, a nova ordem não se impregnava na idéia do governo e nem na dos educadores. Não se consolidou no sistema educacional. Nas escolas, os profissionais não sabiam sequer como era um computador.

O Município de São Paulo, nesse período, enfrentava a grande explosão da demanda pelo ingresso e pela permanência no ensino, devido à extensão da escolaridade obrigatória e gratuita até a 8ª série.

As atividades educacionais eram pré-elaboradas por departamentos de ensino de forma intencional, fechada. Ou eram copiadas pelos professores dos livros didáticos. Utilizavam o mimeógrafo a álcool, o quadro de pregas e o álbum seriado. Havia também os diários de classe e o caderno volante, onde as aulas eram descritas, como uma forma de controle. Os professores de Educação Infantil vestiam uniformes na cor azul marinho e branco e os de Ensino de 1º e 2º Graus usavam aventais.

Entre os anos de 1979 e 1982, a preocupação era com a expansão quantitativa da demanda , com um aumento de 85,07%, e também com o aprimoramento qualitativo, a melhoria do ensino-aprendizagem e a elevação do rendimento escolar.

A SME – Secretaria Municipal de Educação, nessa época, tinha o propósito da escola reassumir o seu papel como fonte de decisões educacionais, o que culminou na execução de programas de ordem pedagógica, administrativa e na criação de instituições auxiliares de educação. Para esta compreensão, havia inúmeros cursos de treinamentos e aperfeiçoamento pessoal.

Havia cinco modalidades de ensino: pré-escola, 1º Grau, 2º Grau, supletivo e deficientes auditivos.

Os recursos financeiros eram insuficientes para suprir as necessidades da escola. No compasso das "Caixas Escolares", foram criadas as Associações de Pais e Mestres (APMs).

A SME fez a opção de "desaquecer" a expansão, investiu na melhoria dos prédios já existentes, dotando-os com recursos materiais e financeiros. Galpões e prédios de madeira foram substituídos pelos de alvenaria.

A educação era a "formal" e a "não-formal", que preparava para o trabalho, por meio de cursos profissionalizantes, estabelecidos através de convênios.

Houve redução de turnos diários. O horário noturno, quando ocioso, era utilizado para outras atividades: Mobral, pré-profissionalizante, educação não-formal (datilografia, corte e costura, costura industrial, ajustagem mecânica, pedreiro).

A Educação Infantil preparava para o 1º Grau no sentido de evitar a repetência na 1ª série. Era, portanto, compensatória. Os professores trabalhavam no Planedi – Plano de Educação Infantil, com até 120 alunos por turma e nas Emeis – Escolas Municipais de Educação Infantil, com 60 alunos, reduzidos posteriormente para 50. A prioridade era para as crianças com maior idade.

Foram implantadas e implementadas as salas de leitura nas escolas de 1º Grau.

O Departamento de Ensino normatizou a montagem, a implantação e a avaliação do Plano Escolar. Na sua execução, desobrigava a escola do atendimento às solicitações que não eram concordantes com seus objetivos, mas incorporava medidas para a melhoria do atendimento.

Todos os documentos eram elaborados tecnicamente nos gabinetes. Inúmeros programas e projetos foram criados com a intenção de qualificar da melhor maneira possível a Rede Municipal, que crescia cada vez mais.

O Projeto Curumim, com convênio com a Rádio e TV Cultura, era o maior sucesso entre a meninada.

Foi criado o Setor da Memória Documental, com o intuito de resgatar o patrimônio histórico da educação municipal e também para que as administrações futuras deixassem lá o seu legado.

Inicia-se o Planejamento Educacional Participativo para descentralizar, melhorar a produtividade, articular a pré-escola e 1º Grau e integrar os serviços destinados aos alunos.

A Supervisão tinha o caráter de fazer chegar as diretrizes e normas dos órgãos centrais e também de ser o canal de retroalimentação para a tomada de decisões educacionais.

A velocidade das ações educativas era muito grande: a integração progressiva da escola com a comunidade; o aten-

1976–1985

dimento na educação infantil em período integral a crianças cujas mães estavam inseridas na força de trabalho; aulas de educação física, até no 2º estágio; programação de férias com atividades diversificadas realizadas na escola; verba de 1º escalão e adiantamento bancário para custear despesas emergenciais sob a responsabilidade dos diretores de escola. Investe-se na pesquisa e na avaliação das ações nas escolas públicas. São feitas várias publicações técnicas.

É lançada também a *Revista do Jubileu de Prata* e organiza-se uma Mostra da Retrospectiva do Ensino Municipal em diversas frentes, envolvendo grande número de participantes, em comemoração aos 25 Anos do Ensino Municipal de São Paulo.

Um problema crucial nessa época era a falta de pessoal de natureza operacional, que foi solucionado com contratações.

Foi criado o GAP/SME – Grupo de Assessoria e Participação, composto por 10 representantes de diversas categorias profissionais para analisar problemas no campo da educação, apresentar críticas e sugestões com caráter multidisciplinar para favorecer a tomada de decisão.

Os técnicos educacionais de SME elaboraram o *Relatório Quadrienal da Secretaria Municipal de Educação*, de 1979 a 1982, para dar cumprimento ao dever de informar à futura administração sobre o trabalho realizado.

A política pública de educação municipal era em grande parte constituída pelas idéias de diversos autores. Muitas programações educacionais foram construídas. O ensino seguia o método tradicional, sem integração dos níveis de ensino. Todos se culpavam, uns aos outros, série subseqüente com a anterior, pelo fracasso dos alunos.

No final dessa década, com a organização da sociedade civil, a constituinte tomou forma. Assume a administração municipal nesse contexto o prefeito Mario Covas Júnior, um participante dos movimentos pró-constituição. Há grande expectativa de ruptura total com modelos prontos, pré-elaborados em gabinete ou de autores estrangeiros.

Em julho de 1983 eram submetidas à discussão dos educadores do Ensino Municipal as diretrizes para uma política de educação – *Um início de conversa* –, documento elaborado por educadores advindos da rede. Por um lado, era como se houvesse uma luz no fim do túnel; por outro, havia uma certa desconfiança e insegurança pelo conjunto dos educadores paulistanos.

Nessa gestão houve um investimento nas relações democráticas, no atendimento à demanda, ainda reprimida; na integração das modalidades de ensino, na elaboração de propostas pedagógicas construídas através do próprio fazer dos educadores municipais. Valorizaram-se as experiências culturais, sociais e de aprendizagem para desenvolver o potencial individual, tanto do educador quanto do educando.

Os educadores foram convidados a pensar no seu próprio fazer pedagógico, apesar de Paulo Freire já ter aberto há tempos essa clareira. O exercício nessa nova ótica era difícil e doloroso.

O empenho era intenso na construção dos nossos próprios referenciais de educação.

Investe-se também nos Conselhos de Escola, de caráter deliberativo, no intuito de levar os educadores a tomarem decisões coletivas em prol do melhor atendimento aos alunos.

Eu, orie

A memória é um cabedal infinito
no qual só registramos um
fragmento. Freqüentemente,
as mais vivas recordações
afloram depois da entrevista,
na hora do cafezinho, na escada,
no jardim, ou na despedida
no portão. (...) Lembrança
puxa lembrança e seria preciso
um escutador infinito.

Ecléa Bosi

Eu, orientadora educacional

MARILZA GOMES DA GAMA E SILVA

Vocês sabem que as escolas da rede municipal de ensino já tiveram orientador educacional? Pois eu fui uma delas, e digo isso com orgulho. Até hoje me lembro dos comentários irônicos, que um dia ouvi, na sala dos professores: "Olha só, ela até parece o docinho de coco da escola, é a queridinha dos alunos, até dos mais endiabrados..."

"Acho que ela tem uma varinha de condão, para conseguir o que quer com eles".

"Que nada, acho que ela dá é um choque elétrico neles, quando vão à sua sala... É por isso que saem de lá tão calminhos..."

Acho que era pura dor de cotovelo... A verdade é que eu amava o que fazia, e estava preparada para atuar na minha função.

Freqüentara os mais variados cursos, tanto no Deplan, encarregado pela nossa formação, como fora, sempre patroci-

1976–1985

219

nados pela rede municipal de ensino. Lembro-me de um curso de capacitação que fiz no Cenafor, um centro de formação conceituado. O curso abordava técnicas de relacionamento transpessoal, baseadas em Carl Rogers, autor muito em moda naquele tempo. Foi ótimo. Aprendi a me colocar no lugar do outro, a entender a importância da empatia nas relações humanas, e isso me ajudou muito no trabalho da escola.

Outro dia, lendo Golleman, o papa da inteligência emocional, notei que algumas das suas abordagens já eram pauta de formação para os orientadores educacionais, lá no fim dos anos 1970.

No trabalho da escola, eu fazia dupla com a Assistente Pedagógica, a Tânia, que era super legal, estudiosa e dedicada. Trabalhávamos juntas, uma apoiando a outra. Eu, cuidando dos alunos; ela, dos professores, sendo que nossas atuações eram complementares. Éramos chamadas de "dupla dinâmica", numa alusão a *Batman e Robin*, seriado muito em moda na TV naquele tempo.

Eu não era efetiva como OE, sigla pela qual éramos conhecidos no ensino. Assim que terminei o curso de pedagogia, em 1979, estava louquinha para colocar em prática tudo o que aprendera na faculdade. E também queria ganhar mais, é claro. Então, me enchi de coragem e fui até o setor de Orientação Educacional do Deplan, falar com a Lélia, que eu conhecia de vista, e ver se havia vaga em alguma escola, para trabalhar como OE.

Lélia fez uma pequena entrevista, perguntou sobre minha formação e sobre a experiência que eu tinha na Rede. Sorriu quando eu disse que, desde criança, sempre quis ser professora. Notei que ficou bem impressionada quando falei que do meu ingresso, em 1971, até aquela data, tinha me dedicado à alfabetização.

Ela, então, me encaminhou para o setor de nomeação, com um bilhetinho, onde dizia, lembro-me da expressão, que eu era "muito bem vocacionada" para a função. Toda feliz com a apresentação, fui ao setor de nomeação, onde fui recebida com um balde de água fria: "Você não vai conseguir nada, se não tiver a carta de um político..."

E eu que achava que só a formação, a vontade de trabalhar e uma vaga bastavam... Fui chorar as mágoas com Lídia, mãe do Flavinho, amigo do meu filho Victor, funcionária de carreira no Gabinete do Prefeito. "Na Prefeitura é assim mesmo", disse ela. "Não tem padrinho, morre pagão... Mas você pode procurar a deputada Teodosina, que está com cartaz junto ao Prefeito, e tem nomeado muita gente".

Foi o que fiz. Pois não é que, depois da tal carta, minha nomeação saiu em três tempos? E eu que nem conhecia a tal de Teodosina...

—◦—

Para iniciar o meu trabalho no cargo, fui fazer um estágio com uma OE efetiva, a Maria Isabel, que trabalhava em uma escola próxima. Que capacidade! A escola era enorme, quatro períodos, mais de dois mil alunos, mas ela a levava nas mãos. Acompanhava o andamento de cada aluno e de cada classe, através de gráficos que atualizava com a ajuda dos professores nas Comissões de Classe, ao fim de cada bimestre.

Depois, visitava as classes, selecionando alunos que precisavam de reforço na aprendizagem, reunindo-os em grupos de estudo, que coordenava pessoalmente. A meta era não deixar nenhum aluno para trás, para que sua situação não se agravasse.

| 1976–1985

Um esquema de alunos monitores e professores coordenadores ajudava a organização das classes de 5ª a 8ª série, o chamado Nível II. As classes elegiam os professores coordenadores, assim como os monitores, que assistiam a turma nos problemas de disciplina, de relacionamento aluno/professor, de aprendizado. Quando havia aulas vagas, o que era raro, os monitores levavam até a classe atividades previamente preparadas de lazer, de cultura, livros, jogos, pois naquele tempo ainda não havia os inspetores de alunos.

Isabel, como eu mesma vim a fazer depois, promovia a Orientação Vocacional com os alunos das oitavas séries: aplicava testes vocacionais, discorria sobre as profissões, preparava os alunos para entrevistas de trabalho, visitava com eles indústrias, escritórios, linhas de montagem, apresentando-lhes o mundo do trabalho. Havia conseguido cursos de datilografia, de auxiliar de escritório, de eletricista, de ajudante geral, cujas aulas eram dadas aos sábados, por monitores do Senac. Aqueles eram tempos em que a economia crescia e o emprego não era coisa rara entre os jovens, como é hoje. Também os programas de saúde, de orientação sexual e prevenção ao uso de drogas ficavam sob a supervisão da Isabel. Ela era, e me tornei também, a amiga, a confidente dos alunos, mantendo com eles uma cumplicidade responsável, presente e firme, que lhes dava segurança e confiança. Conhecia suas famílias e dialogava com elas. Quando me lembro disso tudo, fico a pensar: será que hoje ainda é assim?

Pelo trabalho e a proximidade com os alunos, os professores e a comunidade, muitos de nós, Orientadores Educacionais, simbolizávamos a vanguarda e as relações democráticas na escola. Muitas vezes nos contrapúnhamos às decisões autoritárias dos diretores. Não podemos nos esquecer de que a ditadura, embora enfraquecida, ainda contaminava as relações, que eram verticais, de mando e obediência.

"Quem pode mais chora menos", costumava dizer D. Lourdes, a servente, com a graça de sempre, completando ao final: "e quem é inteligente obedece...". Com essas palavras, ela resumia uma época: poder, obediência, submissão.

As coisas começaram a mudar devagar, quando Mário Covas se tornou prefeito nomeado de São Paulo e instituiu o Conselho de Escola Deliberativo e que tinha entre suas atribuições a eleição dos cargos vagos nas escolas. Muitos de nós, Orientadores Educacionais, fomos, então, eleitos Diretores de Escola. Foi o meu caso.

Concorri ao cargo com a assistente da antiga diretora, que se aposentara, depois de mais de 20 anos na escola. Naquele momento, os Orientadores Educacionais eleitos Diretores de Escola pelas comunidades representávamos a esperança de democratização, que de resto era de toda a Nação. O movimento pelas "Diretas-já!" ganhava as ruas e os dias de sufoco estavam contados...

Lembro-me de ter chorado de emoção ao assistir a peça teatral que o professor Odilon apresentou com os alunos na solenidade da minha posse. Os jovens atores buscavam com afinco um tesouro preciosíssimo que se chamava liberdade e democracia. Todos diziam, em coro, ao final da peça: "o tesouro é nosso, o tesouro é nosso, o tesouro é nosso...".

Naquele tempo, achávamos que, derrubada a ditadura, nossos problemas acabariam como por encanto. Não foi bem o que ocorreu... penso eu.

Hoje, ao fazer um balanço do meu trabalho como Orientadora Educacional, vejo que fiz muito, talvez o possível, mas não o suficiente.

1976-1985

O dia em qu

O dia em que a escola nasceu feliz

MARA SÍLVIA SEABRA

Sentia há tanto tempo aquela dor que já havia me acostumado com ela. Poderia ser pior, pensava comigo mesma, se doesse o tempo todo sem parar. Lembrei-me de que até aquela hora, a melhor hora do meu dia, as juntas dos meus dedos ainda não tinham dado "o ar da sua graça". Voltei a olhar para o meu neto com as bochechas cada vez mais vermelhas: toda vez que o balanço subia ele gargalhava de felicidade. Recostei-me naquele banco de madeira, dentro do parquinho, aonde ia todo o final de tarde espairecer com o menino. Enquanto ele brincava, aproveitava aquela hora para visitar minhas lembranças.

Já não me lembrava mais da pergunta que Sueli me fizera. Sueli, era esse o nome da mulher que havia sentado junto a mim no banco. Ela veio logo se apresentando e puxando conversa. Agora, ela estava falando de novo: "Então, a senho-

1976–1985

ra conhece bem o ensino dessa escola? As professoras puxam bastante?" Sim, era essa a pergunta que eu não tinha atinado e que tinha mexido comigo. Eu me senti entrando numa máquina do tempo, só que ao invés de ir para o futuro, o tempo foi voltando pra trás.

<hr />

Me vi na cozinha daquela escola, preparando aqueles panelões de comida para toda aquela criançada! Eu gostava do que eu fazia. Eu só achava ruim carregar aqueles panelões de lá para cá. Lembro que no tempo do diretor João Carlos, o que mais a gente escutava na escola eram berros. Berros de tudo quanto era lado. E, às vezes, nem eram berros, mas aquele homem falava tão alto que parecia estar sempre gritando. Eu já o conhecia, desde o tempo que era professor dessa mesma escola. Ele já tinha dado aula para o meu filho na 4ª série. Sinto meu sangue ainda ferver quando penso na história que aconteceu com meu filho, na sala de aula.

Estava fazendo a janta, quando meu filho chegou da escola muito calado, cabisbaixo. Quando quis saber o que tinha acontecido, disse-me qualquer coisa e foi correndo para o quarto. Ele nunca tinha sido assim. Era um menino alegre, conversador, sempre rindo. Perguntei outras vezes, mas ele nunca respondeu. Então, uma vizinha minha, mãe de um coleguinha do meu filho, foi à escola conversar com esse professor na hora da aula e disse que viu uns meninos de costas para a classe com as pernas afastadas e os braços estendidos segurando a lousa da parede, só com três dedinhos das mãos. Ela disse também que um dos meninos parecia muito com o Glédistom, que é o meu filho. Eu acho que devia ser o Glédistom porque ele ficou muito diferente depois daquele dia. Eu não sei dizer se eu fiquei com mais vontade de chorar ou se fiquei com mais vontade de matar aquele desgraçado por ter feito tanto mal pro meu menino!

Naquela época, fui falar com o diretor da escola. Ele me escutou com bastante atenção. Mas, não deu em nada. Eu só sei que, um belo dia, aquele professor dos virou o diretor da escola! Ele e todos os amigos dele ficaram com todos os cargos: ele ficou diretor, a mulher dele, que as professoras chamavam de primeira-dama, ficou com a parte vocacional, outra amiga dele ficou com a parte pedagógica. Ele deu ainda o cargo de assistente de diretor, como se fosse um substituto dele, que fica no lugar dele quando ele não está na escola, para uma outra amiga. Até na sala de leitura, que também tinha uma professora para tomar conta e ler histórias para os meninos, acabou botando uma amiga dele.

Diziam que ele tinha ganhado o cargo de diretor porque o novo delegado de ensino, um tal de Jonatas, era muito amigo dele. Acho que é que nem aquele ditado: "Quem tem padrinho não morre pagão".

Nessa época é que havia os berros. Da cozinha eu ficava escutando ele gritar com os alunos na hora do recreio. Devia achar que esse era o jeito certo de impor respeito, de mostrar que ele era a autoridade naquela escola. E não era só com os meninos. Uma vez, vi ele gritando até com uma professora. Eu não sei o que ela tinha feito, mas a gente não trata assim nem cachorro.

Eu ainda me lembro de quase todos os rostos das professoras que davam aula no período em que eu trabalhava. Eu gostava de quase todas elas. Tinha uma ou outra com o nariz empinado que tratava a gente como empregada delas. Achavam que nós, da cozinha, tínhamos obrigação de esquentar a marmita que elas levavam naquela hora certinha, e nunca agradeciam. Essas professoras estavam sempre de cara amarrada, nunca cumprimentavam a gente. Parecia que nós éramos invisíveis ou que não havia muita diferença entre as panelas, os pratos, os talheres e a gente. Ainda bem que eram poucas as professoras desse jeito. Consigo até escutar a voz de uma professora de quem eu gostava muito. Era a Dona Sílvia. Ela não admitia que o diretor gritasse com seus alunos. Dizia que, se alguém tivesse que chamar a atenção de seus alunos por alguma coisa errada, essa pessoa seria ela e o que seus alunos menos precisavam na vida, eram de gritos. Ela era muito corajosa, defendia seus alunos como uma mãe defendendo sua ninhada.

O diretor não se metia a besta com ela, não. Parecia até que tinha medo dela. De uma vez, ela me contou que o diretor ligou para a casa dela perguntando se uma 4ª série estava bom para ela. Naquele tempo, eu sei que os professores só podiam escolher o período para trabalhar, a série quem escolhia era o diretor. Eu acho que isso não estava na lei porque em uma outra escola, vizinha da nossa, os professores escolhiam a classe que queriam. A Sílvia era muito minha amiga, sempre conversava comigo quando dava. Ela me contou que chamou todas as professoras da 1ª série e falou que o João Carlos tinha lhe oferecido a tal classe de 4ª série. Disse que não achava isso justo porque havia professoras que todo ano pegavam 1ª série e já estavam cansadas, queriam trocar um pouco e que ela iria abrir mão da sala para ficar com uma 1ª série, desde que elas se organizassem e fizessem um rodízio entre elas. Como elas não chegaram a um acordo, a Sílvia continuou com a sala dela de 4º ano e as outras professoras continuaram com as suas classes de alfabetização. A diferença era que agora elas tinham se dado conta de como as coisas funcionavam. E começaram a ficar revoltadas.

Me lembro de um outro rosto. É um rosto simpático. Seu nome vem junto: Jair. Vivia brigando com o João Carlos. Ele dizia que o clima na escola era muito tenso, que ele precisava tomar cuidado para não levar o autoritarismo da direção para dentro da sua sala de aula. Vivia também cobrando as reuniões do Conselho de Escola, que nunca aconteciam.

A Sílvia me contou que foi uma palhaçada a eleição do Conselho de Escola. Como estava na lei, o diretor tinha que eleger representantes dos professores. Então, na hora do recreio, ele entrou na sala dos professores e perguntou quem queria se candidatar. Ela disse que levantou a mão junto com outras duas professoras. Ele fez a votação perguntando quem votaria nela, depois quem votaria na outra e depois na outra...

Uma professora levantou a mão várias vezes para votar em candidatas diferentes. Sílvia achou estranho e questionou se aquele era o jeito certo de votar. Ele então, rindo, disse que eles estavam numa democracia e todo mundo poderia votar quantas vezes quisesse, em quantas candidatas quisesse.

Eu sempre dizia para Sílvia que se eu estivesse no lugar dos professores, faria uma reunião com aqueles que não gostavam dele e botava o homem pra correr da escola. Afinal, ele não era concursado e, de acordo com a maioria, estava "deixando a desejar no desempenho de suas funções". Essa era uma frase dele mesmo, que ele adorava usar a torto e a direito. Sílvia me dizia que fazer isso não era fácil como parecia, porque ele era amigo do Rei e vivia puxando o saco dele.

Lembro que aí mudou o prefeito. Nesse ano, em 1982, ainda não havia eleição direta. Eu sei que o Mario Covas entrou no governo com um mandato tampão, como prefeito biônico. Era assim que a gente chamava quem não era eleito. O bom disso tudo é que também trocou o delegado de ensino e o diretor ficou "órfão". Parecia que os professores estavam ficando cada vez mais insatisfeitos de trabalharem naquela escola. Não havia um dia que terminasse sem uma confusão, sem uma briga. Eu nunca tinha visto tanto bate-boca na minha vida. Era professora brigando com professora, professora brigando com aluno, aluno com aluno. Estava um verdadeiro inferno! Eu penso que a artrose que tenho e que deformou meus dedos começou por conta disso tudo. Não, eu não quero pensar na minha doença agora.

Quero continuar revivendo. Estou em 1984. Era no início do ano, antes de começarem as aulas, quando acontecem aquelas reuniões pedagógicas para os professores saberem o que ensinar para os alunos. Todos estavam reunidos no pátio da escola. Todos mesmo: até nós, as merendeiras, as serventes, os vigias, com todos os professores e toda a equipe do diretor. Tinha uma senhora japonesa em pé, explicando porque ela estava fazendo aquela reunião. Eu me sentei e comecei a prestar a maior atenção no que ela estava dizendo.

Ela era a nova delegada de ensino e estava falando que iria haver eleição na escola para todos os cargos vagos, no meu entender, para aqueles cargos ocupados pelos amigos do diretor. Continuou dizendo que, no final do ano, o diretor e toda a sua equipe tinham comparecido ao seu gabinete e entregado os cargos à disposição. Muito séria, disse que não podia ir contra a vontade daquele grupo e tinha aceitado de imediato o desligamento de todos eles. Em seguida ela apresentou uma senhora baixinha, gordinha, muito simpática e com um sorriso gostoso e disse que ela ficaria na escola como diretora até a eleição do novo diretor. Eu gostei dela logo de cara. O jeito dela era tão diferente do diretor. Fiquei pensando se ela não iria desistir depois de um tempinho porque não era nada fácil dar conta daquele colosso de escola sozinha.

A partir daquele dia, senti que as pessoas estavam mais tranqüilas, pareciam mais aliviadas. Eu não tinha entendido por que o João Carlos tinha feito aquilo, sei que ele queria muito continuar como diretor. Aí, a Sílvia me explicou que tinha acontecido como aquele ditado: "O tiro saiu pela culatra". Ela disse que ele "fez o que fez porque achava que a delegada fosse pedir, quase implorar para que ele e a equipe dele continuassem no cargo". E aí, eles ficariam "por cima da carne seca", como se diz na minha terra. Só que ele caiu do cavalo. Realmente é muito complicado começar as aulas só com os professores e as serventes, sem ninguém na secretaria. Sílvia, toda contente, contou que, naquele dia, na avaliação da reunião, ela escreveu que "finalmente havia entrado uma lufada de ar fresco naquela escola". Eu achei tão bonito que decorei a frase toda.

Um dos mistérios que eu vejo na vida é ela mudar de uma hora para outra. Com a escola aconteceu isso! Nem parecia a mesma! Todo mundo ajudava no serviço da secretaria! Parecia que sabiam direitinho o que era preciso fazer e, depois das aulas, alguns professores ainda ficavam atendendo pais ou datilografando algum documento que a delegacia pedia.

Essa mulher que ficou como diretora, não parava um minuto, estava sempre conversando com algum pai, com alguma professora, resolvendo um problema aqui, outro ali.

Daí começaram a aparecer candidatos para todos aqueles cargos. Eles iam às reuniões de pais e professores e às reuniões do conselho para explicar o que iriam fazer pela escola se a gente votasse neles. Para a função de diretora havia duas candidatas: uma, que era professora da escola, e a outra, a que a delegada colocou no lugar do João Carlos. Eu gostei mais da proposta da diretora substituta porque ela prometeu que, se

1976–1985

ganhasse, iria obedecer o que ficasse combinado nas reuniões do Conselho de Escola. A Sílvia me explicou que ela iria tornar o Conselho de Escola DE – LI – BE – RA – TI – VO. Eu não entendo muito dessas coisas, mas acho que é muito melhor ter várias cabeças pensando sobre alguma coisa do que uma só. A escola ficou coberta com propaganda dos candidatos, os alunos escreveram porque se deveria votar neste ou naquele outro professor. Teve debates com os candidatos, igualzinho aos que têm hoje na televisão. Eu nunca tinha votado para nada na minha vida e achei aquilo tudo muito bonito. Chegou o dia da votação e foi uma festa! Todo mundo votou: todos os alunos da escola da 4ª série para a frente, todos os professores, todos os funcionários e mais todos os pais de alunos da escola. Eu me lembro bem do tal Comitê Eleitoral que foi montado para organizar e fiscalizar a eleição.

No final, a diretora substituta ganhou a eleição e continuou a dirigir a escola, com a diferença de que agora ela não estava mais sozinha. Contava com uma equipe que também tinha ganhado a eleição, com os votos de toda a comunidade escolar.

No lugar dos gritos do diretor, comecei a escutar a risada e a cantoria das crianças. Eu sempre achei que a escola tem que ser um lugar gostoso, aonde a gente goste de ir, porque aprender já não é fácil...

A gargalhada alta do meu neto me trouxe de volta àquele banco duro. Me aprumei de novo. Minhas juntas tinham começado a doer. Me dei conta de que Sueli olhava para mim ansiosa, esperando minha resposta. Virei-me para ela e respondi:

– Eu conheço bem o ensino dessa escola porque meu filho estudou nela desde o prezinho até o ginásio. Depois fez faculdade, se formou e tudo. Agora é o meu neto que está estudando lá, na 1ª série. Os professores puxam bastante pelo raciocínio dos meninos, fazem pensar. Se você colocar seus filhos nela, não vai se arrepender. Antigamente não era assim, mas agora é uma escola muito boa.

Despedi-me prontamente de Sueli antes que ela me fizesse mais perguntas. Com algum esforço, levantei-me e fui ao encontro de meu neto. Já era tarde.

O sol continuava na sua trajetória milenar naquele céu límpido de outono, rumo ao seu descanso diário, cada vez menos intenso, cada vez mais baixo.

1976–1985

Realidade sem filtro
APARECIDA BENEDITA TEIXEIRA

O dia estava chuvoso e frio naquele agosto de 1977. Sentia uma vontade de ficar bem agasalhada e quentinha na cama, mas não podia perder meu primeiro dia de trabalho na escola que eu nem sabia direito onde ficava.

Apressadamente, como uma paulistana adaptada, coloquei uma roupa especial para o evento: uma calça pantalona lilás, uma blusa branca de bolinhas da mesma cor, salto plataforma super alto, uma bolsa preta bem grande e meus óculos escuros grandes com armação branca. Apesar da chuva, poderia causar uma impressão melhor. Mais uma olhadela no espelho e, me achando maravilhosa, me pus a caminho. Levava comigo, feito relíquia, o memorando que a minha tia Nair havia conseguido para mim. Com ele estaria garantidamente contratada.

1976–1985 235

Ele significava um outro rumo que eu não sabia onde ia dar. E que rumo...

Quando estava próxima do meu destino, bem do alto via a escola lá embaixo, novinha, bonitinha, pintadinha, rodeada de muita lama, sem ruas asfaltadas, sem acesso, com esgoto por todo lado, com animais magrelos pelas ruas de terra, "gatos" de água e de luz, barracos e mais barracos, gente muito esquisita e diferente. Bem diferente dos pobres que conhecia na minha cidadezinha do interior.

Aquela realidade se apresentou sem nenhum filtro diante do meu olhar estarrecido. Valha-me, Nossa Senhora! Fico ou vou? Vá. Para onde? Para a escola ou para casa?

Antes da "confirmação" da resposta, uma criança de olhar desconfiado ali parada me perguntou:

– Vai ficar, professora?

Antes que eu respondesse novamente, senti que meu coração já tinha seguido para a escola. Mas meu pensamento me perseguia e relutava contra tudo aquilo.

Com muito custo, achei o caminho que ia dar na escola, a princípio, um oásis no meio do caos. Fui recebida pelas poucas serventes e pela diretora com um sorriso sincero de boas e esperadas vindas. A diretora se vestia, impecavelmente, com um blazer branco, calça comprida e sapatos azul marinho. O seu perfume exalava pelo ar. Tinha uma maquiagem muito suave. Era bonita por dentro e por fora. Utilizou-se de palavras leves para me explicar que ali, apesar da realidade que eu tinha visto, do uniforme obrigatório que eu deveria usar na cor azul e branco, de ter de trabalhar todos os sábados, poderia ser muito feliz profissionalmente. E que os quase 60 pares de olhinhos que estavam para chegar nos próximos dias estariam esperando felizes por mim todos os santos dias.

Saí de lá com vontade de desistir, como algumas outras fizeram. Eu não sabia o que fazer naquela comunidade. Fui preparada no magistério para outras realidades: famílias estruturadas, filhos obedientes e limpos, pessoas cultas, interessantes e interessadas, com poder aquisitivo para proporcionar outras atividades complementares à escola, como a música, a dança, o teatro, a natação, o inglês.

O conflito foi se mantendo por um bom tempo, sendo amenizado pela presença tranqüila e firme da diretora, pelos cursos de treinamento que ensinavam muitas técnicas a serem trabalhadas com os alunos em música, artes, matemática, linguagem, higiene, coordenação motora fina e ampla, pela união das colegas Fernanda, Teresa, Cida, Odinéia, Lídia, Maria Alice, Elvira, Yara, Juraci e Albertina, que estavam começando ali, como eu.

Para aquela situação, o melhor remédio a ser tomado e retomado seria o tempo. E assim foi feito.

Devagarinho o tempo passou. Um... dois... três... quatro anos e com ele as minhas percepções também foram mudando...

Cada dia era um grande desafio para aqueles alunos da educação infantil, tão pequenos, tão heróis: vencer a fome, lidar com a morte nas várias facetas, com o tráfico, com o roubo, com as condições sub-humanas a que eram submetidos ao revés da vida de todos nós.

Nesse mundo a escola era a coisa boa, apesar de ser tão destoante daquela realidade.

O ensino era tradicional com métodos prontos. Estava voltado para a prontidão da alfabetização. O mimeógrafo da escola funcionava a todo vapor. Muitas professoras tinham o seu "aparelho" para fazer, até em casa, as várias atividades que seriam dadas na semana. Não havia tempo a perder. Não havia muito questionamento a fazer pois acreditávamos que a instituição escola sa-

1976–1985

bia tudo e seria a salvação para aqueles migrantes, que chegavam como chuva fina e explodiam a demanda na periferia.

A dificuldade estava na falta de verbas para ser usada na própria escola, de material didático e de limpeza. E no grande número de alunos por sala de aula, motivo este para várias e intermináveis reclamações. Para solucionar o problema, a administração municipal criou a monitoria com mães. Não era raro alguns irmãos adolescentes comparecerem para substituir suas mães diante de impossibilidades emergenciais. Poucas experiências deram certo. Além dos alunos, acabava por tomar conta do adolescente, da mãe monitora que só tinha olhares para o seu filho e que, às vezes, espalhava opiniões de todas as ordens no portão, causando um rebuliço danado. Um Deus-nos-acuda!

Certa vez montamos uma campanha para melhorar a higiene pessoal da comunidade escolar. Isso porque era freqüente vermos os piolhos fazendo malabarismos nos fios de cabelos dos pais e dos seus filhos. O pouco dinheiro que possuíam não dava para comprar o remédio e nem adquiriam, gratuitamente, nos postos de saúde da região. Não havia medicamento para todos. O que fazer? Decretamos guerra aos malditos bichinhos que infestavam até as cabeças das professoras. Valia tudo para combatê-los: mutirão, pente fino, receita de avós, cabeça raspada. Não é que deu certo?

A matemática era vivenciada pelos alunos quando contavam lá do pátio, olhando para o morro, as ratazanas que chegavam e que saíam debaixo dos barracos. Operações perfeitas de adição, subtração e de multiplicação. Que matemática!

O Pedro, um aluno nordestino, dava exemplo de física. Corria, com maestria, em cima do muro, para desespero da equipe escolar, exibindo força, equilíbrio e velocidade.

O Daniel era um adolescente, tipo menino mau, que saltava o muro da escola com um trintaoitão nas mãos, carregado até a boca, se achando um rei e com a certeza de que ia resolver os problemas do mundo. Mas o mundo acabou com ele que nada tinha: formação familiar e escolar, acesso à cultura e ao lazer. Este último tinha sido roubado pelo governo municipal para construir a escola, bem em cima de seu campinho alagadiço de futebol.

Muitos comemoraram a sua morte, mas dentro de mim ficou um sentimento de perda imensa e irreparável pelo filho de uma Pátria que não zelou por ele e que geraria outros e outros Daniéis.

Aquela gente que a gente da escola achava que ia aprender pela transmissão de conhecimentos nos deu uma lição de vida, dignidade, coragem, garra, persistência que levo comigo pela vida afora.

Aquela escola tinha, realmente, mais a me ensinar do que a aprender comigo.

Bendita a decisão daquele dia chuvoso e frio!

A primeira greve o

A primeira greve a gente nunca esquece

MARA SÍLVIA SEABRA

Só o ônibus da CMTC passava em frente à escola, pelo trajeto recém-asfaltado. O outro, que eu tomava na Avenida Santo Amaro, perto de casa, me deixava ao pé do morro. Daí, das duas uma: ou enfrentava a subida íngreme, passando pela entrada da casa de muitos de meus alunos para chegar até a escola, ou me punha a esperar o tal ônibus azul e branco, na beira do caminho. Em uma dessas manhãs, iguais a tantas outras, já cansada de tanto esperar pelo ônibus que nunca vinha, iniciei resignada a escalada, pensando no que estava por vir.

A greve de professores estava programada para acontecer na semana seguinte e, em uma das inúmeras reuniões ocorridas para prepará-la, deliberou-se que os pais de alunos deveriam ser chamados por nós, professores, para serem informados do porquê da nossa paralisação futura.

1976–1985

Não sabia ao certo como agir em relação aos pais dos alunos, para tê-los como nossos aliados, quando a greve estourasse, deixando seus filhos sem aulas. Era o segundo ano em que estava lecionando na rede municipal de ensino e nunca havia participado de nenhuma greve na minha vida. Eu e mais outra professora da escola assumimos a responsabilidade de "parar" o primeiro período da escola. Quer dizer: de fazer os professores desse período inaugurarem a greve nessa escola, para estimular a adesão dos outros três períodos e declarar a escola toda em greve. E isso era importante para dar "força" para as outras escolas entrarem também em greve, para não se sentirem "sozinhas".

Nessa época, dávamos aulas também aos sábados e, , num deles, terminada nossa jornada docente, espalhamos vários cartazes pelas imediações da escola chamando os pais de alunos para uma reunião no dia seguinte, domingo, em frente aos portões fechados da escola. Apesar de nosso empenho na elaboração e distribuição dos cartazes, estávamos insatisfeitas com a divulgação, por assim dizer, da nossa reunião. Pensamos em entrar em contato com o padre da comunidade para nos ajudar nessa tarefa. No sermão da missa de domingo, ele poderia dizer algo a respeito da importância da participação dos pais na vida escolar de seus filhos e lembrá-los da nossa reunião. Ainda estávamos pensando na melhor forma de abordarmos essa questão com o padre, quando escutamos um megafone altíssimo anunciando batatas para vender. Corremos para o caminhão e o motorista, sensibilizado com nosso problema, deixou a gente anunciar para toda a comunidade do Jardim Ângela a nossa reunião.

Para sermos justas e não querendo abusar da boa vontade do moço, nós nos revezávamos. Encarapitadas na boléia do caminhão, ele anunciava as batatas baratas dele e nós anunciávamos a realização de nossa reunião.

Estaria mentindo se dissesse que houve um comparecimento maciço por parte dos pais dos alunos. Por outro lado, diria que o número de pais presentes, principalmente por se tratar de um domingão, que ainda não era o do Faustão, foi bastante significativo. Eles nos escutaram atentamente e fizeram as perguntas que mais tarde, com maior experiência na carreira docente, percebi serem as de "praxe": quanto tempo seus filhos iriam ficar sem aulas; se as aulas iriam ser repostas; se seus filhos iriam repetir de ano por conta da greve...

É claro que, além de explicitar os porquês do nosso movimento e conscientizar os pais sobre a importância de nossa paralisação, esperávamos contar com o apoio deles para não enviarem seus filhos para a escola. Com uma escola mais vazia é um pouco mais fácil, acreditava eu, não dar aulas. Com o que eu não contava, e descobri da pior maneira possível, era com a ascendência que tinha a diretora da escola sobre os professores.

Estávamos no ano de 1978 e, apesar da chamada "distensão", ainda vivíamos uma época de restos de ditadura. Uma coisa que nunca me acostumei até hoje, aposentada, tendo vivido 26 anos de educação pública, é a utilização, até hoje, da expressão: "meus/minhas" pelas diretoras em geral, para se referirem tanto aos professores da escola – "meus professores" – quanto às agentes da escola – "minhas agentes escolares" – ou à equipe técnica da escola – "minha equipe técnica" – ou mesmo à escola – "minha escola" – ou o que quer que ela contenha, como um sentimento de posse muito distante de um sentimento afetivo, como pode parecer à primeira vista.

Acho que naquela época era isso mesmo: não éramos funcionárias públicas municipais, exercendo o cargo de docentes em uma escola pública, voltada para a educação de crianças e jovens. Muito longe disso: pertencíamos à diretora, como tudo mais. Não tínhamos vontade própria. Era como se todos os funcionários tivessem um cabresto e fossem conduzidos a bel-prazer pelos ditames da diretora. Ela mandava do alto do seu Olimpo e a nós, pobre mortais, só nos restava obedecer.

Finalmente chegou a tão temida segunda-feira, dia do início da primeira greve municipal de educação. Diga-se de passagem que ainda não havia a Constituição de 1988 e os funcionários públicos municipais eram proibidos de fazer greve.

Nosso horário de chegada à escola, desde que havíamos mudado para a escola de alvenaria, era às 6h45. Naquele dia, havia chegado mais cedo ainda para sentir como estavam as coisas... Sentia-me totalmente só e com um peso enorme nas costas. A professora que estava junto comigo até então pertencia ao segundo período e só viria bem mais tarde.

Iniciei uma conversa na sala dos professores e percebi que muitos deles estavam totalmente por fora do que estava acontecendo. Comecei dizendo das nossas reivindicações e da importância de tirarmos juntos uma decisão sobre a greve. Sentia que alguns estavam muito indecisos, mas que outros já se animavam a aderir à paralisação. O ambiente parecia estar se descontraindo, os professores começaram a colocar o que achavam sobre a greve: uns tinham medo do desconto no seu salário por acumularem cargo só na prefeitura, outros temiam ser despedidos por estarem no estágio probatório.

Num dado momento, senti que todos se calaram e um silêncio sepulcral baixou sobre todos nós. Quando me virei, dei de cara com a diretora lívida fincada na porta. Com voz exasperada falou num tom bem mais alto do que o habitual:

– O que os senhores ainda estão fazendo que não foram buscar as crianças há tempos esperando lá embaixo?

Nessas alturas é preciso um esclarecimento: quando foi construída a escola nova de alvenaria, em substituição à velha de madeira, colocaram três patamares, por assim dizer, por conta do terreno em declive. O primeiro, no alto, abrigava a parte administrativa, incluindo a sala dos professores, onde estávamos. No segundo ficavam as salas de aula e, no último, o pátio, a cozinha e o refeitório da escola, onde os alunos diariamente formavam filas para entrar nas salas.

Olhei para o rosto dos meus colegas e parecia que todos estavam petrificados de medo. Eu mesma não estava com toda essa coragem, mas não sei como consegui dizer num sussurro de voz que "estávamos deliberando sobre a greve".

Não lembro ao certo o que ela respondeu. Imagino que deva ter ficado indignadíssima. Só lembro que ela, aparentando ignorar o que eu havia dito, com uma voz forte e segura e que não dava mostras do que lhe passava no íntimo, retrucou:

– Eu vou tocar novamente o sinal e quero que todos vocês desçam para pegar as crianças e se dirijam para suas salas de aula.

Novamente, não sei como, valendo-me de um último fiapo de coragem, disse-lhe com voz já trêmula que queríamos um tempo para decidir se iríamos ou não aderir à paralisação.

Para meu espanto, ela concedeu cinco minutos, findos os quais seria tocado novamente o sinal e deveríamos assumir nossas classes.

Naquele momento, olhando para meus colegas percebi que só eu havia me mantido "viva". Todos estavam de corpo presente, mas parecia que suas almas haviam sido aprisionadas. Sentia que a greve estava por um fio e não adiantava muito partir para um convencimento racional. Não sei de onde me veio a inspiração, mas depois de insistir muito no respeito que deveríamos ter em relação às decisões tiradas no coletivo, propus um sistema de votação em que os professores contrários à greve deveriam se levantar e os favoráveis deveriam permanecer como estavam, sentados, em suas posições.

Lembro bem de ter escutado o sinal tocar várias vezes e das constantes vindas da diretora à nossa sala. De cada vez ela nos ameaçava de forma diferente: de que iríamos perder o emprego, de que muitos de nós estávamos no estágio probatório, de que ela tinha certeza de que muitos estavam sendo levados por um ou outro professor subversivo, de que tínhamos que pensar na nossa responsabilidade em relação às crianças que nos esperavam e que não poderiam ser dispensadas, e por aí afora.

Apesar de todas essas imprecações, os professores não arredaram pé, quero dizer, não arredaram o traseiro da cadeira e se mantiveram firmes na sua decisão.

Para os outros períodos, a situação ficou mais fácil. A pressão recebida por parte da diretora foi bem mais branda, e a escola toda acabou aderindo à greve.

Já não tenho mais certeza de que tenha sido a primeira greve do Ensino Municipal, mas com certeza foi a primeira greve da EMEF "Oliveira Viana". E a primeira vez a gente nunca esquece.

A gente era feliz e sabia

DINAH MARIA BARILE

É ramos amigas inseparáveis. Mesma idade, mesma profissão, três personalidades marcantes... porém muito diferentes. Talvez justamente por sermos tão distintas no modo de encarar e de levar a vida é que nossa amizade tenha se estreitado tanto. Dizem que os opostos se atraem.

Acontece que, logo de início, notamos coincidências incríveis em nossas vidas, dessas que nem parecem ser obra do acaso e sim do destino. Tudo começou com o Concurso Público para Professores da Prefeitura Municipal de São Paulo no ano de 1976.

Alicia, Beatriz e eu não nos conhecíamos até sermos aprovadas no concurso e escolhermos a mesma escola para lecionar. Pura coincidência, é claro, pois só fomos nos encontrar no primeiro dia de exercício do cargo, numa escola bem longe, lá em Guaianases.

A primeira coisa que notamos é que morávamos, as três, no ABC Paulista. Outra coincidência: cada uma morava na cidade cujo

1976–1985

nome começava com a primeira letra de seu nome. Assim, Alicia morava em Santo André, Beatriz em São Bernardo e eu, Clarice de Assis, em São Caetano do Sul. As três com 19 anos. E mais: havia três classes vagas de 2ª série que nos foram atribuídas pela diretora.

A identificação foi plena e imediata e ali nasceu uma grande amizade que foi se consolidando a cada dia. A relação extrapolava os limites dos portões da escola, uma vez que, solteiras, procurávamos uma à outra, para desfrutarmos juntas os momentos de folga e lazer.

Os anos foram seguindo e nada nos separava; quanto mais o tempo passava, mais fortes se tornavam os laços daquela amizade. O bonito de se ver é que a personalidade forte de cada uma permanecia inalterada, sem que nenhuma precisasse fazer concessões ou renúncias para seguir ao lado das outras.

Isso ficou bem claro no ano de 1980, quando o antigo Montepio passou a chamar-se Iprem, órgão que administrava o dinheiro recolhido dos servidores da PMSP e que começou a emprestar dinheiro aos funcionários, a juros baixíssimos, sem que eles precisassem justificar os motivos pelos quais estavam tomando dinheiro por empréstimo.

Foi exatamente nesse momento que ficou evidente a característica pessoal de cada uma de nós. Não se falava de outra coisa que não fosse o tal empréstimo. Esse era o assunto de todas as rodas de servidores.

Alicia, a mais negociante das três, que via longe as possibilidades de lucros, foi a primeira. Num belo dia, durante o recreio, disse-nos sem papas na língua:

– Meninas, já decidi. Vou solicitar empréstimo no Montepio e colocar o dinheiro na poupança. Assim, quando tiver os rendimentos, que serão maiores do que o que vou pagar de juros, sairei lucrando.

Beatriz ficou um pouco pensativa e logo manifestou-se que talvez fosse uma boa idéia, mas ainda teria que pensar mais antes de ter uma opinião formada. No entanto, embora respeitando a decisão de minha amiga e até achando graça de seu jeito empreendedor, fui logo dizendo que isso não era para mim, que não tinha perfil para essas coisas.

O tempo foi passando e também mostrando os caminhos que percorremos e as conquistas que obtivemos.

Alicia progrediu muito financeiramente. Foi um empréstimo atrás do outro, lucros seguidos de lucros, que a levaram a investir em jóias para vender. Formou uma considerável clientela, inclusive nós, suas duas melhores amigas. Éramos compradoras assíduas. Essas vendas ajudaram muito na aquisição de sua primeira casa própria, até conquistar, nos dias de hoje, um considerável patrimônio em propriedades.

É bem verdade que Alicia foi uma grande visionária dos negócios, mas não se pode negar que sempre foi uma trabalhadora incansável. Dava aulas com muito empenho, assumia cargos em comissão, enfim, pouco dormia e muito batalhava.

Voltando às conquistas de cada uma, lembremos de Beatriz, aquela que ficou com a pulga atrás da orelha com relação ao empréstimo. Seu sonho tinha outros tipos de raízes, que não se prendiam ao financeiro, mas sim à beleza, à estética. Sempre sonhara diminuir o tamanho dos seios, que considerava grandes demais para a sua estrutura. E por que não? Não precisava dar satisfações a ninguém...

Consultou um bom cirurgião plástico e solicitou seu empréstimo. Nunca havia se sentido tão bem! Quando retornou ao trabalho, após a cirurgia, estava linda e foi logo notada por todos. Olhando-nos com um jeito sapeca, só conseguiu dizer:

– Amigas, como é bom podermos realizar nossos sonhos! Santo Montepio!

| 1976–1985

O tempo foi passando e Beatriz continua, até hoje, nos dando mostras de que é muito corajosa e que sempre corre atrás dos seus sonhos. Depois que teve os filhos já fez plástica na barriga e por duas vezes colocou fio russo no rosto. Ainda trabalha com afinco, mas em sua agenda diária sempre há espaço para o seu crescimento pessoal.

Bem, nessa história ainda resta falar sobre mim, que não quis fazer uso de nenhum empréstimo. Sempre acreditei que podia dar conta de minhas necessidades, de acordo com meu orçamento. De lá para cá, tenho trabalhado muito duramente, quase sem descanso, pois continuo na ativa e ainda acumulo trabalho voluntário e religioso; sinto-me uma pessoa muito amada e respeitada por todos. E, ao contrário do que se possa pensar, também realizei-me profissional e financeiramente. Isso nos mostra que não importa o tipo de personalidade que se tenha, mais ou menos arrojada, o que vale mesmo é trabalhar sério e honestamente, pois sempre haveremos de chegar a um bom termo de nossos ideais.

A nossa história, das amigas Alicia, Beatriz e Clarice, não terminou por aí. Permanece viva até hoje. Sempre nos encontrando. Freqüentamos as famílias umas das outras e continuamos falando de escola. Todas nós temos um cargo aposentado e outro na ativa. Alicia é diretora de escola, Beatriz é sindicalista e eu ainda sou professora.

Nesses encontros, o centro dos assuntos é sempre o mesmo: podemos trilhar nossas vidas por diferentes caminhos e, para isso, sempre faremos escolhas, mas quem escolhe a Educação é como se escolhesse a cachaça – é difícil de largar.

E, entre muitas gargalhadas, sempre nos lembramos de uma frase da música que ilustra bem aqueles tempos do começo, mas que ousamos modificar: "a gente era feliz... e sabia".

Andando na linha do tempo

ALAIRSE VIVI

Raquel costumava receber suas correspondências, separá-las por ordem de assunto e ler as que considerava urgentes. As outras, para uma leitura com mais vagar, dos jornais de associações, sindicatos, entidades de classe, colocava na última gaveta. Naquele dia, resolveu começar a leitura pelos jornais dos sindicatos, pois eles já lotavam a gaveta.

Começou pelo último exemplar que chegara, novinho em folha. Era de um sindicato da educação do Município.

Lendo a primeira página, deparou com a chamada: "Eleições para o próximo mandato 2006 a 2009". Ficou surpresa: "Meu Deus, já se passaram tantos anos! Parece que foi ontem que fui votar e encontrei tanta gente que não via há tempos, uma festa!"

Pensando bem, este dia deveria ser obrigatório para todos os filiados. A manchete poderia até ser assim: "Venha votar, reveja seus amigos e faça novos". Seria unir o agradável ao político. Não deixaria de ser uma festa cívica.

Raquel riu sozinha e voltou para a leitura, agora já voltada também para o passado. Diz para si mesma: "Há sempre o que lutar, a luta continua. É um velho e novo jargão".

Suas lembranças vinham como *flash*. Lembrou-se de que, desde a época das lutas estudantis, sempre estava metida em alguma delas. Ao iniciar o seu trabalho na prefeitura, não foi diferente: logo entrou para a associação que representava os educadores municipais e começou a participar ativamente.

Ao iniciar seu trabalho na prefeitura, não sabia muito da sua estrutura, embora tivesse estudado para o concurso. Agora, na prática, era diferente. Era preciso entender os meandros da lei. Quantas experiências duras teve que viver para entender isso. Chegou a perder a primeira promoção, porque não sabia das exigências da tão rigorosa lei. Contudo, tinha que admitir: aquele tempo deixara saudades.

———◦———

"Ah! Mas que tempo bom! Lembro-me da minha primeira escola, da equipe toda, da diretora, dos almoços comunitários. Lembro-me de como minha diretora era elegante e eu sempre brincando com ela, dizendo que ela parecia sair das páginas da *Burda Elegante*, aquela revista tão *chic*. Isso, sem falar dos seus sapatos Luiz XV e da sombrinha combinando com a capa de chuva, de gabardine esverdeada.

Ah! O Ensino Municipal! Lá estava eu, com todo o pique, cheia de idéias e teorias para pôr em prática! Mas, a realidade da escola era mais real do que eu pensava. Imaginem que a escola funcionava em quatro períodos, com 20 salas de aula. Só de primeiras séries, tínhamos 14 classes! Isso sem contar que, além das classes de 1ª a 8ª séries, ainda tínhamos mais cem crianças de Planedi, no diurno. Quando dava o sinal para a entrada dos períodos, era tanta criança que quase não cabiam no pátio! Uma festa a cada quatro horas!

Como era intenso o dia-a-dia! Além da expectativa do trabalho de Orientação Educacional, me sentia com a obrigação de ser a Fada Madrinha, com a varinha mágica e o pozinho de pirlimpimpim, para resolver a gama de problemas que surgiam.

Ainda era tempo de ditadura, sem muita margem para participação de fato.

O primeiro aspecto legal que logo aprendi, pois ouvia muito quando discordava das práticas, era a ameaça: "Olha, cuidado, você ainda está no período probatório!" Fui logo sabendo que o tal período probatório era mais ou menos um cale-se, concorde, ande na linha, tome tenência!

Como me lembro de Helena, minha amiga advogada! Com Helena, costumava ir às reuniões na igreja São Francisco, aquela que fica atrás do prédio da SME, onde eram feitas as articulações sindicais. Aquilo é que era engajamento! Em tempos de ditadura, ninguém se sentia seguro mesmo! A sensação de insegurança estava sempre no ar... Até mesmo para quem era efetivo e concursado.

Essa insegurança era gerada por uma rede oficiosa, que espalhava notícias relacionadas a mudanças na vida funcional, nas questões de currículo ou salarial ou ainda numa tal lei que já estava sendo articulada... A famosa rede oficiosa de notícias, naquele tempo, funcionava como meio de articulação. Era perfeita. Colocava qualquer *marketing* de hoje em dia no chinelo. Mesmo notícia que a princípio parecia boato, logo, ficava-se sabendo, já era projeto de lei e estava na Câmara dos Vereadores para ser votado. Aí, então, começava a movimentação na Câ-

| 1976–1985

mara, onde todos tinham os seus políticos de confiança. Quem não tivesse que procurasse um, pois iria precisar. Eram tempos em que tudo parecia movido a clientelismo...

Eu, no meio daquilo tudo, me sentia meio órfã, até que comecei a freqüentar as tais reuniões na igreja São Francisco. Fiquei, então, sabendo mais sobre a Apeem, nossa associação de classe na época e que tipo de atuação tinha. Percebi que as pessoas, de modo geral, pareciam não se sentir representadas por ela. Comentava-se que, naquele tempo, anos 1970, representava mais a administração do que seus administrados e que muitas articulações eram feitas nos bastidores.

Já na década de 1980, com as lutas por maior participação crescendo, as entidades também passavam por transformações. Até me lembro que houve uma eleição de diretoria bastante concorrida.

Participaram duas chapas, muito articuladas, com vontade de ganhar e com propostas para agir. Uma delas, considerada de direita, dizia-se que era ligada à administração. A outra era formada por um grupo de profissionais que haviam ingressado na Rede Municipal de Ensino nos últimos concursos. Dela faziam parte professores, diretores de escola, assistentes pedagógicos, orientadores educacionais, grupo que era considerado mais à esquerda e sem atrelamento com a administração vigente. Foi interessante e emocionante o dia dessa eleição.

Quase dava para saber quem votava em quem, pelas maneiras de se vestir... Poderíamos dizer que eram os pioneiros contra os jovens invasores. Coisa assim. Depois da disputa acirrada, a apuração. Foi emocionante. Claro que eu participei intensamente desse processo todo! Depois do tempo de estudante, lá estava eu de volta a uma vida participativa, o que para mim era muito bom. Por fim, a vitória: dos jovens invasores.

Venceu o grupo mais à esquerda, com idéias renovadoras. Estava aberto o caminho para as lutas sindicais e o crescimento da categoria.

Só conseguimos tudo isso de verdade com a Constituição de 1988, que possibilitaria a transformação das associações do funcionalismo em sindicatos.

Em lutas crescentes pela democracia, conquistamos até mesmo o direito de eleger, pelo voto direto, o Presidente da República. Tudo ia muito bem, até que levei um grande susto. Com o retorno das eleições diretas para prefeito, eis a surpresa. Ah! Como o povo nos prega peças! Tudo indicava que o eleito para prefeito da nossa cidade seria o Fernando Henrique. Mas, que triste resultado! O eleito foi o sr. Jânio da Silva Quadros!

Lembro-me de que as perguntas mais freqüentes eram: para onde iria o processo de redemocratização? Haveria perdas para a sociedade?

Para nós, sindicalistas atuantes, o crescimento dos sindicatos era fato consumado e que não poderia ter seu curso interrompido, pois o momento político, no país, era outro. Mas, para nossa revolta, desapontamento – e para minha tristeza voltaram as perseguições e as punições para os que discordavam da administração ou faziam reivindicações.

Essas lembranças, até hoje, me emocionam. Guardo o jornal do sindicato que tantas memórias me despertou. Agora é o sono que me persegue... Tudo aquilo era passado. Faz parte da História. E a História, hoje, é outra...

Pedaços de saudade

MARA SÍLVIA SEABRA

Acariciei suavemente seus longos cachos cor de cobre. Sentado na beira da cama, olhava maravilhado para aquele ser adormecido ainda tão pequeno, tão indefeso para enfrentar o mundo.

Às vezes, custava a acreditar que tivesse colaborado para o surgimento daquela vida. Daquele menino que, a julgar pelo seu semblante sereno, parecia sonhar sonhos com finais felizes. Bem diferentes dos meus. Sentia-me culpado por não ter deixado minha sogra criá-lo quando Fátima morreu. Não havia minuto em que deixasse de pensar nela. Lembrava-me do seu sorriso doce, da sua risada farta, da sua maneira ousada e destemida de enfrentar os problemas, da sua altivez durante todo o tempo em que a doença foi tomando conta de seu corpo, querendo minar sua vontade. A imagem se tornava ainda mais nítida, quando resgatava sua silhueta esguia, sentada ao

1976–1985

lado de Ricardo, debruçada sobre seu caderno, explicando-lhe a lição de casa que tinha para fazer. Como era paciente! A cada erro cometido pelo menino, tornava a explicar, sem jamais dar a resposta certa, esperando que ele acertasse sozinho.

Não sabia o que fazer. Naquela tarde tinha sido chamado ao colégio e a coordenadora me havia dito que meu filho não estava acompanhando a classe e demonstrava muita dificuldade nas sílabas complexas. Orientou-me para que procurasse uma psicopedagoga. Assim, com algumas sessões, poderia resolver o problema do menino. Ao deixar a escola, com o cartão da especialista entre os dedos, ocorreu-me aquele ditado japonês que dizia: quando uma desgraça acontece, pode esperar pela segunda. E, depois da segunda, ainda viria uma terceira. Pelas minhas contas, aquela já era a última desgraça que poderia ter me acontecido naquele semestre. Estava desempregado desde o início do ano, tinha batido o carro e, sem dinheiro para pagar a franquia do seguro, comecei a andar de ônibus. Agora, mais uma despesa que não cabia no orçamento.

Se ao menos fosse paciente como Fátima, poderia tentar ajudar meu filho.

Não compreendia por que ele estava com tanta dificuldade na escola. Até então, tinha sido uma criança super esperta, curiosa em relação ao mundo, sempre fazendo perguntas, por vezes, difíceis de serem respondidas. Lembro-me de uma dessas vezes em que, muito sério, quis saber como era o céu para onde as pessoas iam quando morriam. Antes que pudesse pensar numa resposta, emendou dizendo que o tio Carlos, o professor de religião, tinha dito que o céu era um lugar muito bonito, onde as pessoas eram muito felizes. Em seguida, concluiu dizendo que não sabia por que todo mundo tinha que esperar morrer para depois ir para lá. Naquela hora fiquei totalmente desconcertado e fui salvo pelo toque do interfone, avisando que a perua escolar já tinha chegado. Até hoje, penso na resposta que deverei dar a ele.

Eu o havia colocado na 1ª série, por muita insistência das irmãs que diziam que, apesar da pouca idade, ele tinha ido muito bem no prezinho e não teria nenhuma dificuldade em se alfabetizar rapidamente. Daquela vez, bem que deveria ter levado em conta minha intuição de que essa decisão, em vez de acelerar seu aprendizado, poderia lhe causar problemas, trazendo-lhe responsabilidades em demasia para um menino de apenas cinco anos de idade. Afinal, eu mesmo só havia entrado na 1ª série com sete anos completos.

Tinha de parar de pensar sobre isso. Era adepto daquele ditado: "Não adianta chorar sobre leite derramado".

Determinado, levantei-me prontamente e com todo cuidado para não acordar o pequeno, peguei sua mochila escolar e me dirigi à mesa da sala.

Folheio o caderno de classe de meu filho e encontro: "A mamãe afia a faca" e embaixo: faca – afia – feia – foca – fita – fura. Fecho o caderno aturdido. Tento me lembrar como tinha sido meu processo de alfabetização e, apesar do esforço, o máximo que consegui visualizar foi o nome da cartilha: *Caminho Suave*. Nem o nome da professora de 1ª série consegui resgatar do esquecimento. A sensação que tinha é de que já havia nascido sabendo ler e escrever. Ri do que tinha pensado e fiquei imaginando se a dificuldade de meu filho pelo menos com aquela frase não era pelo fato de nunca ter deixado o menino mexer com facas, muito menos as afiadas. Achava também que ele não deveria saber o que significava "afia" porque nunca tínhamos usado essa palavra em casa. A professora poderia ter dado uma outra frase do tipo: "Não devemos brincar com facas, porque elas podem nos furar".

| 1976–1985

Chego à conclusão de que a tarefa a que me havia proposto era mais difícil do que imaginava. Coloquei de volta o caderno na mochila, voltei ao quarto para devolvê-la ao seu lugar de costume. Contemplo demoradamente o sono despreocupado de meu menino.

Retorno à sala e refestelo-me no sofá de couro verde, com as pernas estendidas. Acendo um cigarro e lembro-me de que teria uma entrevista para o cargo de gerente comercial, pela manhã, bem cedo. Mas não estava com um pingo de sono. Sabia que, se fosse para a cama, ficaria me revirando de um lado para o outro, sem conseguir pregar o olho.

Não entendia como tudo tinha virado de ponta cabeça na minha vida, assim tão depressa. Estava com um salário muito bom, tinha até economizado o suficiente para pagar todos os estudos de Ricardo, incluindo a faculdade, caso ele não entrasse em nenhuma dessas públicas. Tinha acabado de comprar um Focus 2.0 novinho, à vista. Viajara para a Disney World com meu filho, nas férias escolares de julho. Tinha quitado de uma só vez todas as cinco prestações restantes de meu apartamento comprado a prazo, há dez anos atrás, quando havia me casado. E agora, tudo tinha mudado. Estava a toda hora fazendo contas e mais contas, checando quanto ainda restava do dinheiro que havia recebido de indenização. Jamais poderia supor que meu chefe, naquela manhã, viesse ao meu encontro com um sorriso amarelo nos lábios e uma carta de demissão nas mãos, esquivando-se de maiores explicações e, atribuindo tudo à necessidade de "contenção de custos". Desde quando eu tinha me transformado em custos?

Volto a pensar em meu filho. Fico apavorado diante da idéia de que ele pudesse ser discriminado por seus coleguinhas. Fiquei imaginando ele ser chamado, em sala de aula, de burro, tapado ou coisa parecida. Não, hoje não deveriam ser mais essas as palavras usadas. Lembro-me de que, na minha época de prezinho, havia um menino com problemas motores. Ele parecia todo desconectado para andar: suas pernas iam para um lado com muito esforço enquanto seus braços iam para outro. A criançada o apelidou de "Zé Pinguinha". Eu mesmo achava que havia sido discriminado por minha professora da 3ª série, só que às avessas: suspeitava que ela não chamava minha atenção porque tinha tido paralisia infantil e mancava pouca coisa de uma das pernas. Minha mãe, que também era professora, na mesma escola, é que me contou, bem mais tarde, como a coisa tinha acontecido: eu havia chegado da escola, falando que a professora chacoalhava todos os meninos que faziam bagunça na fila e que eu também fazia parte da "turma", mas que nunca era chacoalhado. Ela então foi conversar com a professora do menino:

– Zélia, acho que você vai achar que eu sou louca, mas eu quero te pedir um grande favor: chacoalhe meu filho na fila, que ele não é santo, ele também faz bagunça e acha que você o está protegendo por conta do problema físico que ele tem.

Com certeza, esse deve ter sido o pedido mais inusitado que minha professora escutara durante toda a sua vida.

Minha mãe tinha razão, realmente eu não era nenhum santo na escola, mas por outro lado, nunca cheguei a desrespeitar nenhum dos meus professores como a Gisdália fez com a nossa professora da 4ª série. O nome dela era Denise. Ela não só deixava, como também gostava que a chamassem só pelo primeiro nome, sem o Dona. Ela dizia que não era o jeito de chamá-la que iria fazer com que os alunos a respeitassem. Apesar do seu jeito amistoso e jovial, igual a uma irmã mais velha e adiantada a nos ensinar as lições, nenhum aluno "se metia a besta" com ela. Porém, naquele dia, Gisdália parecia estar com a "macaca".

1976–1985

Denise tinha passado uns problemas para resolvermos e estava indo de carteira em carteira para ver nossa lição. Ao se aproximar de Gisdália, reparou que ela estava com uma revista de fotonovelas, colocada estrategicamente por baixo do caderno de matemática e nem havia ainda começado a copiar a lição da lousa. Pacientemente, como de costume, pediu-lhe de forma amigável que guardasse a revista e começasse logo a fazer a lição, pois dali a pouco iria chamar alguns alunos para realizarem a correção na lousa. Gisdália, fechando o caderno ruidosamente, deu um soco na carteira e gritou a plenos pulmões:

– EU NÃO VOU FAZER ESTA MERDA!

Eu nunca tinha visto Denise tão alterada. Seu rosto se avermelhou na hora, sua respiração se acelerou, seus olhos se dilataram e pareciam disparar faíscas contínuas em direção à Gisdália que, indiferente, permanecia placidamente sentada. Para nosso espanto, Denise agarrou Gisdália pelo braço e, de um só impulso, levantou-a da carteira e começou a puxá-la para fora da classe rumo à escadaria que levava ao primeiro andar. Naquela hora Gisdália ficou tão surpresa por essa reação inesperada de nossa professora que demorou a se queixar da forte pressão exercida sobre seu braço. Dando a impressão de que havia saído de algum transe, Denise soltou imediatamente o braço de Gisdália, pediu-lhe desculpas, mandou-a para o pátio para refrescar a cabeça e disse-lhe que conversariam depois.

Por mais que eu perguntasse, Gisdália nunca quis me contar o que a professora, depois, conversou com ela. Eu só sei que, a partir daquele dia, Gisdália se tornou sua colaboradora mais eficiente.

Tenho que reconhecer que essa minha classe de 4ª série não era fácil. Era formada, em sua maioria, por alunos repetentes e, por isso mesmo, mais velhos. Fora eu, eram poucos os que estavam na série com a idade certa: com seus 11 ou 12 anos. Muitos já tinham 14, 15 anos. Era a única classe de Nível I no 3º período, junto com as do Nível II. Isso porque os alunos mais novos sempre ficavam nos períodos diurnos.

Lembro que alguns deles davam muito trabalho para o inspetor de alunos. O Edmilson vivia sempre se esfregando com uma menina da 8ª série, atrás do tronco largo do único abacateiro que existia perto do muro da escola. A árvore era disputadíssima e rolava até briga por conta do abuso de alguns meninos que queriam ficar lá "namorando" o recreio todo. O Vornei, de quando em quando, trazia seus ratinhos brancos e os soltava na hora do recreio, para desespero das meninas que gritavam histericamente e procuravam se colocar a salvo subindo nas cadeiras do refeitório. Uma vez ele quase matou de susto nossa professora porque o inspetor veio procurá-lo em sala de aula. No início, ele negou tudo, dizendo que não estava mais com os tais ratos. Nem bem ele tinha terminado de se justificar, um ratinho pulou fora da sua jaqueta, prontamente seguido pelos outros. Foi um alvoroço na sala: os meninos correndo atrás daqueles ágeis ratinhos, as meninas gritando feito loucas querendo todas de uma vez subir nas mesmas cadeiras, seguidas por nossa professora que, pela proximidade, se encarapitou em cima de sua mesa. O inspetor, por sua vez, não sabia o que fazer no meio daquela algazarra generalizada.

O Maicon, apesar do tamanho e da idade, era muito mimado pela mãe que, dentre outras coisas, preparava diariamente o seu lanche, pois temia que a merenda da escola pudesse fazer mal a seu filhinho. Maicon vivia dando porrada a torto e a direito nos outros meninos. Ele não agüentava nenhum tipo de gozação e, às vezes, os outros o pegavam para cristo, chamando-o de "mariquinhas", "de filhinho

| 1976-1985 263

da mamãe". Eu ajudava no coro, mas Maicon nunca veio pra cima de mim porque sabia que eu era quase faixa marrom no judô. Esse encrenqueiro vivia implicando com o Jonatas, menino quieto, estudioso e, sobretudo, baixinho para sua idade. Por vezes, dava-lhe piparotes nas orelhas, pequenos tapas na bunda ou mesmo pontapés nas canelas, aproveitando a hora do recreio. Jonatas, por sua vez, nunca foi de reclamar com a professora e sempre tinha um colega que, nessas horas, vinha em seu auxílio. Eu mesmo, por várias vezes, já tinha livrado a cara dele. Até que um dia, armado de coragem e, talvez, cansaço de tanto apanhar resignadamente, Jonatas revidou o pontapé recebido e correu a salvo para a fila já formada, sob o olhar atento de Denise. Já em sala de aula, Maicon não se conteve e desferiu-lhe um tremendo pontapé nos tornozelos que chegou a arrancar lágrimas do herói fujão. Denise, tendo presenciado toda a cena, chamou os dois na frente da classe e pediu a Jonatas que descontasse o pontapé recebido, com a mesma força e que, depois disso, a história estaria acabada. Maicon começou a ameaçá-lo de que, se ele fizesse isso, receberia um outro pontapé ainda mais forte. Denise, decidida, encarou-o e lhe disse que, se revidasse, receberia um outro pontapé ainda muito mais forte dela. Jonatas, apavorado, quis deixar pra lá, dizendo que não tinha doído tanto assim, que não era nada. Denise foi inflexível e, afinal Jonatas tomou impulso e soltou um belo pontapé nas canelas de Maicon que, imediatamente, revidou com outro forte pontapé e, por sua vez, acabou recebendo um pontapé mais forte ainda de nossa professora.

O engraçado que eu achei nisso tudo foi que, em vez de a mãe do Maicon aparecer na escola esbravejando contra nossa professora, ela sumiu por uns tempos e só voltou a aparecer de novo nas reuniões de pais e mestres. Com certeza, Maicon nunca contou nada disso para sua mãe: ou por vergonha ou por ter achado justo o pontapé recebido.

No final, Maicon deixou Jonatas em paz, mas não demorou muito tempo para arranjar outro saco de pancadas.

Daquela classe, outra figura inesquecível foi o João Batista. Ele vivia sempre "no mundo da lua", de acordo com nossa professora. Era um negro alto, forte, econômico na fala, de família crente. Parecia até um desses pregadores americanos que andam nos ônibus e nas ruas, com camisa branca social de manga curta, gravatinha preta, calça preta de terno e sapatos pretos, sempre enxugando o suor da testa. Com uma bíblia debaixo do braço, iam de porta em porta levar a palavra sagrada a quem quisesse ouvi-la. Naquela época, os negros não tinham conquistado a visibilidade social que têm hoje e eu, por conta disso, nunca tinha visto nenhum desses gringos negros, só loiros. João Batista sentava atrás de mim e era um inferno toda vez que ele resolvia se masturbar: minha cadeira tremia e, se eu estivesse fazendo a lição, sempre acabava por rabiscar meu caderno. Eu sempre lhe pedia para me avisar quando isso fosse acontecer, mas ele dizia que nem ele sabia e que não dava para controlar. Denise não entendia por que eu fazia questão de manter minha cadeira o mais longe possível da carteira dele, apesar de a sala de aula ser bem apertada para tanto aluno. Apesar dos meus 12 anos, eu e ele éramos os mais altos da classe e sentávamos no fundão da sala.

Numa dessas vezes em que estava se "entretendo", João Batista não percebeu a aproximação de Denise e acabou sendo pego no "flagra". Mal tendo tempo de "guardar seus documentos" se ajoelhou aos pés de Denise e começou a rezar e a chorar, pedindo perdão por seus pecados e, jurando por tudo quanto é santo, que nunca mais faria aquilo. Foi uma das raras vezes em que vi nossa professora totalmente sem ação, sem saber o que fazer. Acho que era uma dessas situações na vida em que você não acredita no que está vendo, precisa dar um tempo para verificar se de fato aquilo é real.

Depois de algum tempo, já refeita, Denise levantou João Batista do chão e começou a confortá-lo dizendo-lhe que aquilo tudo era muito normal, que não tinha pecado nenhum, que ele não iria para o inferno por causa disso, mas que não deveríamos fazer isso em público. Eu acho que só faltou ela dizer que ele deveria reservar um horário no banheiro da sua casa para se masturbar.

Na semana seguinte, estávamos com uma carta dirigida aos nossos pais, explicando a necessidade de termos aulas de Orientação Sexual e solicitando a autorização deles. Até hoje me pergunto se não foi tudo encenação de João Batista porque, com certeza, aquilo mereceria, no mínimo, uma semana de suspensão, além de uma conversa séria com os pais dele. Eu, por muito menos, levei dois dias de suspensão. Estávamos atrás do prédio principal, disputando quem conseguiria mijar mais longe. O alvo era uma margarida branca que ficava a uns dois metros de onde nos posicionamos, um ao lado do outro. Meu jato tinha sido o único a alcançar a florzinha e já estava querendo ser consagrado como o campeão de "mijo à distância", quando percebi todos meus colegas fechando as braguilhas e correndo feito loucos. Só então me dei conta de que o inspetor de alunos estava na minha frente, vociferando:

– Muito bonito, não? Como se não bastasse essa pouca vergonha, vocês ainda querem matar todas as flores da escola? Vamos já para a diretoria!

Escuto um barulho vindo do quarto e me levanto rapidamente. Acendo a luz e vejo que o porta-retrato em cima da escrivaninha estava tombado. Certifico-me de que meu filho continuava dormindo e torno a fechar cuidadosamente a janela que, por força do vento e da tranca mal posta, voltara a abrir.

Antes de sair, levanto o porta-retrato e encontro o olhar sereno e confiante de Fátima com Ricardo, ainda bebê, no colo.

Sinto que não estou mais tão sozinho e que Fátima, onde quer que esteja, está zelando por nós, me dando forças para continuar vivendo e criando o nosso filho.

Revigorado, tomo um banho relaxante e vou dormir com a certeza de que o emprego seria meu e todos os meus problemas estavam prestes a acabar.

Pitadas de história

Nós não somos do século
de inventar as palavras.
As palavras já foram inventadas.
Nós somos do século de inventar
outra vez as palavras
que já foram inventadas.

Almada Negreiros

E eles foram chegando às dezenas...

Tendo como consideração os expressivos resultados alcançados com a instalação, em caráter experimental, de classes de educação infantil junto a 22 Escolas Municipais de 1º Grau, dentro do Plano de Educação Infantil, o Planedi, o prefeito Olavo Egydio Setúbal o institui junto ao Departamento de Educação Infantil, através do Decreto nº 12637, de 13/2/1976.

O interesse em estender esse Plano, agora em termos definitivos, a outras Escolas Municipais, visando à conversão do experimento em um largo plano de atividades, era destinado à preparação de um grande número de crianças da faixa etária de 3 aos 7 anos para o ingresso adequado na 1ª série do ensino de 1º Grau.

Esse plano consistia, essencialmente, na inserção da pré-escola na unidade escolar de lº Grau, oferecendo a aplicabilidade imediata mediante a utilização de recursos físicos, aparelhamento e infra-estrutura já existentes, bem como uma larga abrangência, permitindo à grande massa de crianças marginalizadas o acesso adequado à vivência escolar. Também o plano obedecia a padrões pedagógicos mais modernos, com a aplicação de um Programa de Estimulação Mental e Psicomotora.

As atividades do Planedi se desenvolveriam sem prejuízo ao sistema convencional de instalação e funcionamento de novas Escolas de Educação Infantil.

Assim, foram então criadas 220 classes de Educação Infantil, regidas por Professores de Educação Infantil, subordinando-se, administrativamente, à direção da unidades escolar respectiva e, tecnicamente, ao Departamento de Educação Infantil.

Colocados à prova

Com o intuito de uma melhor organização funcional e atualização do Estatuto de 1942, a Lei nº 13.030, a Prefeitura Municipal institui, em 29 de outubro de 1979, o Estatuto dos Funcionários Públicos do Município de São Paulo. Trata-se da Lei nº 8.989, que até hoje é vigente. Refere-se e regula a vida funcional de todos os funcionários públicos que representam a população paulistana, por meio de seus cargos e suas funções no serviço público municipal.

Foi sancionada pelo prefeito Reynaldo Emygdio de Barros, ocupando o cargo de Secretário de Educação Municipal, à época, Jair de Moraes Neves.

Essa data foi proposital para a publicação porque representava um "verdadeiro presente" para todo o funcionalismo público. Acabava de ter o dia 28 de outubro consagrado à sua comemoração.

Essa lei dispunha de requisitos para a entrada no cargo, formas de provimento, remoção, direitos, deveres, penalidades, dentre outras várias situações funcionais. Um verdadeiro "código" para ser decifrado.

Tais definições e regulamentações foram muito importantes para que o funcionário compreendesse os procedimentos legais que o envolviam no serviço público. Em palavras simples, tratava-se de um regulamento, um conjunto de regras e implicações das mais variadas ordens, para saber das coisas que se devia ou não fazer no desempenho do trabalho público de todos os dias.

Muitos funcionários o consideraram muito importante como um regulador daquilo que podiam ou não fazer no dia-a-dia, bem como das possíveis implicações e procedimentos nas diferentes situações. Servia de alerta para não haver possíveis incorreções na vida profissional. Muitos consideravam que tudo aquilo, elencado com rigor e detalhes, funcionava como um terrorismo silencioso, principalmente quando tratava da repreensão, suspensão, demissão e cassação. Termos nos quais ninguém gostava de ouvir falar.

Até essa época os funcionários públicos ficavam nas mãos de suas chefias, nem sempre democráticas. Estávamos sob o domínio militar. Como o regime de trabalho era calcado nas chamadas relações verticais, ou seja, o poder, as ordens, as decisões vindo de cima para baixo, o autoritarismo sempre ocupava lugar determinante nas relações profissionais. Muitas vezes, diante de simples questionamentos funcionários novos eram ameaçados com o chamado período probatório preconizado pelo estatuto. Tratava-se dos dois anos iniciais de exercício na carreira, sem incorrer em nenhuma infração grave, como exigência para continuar no serviço público.

Um pacote regimental

As Portarias nº 9.399, de 28/12/1982, e nº 9.517, de 30/12/1982, "baixaram" o Regimento das Escolas Municipais de

Educação Infantil e de 1º Grau, respectivamente, trazendo em seu texto o pensamento contemporâneo da educação brasileira associado à garantia da preservação da flexibilidade pedagógica de cada escola, desde que não fugisse da legislação educacional vigente.

Construir um regimento próprio era importante para muitos educadores. Mas, naquele momento, não era permitido. Onde estava a flexibilidade?

Os administradores dos órgãos centrais encontraram formas de efetivar o que era preconizado, baixando definições, normas, regras, atribuições funcionais, Conselhos de Escola de natureza consultiva, com caráter de assessoramento, direitos e deveres, regime disciplinar para servidores e alunos, currículo obrigatório a ser desenvolvido, avaliação e conteúdos do plano escolar.

Era um pacote regimental.

Para a Educação Infantil, a finalidade era a de dar atendimento escolar, alimentar, médico-sanitário, odontológico, psicológico e fonoaudiológico, na faixa etária dos 3 aos 7 anos incompletos, em período diurno, em tempo parcial ou integral. A única instituição auxiliar de caráter obrigatório era a Associação de Pais e Mestres.

Acreditava-se estar respeitando os direitos da criança à medida que se especificava que não se podia aplicar castigos físicos ou morais aos alunos.

A estrutura era vertical em três estágios e horizontal em áreas do desenvolvimento biológico, psicológico e sociocultural, sob a forma de atividades nos seguintes conteúdos: língua portuguesa, educação artística, matemática, educação física, iniciação às ciências, programas de saúde, integração social, educação moral e cívica e ensino religioso.

Essas experiências curriculares visariam ao desenvolvimento de habilidades conceituais, sociais e formação de hábitos e atitudes.

A avaliação era contínua, comportamental, e de resultados medidos através de conceitos A, B, C, D – ótimo, bom, regular e insatisfatório, registrados no Boletim de Desempenho Escolar do Aluno.

A matrícula do aluno era cancelada se faltasse por 10 dias consecutivos ou 24 dias interpolados.

Eram expedidas segundas vias dos documentos relativos à vida escolar e à vida funcional dos servidores da escola, mediante despacho concessório do diretor.

O Regimento poderia ser alterado, quando necessário, devendo as alterações serem aprovadas pelos órgãos superiores.

O ensino de 1º Grau tinha por objetivos gerais: proporcionar o desenvolvimento de potencialidades – auto-realização, qualificação para o trabalho, exercício consciente da cidadania e condições necessárias ao desempenho escolar que minimizassem o efeito dos fatores que comprometiam o desenvolvimento integral. O ensino era oferecido em regime de externato, com 8 séries, com duração de 8 anos letivos, para ambos os sexos, dos 7 aos 14 anos.

No currículo era dado destaque à educação geral (matérias do núcleo comum: comunicação e expressão, estudos sociais e ciências e conteúdos de cada matéria mais parte diversificada: língua estrangeira moderna e expressão gráfica) e à parte destinada à formação especial: atividades para a sondagem da aptidão e de iniciação para o trabalho.

Poderiam ser desenvolvidas na forma de atividades, áreas de estudo e disciplina, conforme estabelecia a Lei de Diretrizes e Bases, o Conselho Federal de Educação e o Conselho Estadual de Educação.

A avaliação era contínua, por meio do aproveitamento e da apuração da assiduidade, preponderando os aspectos qualitativos sobre os quantitativos, com quatro sínteses anuais expressas em notas de 0 a 10, variando de 5 em 5 décimos.

A freqüência era obrigatória, com possibilidade de compensação de ausência quando o registro periódico indicava tal necessidade.

A ordem para deliberar

Nessa época, alguns cargos vagos de professores e de especialistas de educação eram preenchidos por indicações e apadrinhamentos políticos. Para se contrapor a essa maneira de prover as escolas desses serviços, apresenta-se aos educadores, na gestão Mario Covas Júnior, uma nova ordem: "O Conselho de Escola irá escolher um candidato, em lista tríplice, para ocupar esses cargos, dentre os educadores que preencham requisitos determinados em legislação e mediante apresentação de proposta de trabalho".

E assim começou a ser feito. Sem experiência de democracia e participação, os educadores e os conselhos escolares foram se exercitando, aprendendo e aprimorando uma nova forma de organizar e decidir sobre o serviço educacional da cidade.

Para consolidar, finalmente, essas ações, foi instituído oficialmente, em 27 de dezembro de 1985, o Regimento Comum das Escolas Municipais, através do Decreto nº 21.811, com caráter deliberativo e com base na gestão democrática. Durou apenas seis dias, praticamente considerado um natimorto porque foi revogado, através do Decreto nº 21.839, de 3 de janeiro de 1986, pela administração seguinte, do prefeito Jânio da Silva Quadros, que retoma o Regimento anterior e destrói documentos oficiais produzidos na gestão antecessora, obstruindo assim a História e dificultando o avanço educacional e a pesquisa.

Uma era de Montepio

Em 11 setembro de 1909, era criado pelo então prefeito da cidade, Antônio da Silva Prado, o Montepio Municipal de

São Paulo, que sancionou a Lei nº 1.236, com o fim de proporcionar a proteção previdenciária aos servidores municipais.

Aprovar essa lei não foi tão simples, os debates e as discussões duraram quase quatro anos. Alguns vereadores preconizavam que tal aprovação poderia trazer desequilíbrio aos orçamentos futuros, porém, o inspetor do Tesouro Municipal fez sua manifestação favorável à criação da Entidade.

Mesmo com esse parecer, o projeto permaneceu na Câmara Municipal quando outra Comissão de Justiça e Finanças deu apoio à idéia se manifestando da seguinte forma: "Seria de todo supérfluo encarecer a importância eminentemente social da Instituição do Montepio. Restará lembrar que, em todos os países cultos, tem sido preocupação dos poderes públicos garantir por aquela forma o futuro dos seus servidores e de suas famílias. O projeto como deve ser aprovado não acarretará ônus ou responsabilidades aos cofres do Tesouro Municipal".

Ao longo de sua história, comprovou vitalidade financeira. Realizou para muitos o sonho de adquirir a casa própria, por meio de financiamento imobiliário. Para outros tantos, ajudou na resolução de muitos problemas particulares, através de empréstimos pessoais descontados no holerite em parcelas mensais.

Permaneceu com este nome e função até 1980, pela Lei nº 9.157, que lhe conferiu outra organização, quando passou a chamar-se Iprem, o Instituto de Previdência Municipal.

Com o tempo foi suprimida a assistência aos servidores até então realizada e, com o apoio da Câmara Municipal, efetivaram-se empréstimos financeiros ao próprio Governo Municipal.

Mais tarde viriam mais mudanças nesse órgão, devido à reforma previdenciária.

1986-1995

Um mundo em reformas,
uma nova constituição.
Paradigmas educacionais
se alternam...

Breve panorama
MARILZA GOMES DA GAMA E SILVA
ALAIRSE VIVI

Corria o ano de 1986. Bem alto, no topo do mundo, poder-se-ia ler numa enorme tabuleta algo assim: "Desculpem o transtorno. Estamos reformando o mundo para melhor atendê-los..."

Para incautos, ou distraídos, os dizeres soavam verdadeiros: as reformas chegavam para melhorar o mundo. Já os mais vividos e experientes duvidavam e tinham razão para a descrença. Afinal, acompanhavam com pessimismo crescente a escalada do século 20, sempre aos trancos e barrancos: inúmeras revoluções, duas Guerras Mundiais, o uso da bomba atômica, lutas de inúmeras colônias pela libertação, enfim, uma história de destruição sem precedentes.

O ano de 1986 marcara os instantes finais da Guerra Fria, ou seja, a divisão bipolar do mundo: de um lado, os países comunistas, tendo a União Soviética como centro; do outro lado, os países capitalistas, tendo os Estados Unidos da América como referência.

Do bloco de países soviéticos, separados do ocidente pela Cortina de Ferro, pouco se sabia: regime fechado, de poucas palavras, liberdades individuais restringidas ao máximo. Dali só se sabia o que era divulgado pela propaganda oficial dos governos atrelados ao Partido Comunista.

Até aquela data, numa seqüência de escaramuças, as "vitórias simbólicas" eram atribuídas ora para um lado, ora para o outro. A primeira nave tripulada a ir ao espaço era russa? Ponto para os soviéticos. O primeiro homem a colocar o pé na lua era norte-americano? Ponto para os Estados Unidos. Entretanto, os dois lados se equiparavam no poderio bélico, detentores que eram da energia nuclear, capaz de destruir o mundo várias vezes, como se tal façanha fosse possível... O que tirou o sono de várias gerações, por muitas décadas, embora hoje se diga que ambos os lados tinham um acordo tácito entre si, e que se respeitavam mutuamente. Vai se saber...

De repente, termos russos como *glasnost* e *perestroika* começaram a aparecer no noticiário da TV, nos jornais e nas revistas, dando conta de que uma grande transformação começava a ocorrer dentro dos países de regime comunista. Essas palavras significavam transparência, abertura. Quem diria... Não é que o regime começou a ruir por dentro?

Tudo porque Mikhail Gorbachev, então Secretário Geral do Partido Comunista, anunciou, durante o 27º Congresso do Partido Comunista da URSS, realizado em 1986, a necessidade de uma profunda modificação nas estruturas do país. Ele assegurava que a URSS, embora tivesse êxito na corrida espacial e armamentista, perdia na corrida tecnológica, na informática, na computação, o que a deixaria vulnerável diante dos Estados

Unidos da América. Além do mais, havia problemas de ordem ideológica: a mística comunista não encantava mais o mundo. Dentro da URSS havia um grande desencanto, a corrupção corria solta, o regime não atendia mais à população, nem mesmo ao operariado, grande propulsor dos ideais no passado. Um a um, os países do bloco soviético começaram a fazer suas transições para fora do comunismo, ora pacificamente, como no caso Checoslováquia e Hungria, ora de forma violenta, como Romênia e Iugoslávia.

Até que, em 9 de novembro de 1989, após crescentes manifestações, um dos maiores símbolos do comunismo soviético começou a ser derrubado pela própria população, que tanto o temera: o Muro de Berlim. Desde 1961, separava a ex-capital da Alemanha em dois blocos, o comunista e o capitalista.

Seria este "o fim da história", como muitos chegaram a anunciar do lado ocidental? Estaria o mundo fadado a uma só ideologia, com a vitória do capitalismo? E este, daria conta das demandas por igualdade social, distribuição igualitária das riquezas, do conhecimento, dos bens acumulados pela humanidade? Eram perguntas que o mundo se fazia com insistência até a virada do século 21.

Defensores do capitalismo juravam que era só deixar as leis de mercado agirem livremente, que uma espécie de "mão invisível" equilibraria oferta e procura de produtos e alimentos, de bens de consumo. Dessa forma, ainda segundo eles, o tão desejado equilíbrio econômico seria atingido, com os países pobres aos poucos deixando de sê-lo. Em 1989, esse pensamento se materializou em um documento, o chamado *Consenso de Washington*, elaborado pelos representantes do capitalismo central que orientava as reformas sociais da década de 1990. Era um receituário a ser seguido com rigor: reformas profundas no Estado, tornando-o mínimo, reengenharia, re-estruturação produtiva e, sobretudo, reformas nas relações capital-trabalho, no sentido inverso das conquistas trabalhistas, até então alcançadas, tanto advindas do sistema socialista, como do Estado de Bem-Estar Social, do pós-Guerra.

A hora e a vez da educação e da democracia

A educação passou a ser apontada, vista e entendida como importante vetor para o êxito das mudanças que ocorriam no mundo capitalista. Até então, desinteressava às elites a população na escola, mão-de-obra barata e em quantidade. O interesse agora mudava de figura, pois o mundo do trabalho se sofisticava, com exigências advindas das novas tecnologias e da competitividade.

Esta mudança de paradigma teve forte impacto nos países emergentes, como passaram a ser chamados aqueles dependentes do capitalismo central, entre os quais o Brasil.

A Conferência Mundial sobre Educação para Todos, ocorrida em março de 1990, em Jomtiem, Tailândia, e financiada pela Unesco, Unicef e Banco Mundial, tinha como eixo principal "a satisfação das necessidades básicas de aprendizagem para todos". Com cerca de 155 governos signatários, comprometendo-se a assegurar "educação básica de qualidade a crianças, jovens e adultos", essa conferência influenciou a visão de educação para o decênio 1990. Bases desse encontro inspiraram o Plano Decenal de Educação Para Todos, de 1993, já no governo Itamar Franco.

Durante o período 1986-1995, o nosso País refletia com fidelidade a ebulição que tomava conta do mundo. Sob os governos Sarney (1985-1990), Collor (1990-1992), Itamar (1992-1994) e Fernando Henrique Cardoso (1995-2003), o

Brasil se redemocratizava, com a reorganização das forças políticas pós-Ditadura.

Sarney dava posse ao ministério escolhido por Tancredo e, decidido a não mais assinar decretos-leis, transfere para o Congresso maior poder de decisão. O Legislativo tomou então medidas que permitiram maior liberdade política. Foram restauradas as eleições para a Presidência da República. Depois de 20 anos, em 1985 foram realizadas as primeiras eleições diretas para os prefeitos das capitais, até então consideradas "áreas de segurança nacional". O direito de voto foi estendido aos analfabetos, foram reabilitadas lideranças sindicais punidas pela ditadura, novos partidos políticos foram criados e organizados, o que permitiu a legalização daqueles que estavam na clandestinidade, como o Partido Comunista.

Do ponto de vista econômico, o governo Sarney foi bastante conturbado. Herdeiro dos problemas gerados pelo modelo de desenvolvimento econômico estabelecido durante o regime militar e agravado por inúmeras crises internacionais, o governo elaborou vários planos para combater a inflação e estabilizar a economia. O Plano Cruzado foi um deles: a moeda de então, o Cruzeiro, foi substituída pelo Cruzado, com o corte de três zeros. Todos os preços foram congelados, inclusive os salários, que seriam corrigidos anualmente ou a cada vez que a inflação atingisse 20%. Era o chamado "gatilho salarial". Elaborado pelo ministro da Fazenda Dilson Funaro, o plano foi bem aceito pela população, incentivada a colaborar, fiscalizando os estabelecimentos comerciais que praticassem preços acima da tabela do governo. Foi a época em que muitos brasileiros se tornaram os "fiscais do Sarney".

A inflação foi então reduzida, o poder aquisitivo cresceu, mas em poucos meses o plano apresentava problemas: produ-

1986–1995   285

tos desapareceram do mercado, começou a cobrança de ágio, isto é, o consumidor tinha que pagar pelos produtos mais do que era estipulado pela tabela do governo.

Mas o governo não desistia. Em novembro de 1986 foi anunciado o Cruzado II. Em junho de 1987, foi a vez do Plano Bresser. E, em janeiro de 1989, chegou o Plano Verão, todos sem obter os resultados pretendidos. Sarney terminava seu governo em ambiente de recessão econômica, especulação financeira e ameaça de hiperinflação. A cada dia, o dinheiro valia menos. Ao receber o salário, os trabalhadores corriam para as compras do mês, pois os preços subiam sempre.

A nossa Constituição cidadã

À frente do Governo, Sarney deu início às medidas que permitiram a Convocação da Assembléia Nacional Constituinte, com a missão de elaborar a nova Constituição brasileira. Tal convocação foi uma vitória da opinião pública, pois veio em conseqüência de grande participação popular, a qual se estendeu à elaboração da Constituição Federal e também ao período de votação das constituições estaduais, configurando-se em momento marcante de crescimento político do povo brasileiro.

A 1º de fevereiro de 1987, instalava-se a Assembléia Nacional Constituinte, presidida pelo Ministro José Carlos Moreira Alves, na qualidade de Presidente do Supremo Tribunal Federal. A campanha eleitoral de 1986 trouxera uma grande renovação no Congresso Nacional, encarregado de elaborar a nova Constituição. A bancada feminina era a maior da nossa história parlamentar. O Deputado Ulysses Guimarães, apelidado "Senhor Diretas" pelo seu empenho no movimento pelas eleições diretas, foi eleito Presidente da Assembléia Nacional Constituinte.

Embora houvesse pressões populares por uma Constituinte Exclusiva, isto é, eleita apenas para fazer a Constituição, o que acabou ocorrendo foi um Congresso Constituinte, em que Deputados e Senadores eleitos elaboraram e votaram as Leis. A decisão governamental que optou pela Constituinte Congressual possibilitou a participação, como constituintes, de 23 senadores eleitos em 1982, que passaram a ser conhecidos como "biônicos". De direito, esses senadores não poderiam ser membros natos da Constituinte, pois ninguém pode ser constituinte sem mandato específico.

Mesmo com um Congresso Constituinte, havia o reconhecimento do direito de participação popular nos trabalhos de elaboração da nova Constituição, o que se deu através das emendas populares. Nada menos de 122 emendas populares foram propostas, alcançando um total de mais de doze milhões de assinaturas. Embora também as forças conservadoras patrocinassem emendas, aquelas de origem realmente popular foram em número muito mais expressivo. A população também expressou-se na Assembléia Constituinte através das Audiências Públicas e de sugestões enviadas à Comissão Afonso Arinos. A princípio criada pelo governo para preparar um projeto de Constituição, essa comissão soube se adequar, frente à pressão popular por participação, abrindo-se às sugestões e ao debate. A população valeu-se também de caminhos informais, como abaixo-assinados, cartas, telegramas, atas de debates, entre outras.

Em 1988 foi promulgada a Constituição Federal vigente. Os constituintes optaram por um modelo de constituição amplo, seguindo a tradição do Direito Constitucional Brasileiro. Nossa Constituição Federal institui um Estado democrático, destinado a assegurar o exercício dos direitos sociais e individuais, a liberdade, a segurança, o bem-estar, o desenvolvimento, a igualdade e a justiça, numa sociedade pluralista e sem preconceitos.

Os princípios básicos da República Federativa do Brasil são enumerados no primeiro artigo: a soberania, a cidadania, a dignidade da pessoa humana, os valores sociais do trabalho e da livre-iniciativa, o pluralismo político. No parágrafo do artigo 1º, a Constituição diz que todo poder emana do povo, que o exerce por meio de representantes eleitos, ou diretamente. Nesta questão houve um avanço em relação às constituições anteriores, pois instituiu-se a democracia participativa, através dos Conselhos populares.

O capítulo III da Constituição de 1988 dispõe sobre os princípios fundamentais da educação. Nele estão determinadas as normas para a educação, para o ensino, para os deveres do Estado, para a iniciativa privada, para os sistemas de ensino e também os conteúdos mínimos para o ensino fundamental, bem como o repasse dos recursos públicos.

O art. 205 determina: "a educação, direito de todos e dever do Estado e da família, será promovida e incentivada com a colaboração da sociedade, visando ao pleno desenvolvimento da pessoa, seu preparo para o exercício da cidadania e sua qualificação para o trabalho".

A Constituição estabelece, entre os princípios da educação, "a igualdade de condições para o acesso e permanência na escola; a liberdade de aprender, ensinar, pesquisar e divulgar o pensamento, a arte e o saber; o pluralismo de idéias e concepções pedagógicas; a gratuidade do ensino público em estabelecimentos oficiais".

Com justiça, a nova Constituição, foi chamada "cidadã" por Ulysses Guimarães. Ela reconhece questões sociais importantes, como a primazia do trabalho sobre o capital e também a função social da propriedade privada. Com efeito, a Constituição de 1988 contém proposituras que, se aplicadas na sua essência, levariam ao aprimoramento da participação, do exercício pleno da cidadania, dos direitos sociais, questões ainda muito aquém do ideal, no nosso país.

Entretanto, infelizmente, estamos ainda longe da implantação completa das conquistas constitucionais. E as reformas propostas através das Emendas Constitucionais, as PECs, têm contribuído para acabar com algumas conquistas, sobretudo no campo previdenciário.

A nova Constituição instituiu também, em seu artigo 77, a eleição presidencial direta. Fernando Collor de Mello foi o primeiro presidente eleito depois dos anos de ditadura militar.

Eleições diretas, planos e governos

Em 1989, representando pequeno partido político, sem expressão nacional, o PRN, Partido da Reconstrução Nacional, Collor derrotou Luiz Inácio Lula da Silva, em acirrada eleição presidencial, a primeira eleição direta desde 1960. Dela também participaram como candidatos Ulysses Guimarães, Mario Covas, Leonel Brizola, Paulo Maluf e Fernando Gabeira. Collor tinha então quarenta anos, e era o presidente mais jovem eleito no país. Tornou-se conhecido e elegeu-se presidente graças a um bem urdido esquema de *marketing* político, que o apresentava como arauto da modernidade, em termos de postura pessoal e de política econômica. Collor era conhecido nacionalmente como "caçador de marajás", pelo combate que empreendeu contra o empreguismo e os altos salários de funcionários públicos, enquanto governador do seu Estado natal, Alagoas.

Vencida a ditadura, o debate nacional se dava em torno da inflação, considerada o principal impedimento "para a entrada do País na modernidade".

1986–1995

Collor elege como prioridade de seu governo a luta contra a inflação, que chegava a alcançar 25% ao mês. Então se instala no país mais um plano. O Plano Collor, para o combate à inflação, mostrou-se radical, com congelamento de contas, poupanças e aplicações financeiras. Foi um susto geral na população brasileira! Ninguém podia mais sacar o seu próprio dinheiro do banco, além da quantia permitida pelo governo. O plano funcionou, parcialmente, por alguns meses, mas depois degringolou.

Hoje, analistas econômicos consideram que algumas medidas do governo Collor levaram a uma maior abertura do mercado brasileiro à exportação e à importação. Entretanto, as baixas taxas de crescimento e a crise política desencadeada por denúncias de corrupção foram a marca do seu período na presidência.

Em 21 de abril de 1992, o eleitorado, através de plebiscito, recusou a monarquia e o parlamentarismo e decidiu que o Brasil deveria continuar sendo uma república presidencialista. Ainda naquele ano, Collor era acusado de corrupção por seu irmão Pedro Collor, o que gerou investigações da imprensa e do Congresso Nacional, desencadeando o processo de cassação do mandato presidencial.

Durante as mobilizações populares que culminaram com o *impeachment*, destacou-se a participação de jovens apelidados de "caras-pintadas", em referência às pinturas verde-amarelas de seus rostos. Tais manifestações foram fundamentais, juntamente com a pressão popular junto aos congressistas, para a queda do presidente. Há também quem diga que as manifestações teriam sido manipuladas pelos meios de comunicação e pelos esquerdistas. O fato é que, sem apoio político ou popular, em 27 de dezembro de 1992, Collor renunciou para escapar à cassação pelo Senado. Mesmo assim, o Senado o julgou culpado por crime de responsabilidade e suspendeu seus direitos políticos por oito anos.

Mais tarde, em 1994, Collor seria absolvido das acusações de corrupção pelo Supremo Tribunal Federal, mas continuaria com os direitos políticos suspensos.

Collor foi sucedido por seu vice, Itamar Franco, que conseguiu, fruto da cobrança de diversos setores nacionais, realizar uma gestão transparente que possibilitou uma transição tranqüila para seu sucessor. Itamar teve apoio de base parlamentar ampla. Além de uma transição sem turbulências, outros desafios eram o controle da inflação, o aumento da produção e a continuidade do processo de abertura econômica, iniciado por seu antecessor.

Na época de Itamar, no ano de 1993, o Congresso foi palco de um grande escândalo envolvendo políticos: a investigação, através de CPI, Comissão Parlamentar de Inquérito, dos chamados "anões do orçamento". Foi comprovada a existência de deputados que, responsáveis pela elaboração do Orçamento da União, utilizavam-se de emendas ilícitas para enriquecimento próprio. Todos tinham baixa estatura, daí o apelido de anões.

Foi no governo Itamar que se elaborou o mais bem-sucedido plano de controle inflacionário da Nova República. Nomeado ministro da Fazenda, Fernando Henrique Cardoso montou o Plano Real, juntamente com uma equipe de economistas.

A lógica do plano era criar uma Unidade Real de Valor, a URV, desvinculada da moeda vigente, o Cruzeiro Real. A URV valeria para todos os produtos. Estabeleceu-se que cada URV correspondia a um dólar e deixou-se que o Cruzeiro Real se desvalorizasse em relação ao dólar e à URV. Com data determinada para acabar, a URV passou a virar referência de cálculo para preços e contratos firmados. Paulatinamente, o Cruzeiro Real deixava de ser referência e foi perdendo o caráter de moeda.

1986–1995

Em junho de 1994, extinguiram-se o Cruzeiro Real e a URV, passando a vigorar a nova moeda brasileira denominada Real. Havia uma tabela de conversão da antiga moeda para a URV, agora ajustada para Real. O plano valorizou o Real em relação ao dólar e assistimos ao aumento do poder de compra da população, principalmente de produtos considerados supérfluos. A economia se desvencilhava do fantasma da inflação.

O êxito do plano ajudou a eleger Fernando Henrique Cardoso, em 1994, que governaria o Brasil por oito anos.

Fernando Henrique Cardoso elegeu-se, no primeiro mandato, propondo como prioridades cinco metas: saúde, educação, segurança, empregos e agricultura. O balanço do Plano de Metas do seu governo, no segundo ano de mandato, apontava que a educação era a área que apresentava mais avanços, tendo sido o ano de 1996 considerado o "ano da educação". Segundo declarações do Ministro da Educação da época, Paulo Renato Souza, as grandes conquistas de 1996 vieram do Congresso, com a aprovação da LDB, Lei de Diretrizes e Bases da Educação Nacional (Lei nº 9.394/96), e do Fundef, Fundo de Manutenção e Desenvolvimento do Ensino Fundamental e Valorização do Magistério.

No período FHC, a educação pública foi alvo de regulamentações importantes. O Fundef, Lei nº 9.424, de 24/12/1996, determinou a obrigatoriedade da transferência de recursos advindos de impostos ao ensino fundamental, eleito como prioridade. Para assegurar o seu cumprimento, o art. 4 da lei exige a criação dos Conselhos de Acompanhamento e Controle Social do Fundef, instituídos em cada esfera de governo, com a atribuição de acompanhar e controlar a repartição, a transferência e a aplicação dos recursos.

Os Parâmetros Curriculares Nacionais e os Temas Transversais instituídos na época são referências para o trabalho pedagógico nas escolas, constituindo-se de um conjunto de documentos que tentam aproximar nossas escolas da realidade dos alunos. Os PCNs oferecem orientações para o trabalho nas áreas tradicionais de ensino – Língua Portuguesa, Matemática, Ciências Naturais, Geografia e História – e também para outras áreas – como Arte, Educação Física e Língua Estrangeira. Os Temas Transversais abordam Ética, Meio Ambiente, Saúde, Pluralidade Cultural, Orientação Sexual, ou seja, assuntos e conteúdos que podem ser abordados em todas as áreas.

O Programa Dinheiro Direto na Escola acelerou a liberação de recursos e evitou o desvio de verbas. Em 1995, o governo repassou R$ 228,7 milhões para as escolas públicas; em 1996 foram R$ 259,6 milhões. Houve também outros avanços: a ampliação e descentralização do Programa Nacional de Alimentação Escolar, PNAE; o Programa de Alfabetização Solidária; a avaliação rigorosa dos livros didáticos enviados às escolas; a implantação do Enem, Exame Nacional do Ensino Médio.

As mudanças começaram a surtir efeitos positivos nos anos 1990, a taxa de escolarização da população de 7 a 14 anos no Ensino Fundamental saltou de 67% para 95,8%; entre 1989 e 1998, o número de alunos no Ensino Médio passou de 3,5 para 7 milhões.

Do ponto de vista qualitativo, entretanto, os indicadores ficaram aquém do desejável. Terminou-se o período lutando contra a arraigada cultura da repetência, sem implantar a jornada mínima de 5 horas diárias, sem a desejada valorização do magistério e as melhorias nas instalações da rede escolar.

Em 1996, a saúde era vista como a área que apresentava mais problemas e o governo prometia fazer de 1997 o "ano da saúde".

Os resultados na área de segurança não eram visíveis. Em matéria de geração de emprego, o governo prometera mui-

1986-1995

to, mas cumprira pouco, ao longo dos dois primeiros anos de mandato. A taxa de desemprego atingiu 6% dos trabalhadores das seis principais regiões metropolitanas no país. Havia o diagnóstico de que o modelo de abertura econômica tendia a empregar menos trabalhadores, mas o governo federal não cogitava abandonar a política econômica vigente. Para tirar as promessas do papel, trabalhava na atração de investimentos estrangeiros e na qualificação profissional.

A agricultura foi considerado o setor mais sacrificado no primeiro ano do Plano Real. O governo segurou os preços pagos aos agricultores e transformou o setor em âncora para segurar os preços dos alimentos básicos nas prateleiras dos supermercados. No segundo ano, com financiamentos a juros mais baixos e os preços mínimos reajustados, o foco da atenção virou-se para os problemas da reforma agrária. Governo e o MST – Movimento dos Trabalhadores sem Terra disputavam a verdade sobre o número de famílias assentadas. Comparativamente, o governo FHC havia feito mais assentamentos do que os governos anteriores.

O Plano Real trouxe ao país, além da estabilidade econômica, as condições para a retomada do planejamento governamental. A estabilidade monetária permitiu avanços na formulação do PPA, Plano Plurianual, previsto na Constituição, e que exige um planejamento em períodos de quatro anos para a esfera federal, por meio de lei votada em Congresso. Hoje há o reconhecimento, mesmo pelos que faziam oposição ao governo naquela época, que "o PPA 1996-1999 trouxe novos conceitos no ordenamento econômico-espacial do Brasil, com a definição de eixos nacionais de integração e desenvolvimento, e os projetos estruturantes".

Além da estabilidade econômica, o país conquistou, no período, regulamentações importantes para a defesa da cidadania, como o Código de Defesa do Consumidor (Lei nº 8.078/90) e o Estatuto da Criança e do Adolescente (Lei nº 8.069/90).

Enquanto isto... na cidade

A cidade de São Paulo viveu acentuada descontinuidade no período de 1986 a 1995, com alternância de governos democráticos e autoritários e com visões opostas de mundo. A educação, como não poderia deixar de ser, sofreu as conseqüências dessa alternância.

Em 1985, nas primeiras eleições diretas para a prefeitura das capitais, o PMDB, então no poder, conhecera as primeiras derrotas: seus candidatos perderam para a oposição em São Paulo, Rio de Janeiro, Porto Alegre e Fortaleza.

Chega assim à prefeitura de São Paulo, Jânio da Silva Quadros, que governaria a cidade entre janeiro de 1986 e dezembro de 1988. Seu emblema de campanha para os cargos públicos aos quais concorreu sempre fora uma vassourinha, símbolo da moralidade, que serviria para varrer toda a "bandalheira da política". Era assim que Jânio gostava de se apresentar.

Desde a campanha eleitoral, Jânio mostrara perfil autoritário e moralista, bem ao gosto dos saudosistas da ditadura. Consta que nos primeiros 31 dias de governo baixou 68 decretos e 74 portarias.

Jânio tinha também um lado pitoresco. Ao tomar posse como prefeito, limpou a cadeira na qual Fernando Henrique Cardoso se sentara, como candidato favorito nas eleições. Com pose de vencedor, FHC havia tirado uma foto na cadeira do gabinete do prefeito antes do pleito. Mas acabou ficando em segundo lugar.

Jânio expressava-se de forma característica e rebuscada, comunicava-se com os secretários e assessores por meio de bilhetes que eram publicados no Diário Oficial do Município, tornando sua leitura divertida, por uma certa ótica. Jânio promoveu a volta às escolas, de modo impositivo, de práticas caídas no desuso, como o hasteamento da Bandeira, a comemoração do Dia do Patrono e a execução e o canto do Hino Nacional. Fez isso através de Ordens Internas, que resgatavam leis antigas ou emanadas dos famosos bilhetinhos. Jânio teve Paulo Zing como Secretário de Educação.

Para os educadores, começara uma época cheia de proibições e de luta contra a insensatez, a insanidade e a insensibilidade. O recolhimento compulsório e a destruição dos exemplares de um fascículo da revista *Retrato de Brasil* e das edições dos Programas de 1º Grau, distribuídos às escolas da Rede Municipal de Ensino e elaborados na gestão anterior, de Mario Covas, seriam apenas o começo do pesadelo. A revista, que tratava do tema "Constituição e Assembléia Nacional Constituinte", dando ênfase à ampla participação popular, foi considerada por Jânio obra de "comunistas, comunistóides e inocentes úteis".

A partir de 1986 e até o fim de seu mandato, Jânio iniciou um processo de afastamentos temporários da prefeitura para tratar da saúde de sua esposa, D. Eloá.

No seu governo, os salários caíram a patamares desesperadores e o ano de 1987 foi marcado por inúmeras manifestações de reivindicações. Em abril daquele ano, um ato por reajuste salarial levou milhares de servidores em greve ao portão principal do Ibirapuera, onde então ficava o gabinete do prefeito. Jânio informou aos manifestantes que não os atenderia enquanto estivessem em greve. Dado um prazo pelo governo, sem que os grevistas voltassem ao trabalho, Jânio assinou a demissão ou a suspensão de centenas de grevistas, publicando-as no Diário Oficial. Valeu-se, para as punições, de legislação de cunho autoritário, como a Lei nº 8989/71, bem ao feitio ditatorial.

Jânio foi, também, autor de medidas preconceituosas, como a proibição do ingresso de homossexuais na Escola Municipal de Bailado, através de memorando dirigido ao secretário municipal de Cultura. A polêmica medida provocou protestos de organizações como o Gapa, Grupo de Apoio e Prevenção à Aids, e Lambda, Movimento pela Reorientação Sexual.

No governo Jânio, a programação para o 1º Grau elaborada pelo governo Covas, depois de banida, voltou à Rede de Ensino de forma velada, com outra apresentação. O Regimento Comum das Escolas Municipais, também elaborado na gestão anterior não chegou a vigorar. O governo Jânio restabeleceu o Regimento anterior. A proposta pedagógica baseava-se num arremedo de construtivismo. A Educação Infantil e o 1º Grau eram setores separados no Deplan. Houve, na época, a fusão das Secretarias da Educação e do Bem-Estar Social. Convocações para treinamento, com presença obrigatória, eram freqüentes.

Em 1988, último ano do mandato de Jânio, um balanço oficial informava que ele fizera na cidade: pavimentação de 700 km de vias públicas, instalação de luz em 91% da área habitada, canalização de 11 córregos, restauração de 12 bibliotecas públicas, reurbanização do centro, com obras no Vale do Anhangabaú e calçadões, inauguração de 2 hospitais, programas de habitações populares, além de outras obras. Fiel ao seu estilo contraditório, Jânio encerrou o mandato com melhoria salarial significativa, feita através de reformulação legal, conhecida como Lei Mellão, referência a seu Secretário de Administração, João Mellão Neto.

Alguns fatos que marcaram a cidade na época em que Jânio a governou: o grupo Matarazzo derrubou, no bairro da Água Branca, suas fábricas pioneiras, símbolos do nascimento da indústria brasileira; o Plano Cruzado e o congelamento de preços encheram a cidade de consumidores-fiscais, que tumultuavam os supermercados; o ator Fernando Ramos da Silva, que viveu o personagem Pixote no cinema, foi morto pela PM após frustrada tentativa de assalto em Diadema; em 1988, Jânio ordenou a demolição de 258 casas na Rua Assembléia, acesso à Avenida 23 de maio, deixando à mostra um muro de arcos em estilo italiano, que se transformou num cartão-postal da cidade; no mesmo ano, após três anos de reforma, o Teatro Municipal reabriu; foram inaugurados a casa de espetáculos Olympia, na Lapa, o Shopping Interlagos e o Terminal Rodoviário Bresser.

Jânio foi sucedido por Luiza Erundina. Consta que, cumprindo a intenção de tornar irreversíveis as obras iniciadas em sua gestão, Jânio deixou uma dívida de 150 milhões de dólares, em pagamentos não efetuados às empreiteiras que executaram obras de seu projeto viário, principalmente do Vale do Anhangabaú e dos túneis sob o rio Pinheiros e o parque do Ibirapuera.

Foi com um caminhãozinho de som, muita garra e determinação que Luiza Erundina de Souza fez campanha para concorrer ao cargo de prefeita da maior cidade brasileira. Mulher e nordestina, teve que lutar bravamente contra o preconceito e até mesmo contra a expectativa de seu partido, o PT, que não acreditava ser possível elegê-la. Mas Erundina elegeu-se prefeita da maior cidade brasileira e governou São Paulo de janeiro de 1989 a dezembro de 1992. Teve, como Secretários de Educação, grandes educadores: Paulo Freire e Mário Sérgio Cortella.

O primeiro ato de Erundina como Prefeita foi anistiar os grevistas punidos por Jânio Quadros e reconduzi-los aos cargos. Mesmo os exonerados seriam readmitidos, caso se interessassem.

Quanto às dívidas com obras deixadas pelo seu antecessor, o governo petista anunciou a disposição de concluir as principais, em razão dos recursos já investidos, apesar de não considerá-las prioritárias. E, a partir dali, direcionar suas metas à área social, com a construção de creches, escolas e hospitais.

A gestão Erundina foi um desafio sem precedentes. Eleita pelo partido político com fama de ser estilingue, por fazer oposição radical aos demais partidos, passou ao lugar de vidraça, ainda mais na cidade de São Paulo, de perfil conservador.

O governo Erundina teve o mérito de procurar inverter as prioridades, colocando em primeiro lugar a saúde, a educação, o transporte de massa, e outras ações sociais, em detrimento das grandes obras viárias. Deu ênfase à instauração de foros de participação da sociedade civil, visando à democratização do Estado. Enfrentou inúmeras dificuldades no relacionamento nem sempre harmônico com seu próprio partido, no fato de governar com minoria na Câmara, na luta para tentar resolver os agudos problemas sociais que haviam se avolumado na mesma proporção do crescimento da metrópole.

Na gestão Erundina, a educação retomou a intensa discussão pedagógica iniciada na gestão Mario Covas. Paulo Freire, educador de renome, esteve à frente da Secretaria de Educação, empenhando-se em promover políticas que levassem a uma educação pública popular e democrática. Reorientação curricular, interdisciplinaridade, grupos de formação permanente, colegiados foram palavras muito ouvidas na Secretaria de Educação na gestão Erundina. Houve alteração até mesmo na denominação dos órgãos intermediários da Secretaria de Educação, buscando refletir os novos ventos que sopravam na SME. As Delegacias de Ensino, por exemplo, passaram a denominar-se Núcleos de Ação Educativa. Se a mudança de nomes ajudou a democratizar as relações pessoais ou funcionais na RME, pairam controvérsias.

Na gestão Erundina, a tão propalada qualidade da escola seriada foi seriamente questionada. Estudo divulgado no documento Regimento em Ação, de setembro de 1992, demonstrava que, de cada mil alunos que entraram na 1ª série em 1984, apenas 87 terminaram a 8ª série. Que qualidade era aquela, que valia para tão poucos? Comprovando que na sociedade brasileira o acesso e a permanência na escola pública eram um direito não conquistado por milhões de crianças e jovens, o Secretário da Educação de Erundina, Mário Sérgio Cortella, propôs a implantação dos ciclos, sendo São Paulo a primeira cidade no país a adotar essa medida.

Com muito debate e participação dos profissionais da educação, o Estatuto do Magistério Municipal foi conquista inegável da gestão Erundina.

Alguns fatos que aconteceram na cidade, durante esse período: com quarenta padrinhos e 1,5 mil convidados, casaram-se, em 1989, José Victor Oliva, empresário da noite, e Hortência, rainha do basquete; a cidade enfrentou uma epidemia de meningite, sendo que, das 400 crianças que contraíram a doença, 38 morreram; um alarmista, Mario Amato, presidente da Fiesp, disse que 800 mil empresários fugiriam do país se Lula ganhasse a eleição, sucedendo Sarney na presidência; pela primeira vez, desde sua fundação, em 1910, mulheres foram aceitas na Academia Militar de Barro Branco; a TV Record foi comprada por 45 milhões de dólares pela Igreja Universal do Reino de Deus, do pastor Edir Macedo; em 1990, após 10 anos, a cidade voltou a receber a Fórmula 1; foi aprovada a lei municipal que restringia espaço para fumantes em locais públicos; morreram Amador Aguiar, fundador do Bradesco, Ulysses Guimarães, em acidente de helicóptero, e Jânio Quadros.

Em 1992, Paulo Maluf, do PDS, ganhou a eleição e retornou à Prefeitura de São Paulo, superando Eduardo Suplicy, do

PT, no segundo turno. Paulo Salim Maluf governou a cidade entre janeiro de 1993 e dezembro de 1996. Teve, como Secretário de Educação, Sólon Borges dos Reis. Político polêmico, alvo de amor e ódio extremados por parte dos eleitores, num aspecto a prefeitura sob Paulo Maluf foi imbatível: nas obras viárias que empreendeu. Consta que, ao assumir a prefeitura, a cidade tinha dois túneis e 50 viadutos. Quatro anos depois, eram oito túneis e 77 viadutos, uma ampliação considerável. O aumento do número de vias foi acompanhado pelo aumento da frota de automóveis em circulação. Seus opositores criticavam o agravamento dos problemas de trânsito. Já os apoiadores do seu governo comemoravam a geração de empregos decorrentes das obras.

A gestão Maluf implantou projetos sociais, como o *Cingapura*, de habitação popular, e o *Leve Leite*, em que os alunos assíduos levavam leite em pó para casa. Promoveu uma polêmica reestruturação no sistema de saúde, o PAS, que concedia a gestão da área a Organizações Não Governamentais.

A educação foi vítima, mais uma vez, da descontinuidade, pois as prioridades do governo Maluf nessa área eram opostas às do governo Erundina. Houve o retorno da denominação dos órgãos centrais (Delegacia de Ensino, Supeme etc). Foram interrompidos os colegiados e demais mecanismos de formação que davam suporte aos projetos do governo anterior. Uma retomada da centralização das decisões e um esvaziamento das conquistas pedagógicas foram acompanhados da busca pela qualidade total, inspirada em modelo japonês de gestão empresarial. Caiu o Regimento Escolar elaborado com a participação dos educadores na gestão Erundina. Outro Regimento entrou em vigor, de perfil técnico, preocupado mais com a organização burocrática da Rede de Ensino e das escolas.

| 1986-1995

A gestão Maluf promoveu uma reorganização na carreira, envolvendo alguns quadros de profissionais do serviço público municipal, sendo que a educação foi um deles.

Ao terminar o mandato, em 1996, Maluf tinha cerca de 62% de aprovação da população, tendo elegido seu sucessor, Celso Pitta. No entanto, pesavam contra si acusações de ter feito negócios lesivos à cidade, enquanto governante.

Alguns acontecimentos na cidade de São Paulo no período: em 1993, a cidade ferveu com os *megashows* de Michael Jackson e Madonna, no Morumbi; surgiu o bina, aparelho para identificar chamadas telefônicas; as escolas Camisa Verde e Branco e Vai-Vai foram campeãs no Carnaval; em julho de 1994, a cidade parou para ver a seleção brasileira conquistar o tetracampeonato mundial de futebol; o time comemorou a vitória sobre os italianos com uma homenagem ao piloto Ayrton Senna, morto dois meses antes, no Autódromo de Imola, Itália; em 1995, a chegada da rede mundial Blockbuster causou rebuliço entre as videolocadoras; a Pinacoteca expôs 58 esculturas do mestre Rodin e cerca de 150.000 pessoas visitaram a mostra; apresentaram-se os Rolling Stones, no Pacaembu, e a orquestra de Ray Coniff, no Olympia; em 1996, um avião Fokker 100 da TAM caiu sobre uma área residencial, a 1,2 quilômetro da pista, matando 99 pessoas; morreram os integrantes do grupo musical Mamonas Assassinas, em desastre aéreo.

Não foi possível encontrar outra história como aquela porque não era das que a gente inventa no papel. Quem as inventa é a vida, e quase sempre aos golpes.

Gabriel García Márquez

Entre mimosos jacarandás

ANTONIO GIL NETO

Foi um Deus-nos-acuda! Todo mundo lá em casa chorou ao saber da notícia, num misto de surpresa e dó, quando meu nome foi estampado no Diário Oficial do Município de São Paulo naquele fatídico 28 de abril de 1986. Era o mais recente servidor municipal punido na ordem do dia. Com direito a abertura de inquérito administrativo, suspensão preventiva por 90 dias, que significava afastamento do meu trabalho com um desconto de um terço no salário. E a provável e conseqüente demissão... a bem do serviço público.

Eu – que nunca tinha matado nem formiga, nem barata, nem roubado tomate amassado na feira – me sentia a mais nova criminosa da cidade. Como podia? O que eu tinha feito? Uma criatura tão direita, tão correta, tão íntegra como repetia e choramingava minha mãe aos quatro cantos da casa, ser agora, dentre outros tantos diretores escolares recém-nomeados

1986–1995

e em pleno exercício, suspeitos de terem cometido uma irregularidade tão extrema a esse ponto! Meu Deus, o que estava acontecendo?! E agora?

Voltando um pouco o filme da minha vida, agora que tudo isso já passou, mas que ainda pulsa na gente como marca, cicatriz funda, linha d'água, me recordo que sempre fui boa aluna nos tempos de escola. Aplicada, estudiosa, inteligente, como diziam meus pais. Quando recebi meu primeiro diploma, do curso Normal, comecei na Educação dando aulas no Mobral. Estudava à noite fazendo minha faculdade, ajudava no orçamento de casa. Os tempos eram promissores, mas difíceis. Ingressei no serviço público pra valer, no sistema de ensino da nossa cidade, numa escola de educação infantil, onde logo percebi imperar um clima um tanto quanto doméstico, nada estimulante para alguém como eu que queria conhecer, descobrir, reinventar o cotidiano comum e desbravar novos horizontes.

Depois de alguns anos, com o diploma universitário na mão e em busca de novos caminhos, me inscrevi no concurso para diretor de escola. Entre idas e vindas, controvérsias e dissabores, lembro-me bem, acabei escolhendo o meu novo local de trabalho junto com um mundão de colegas em pleno domingo. Coisas da lei. Pude ver a olhos nus naquele burburinho de escolhas que aquelas pessoas desenhavam um grupo novo, esperançoso, otimista. Não conhecia quase ninguém, mas todos eram legitimados pela fundação Getúlio Vargas, por um concurso público de provas e títulos. E todos tinham anos da experiência garantida de professor.

Escolhi uma escola distante. Não importava. Almejava ser acolhida por um grupo de trabalho arrojado, desbravador e corajoso. Logo que iniciei, tentei levar ao pé da letra o que eu havia proposto nos textos que escrevi durante a prova escrita. Sonha va com a idéia de envolver a todos em torno de um projeto de trabalho comum e que desse norte, sentido e consistência ao fazer pedagógico de todos. Queria ser reconhecida por ser uma diretora assim, atuante, companheira, compromissada com o ensinar e o aprender. Entrei de cabeça, de corpo e alma, de sapato e tudo. Com minha inteireza pura, ingênua e apaixonada. Ingênua, não alienada. Lembro-me bem de que o pensamento pedagógico vigente era o Construtivismo, nascido das leituras dos teóricos mais atuais. Piaget, Emilia Ferreiro, Vigotsky dialogavam nas nossas reflexões. Já iniciara, sem me dar conta de que estava instaurando o trabalho coletivo, a gestão compartilhada, o construir do projeto político-pedagógico tão sonhados.

Corria solto o ano de 1986. Nessa experiência efetiva, consistente, somava-se a ingenuidade e a pureza absoluta e desnudada de segundas e terceiras intenções. Fomos aprendendo a construir na nossa escola uma cumplicidade confortável e alentadora. Experimentamos no cotidiano, ao sabor dos cursos e encontros ocorridos na gestão Mario Covas, tendo Guiomar Namo como secretária da Educação, as possibilidades pedagógicas, as teorias reveladas nas diferentes práticas, enfim novos projetos que poderiam dar forma ao sonho de um educador idealista e bem intencionado.

Foi com alegria maior que recebemos no final dessa gestão a Programação Curricular da Rede Municipal. Documentação essa fruto de um trabalho sério feito por educadores dedicados, experientes, estudiosos, bem assessorados pela Unicamp. Naquela época contavam com a equipe do João Wanderley Geraldi, lembro bem. Sem contar a participação crítica de toda a rede, por conta dos vários encontros e reflexões ocorridos em prol desse material. Mas foi uma breve alegria. Logo a apreensão e uma pungente tristeza tomariam todo esse lugar.

Na verdade não estava preparada para o que viria a acontecer.

Com o ano de 1986 veio Jânio Quadros, o velho novo prefeito da cidade, com toda sua *performance* histórica. E Paulo Zing, o secretário da Educação. Recolheram em dois tempos todos os exemplares das programações enviadas às escolas. Aliás, eles deitaram e rolaram... Como pode? Até hoje me pergunto. Foi mais que safadeza e irresponsabilidade o que fizeram, nas barbas da Justiça. Foi um ato de extrema e bárbara arbitrariedade e abuso de poder de fazer inveja a qualquer ditador das páginas dos compêndios da história mundial. Nunca poderia imaginar e entender em sã consciência que tudo aquilo estava acontecendo. Nem notícia de jornal era. Parecia que tudo acontecia numa bolha, num mundinho à parte... E nunca poderia imaginar que de uma hora para outra teria que lidar com aquele patrulhamento, repressão, jogo de denúncias vazias, instalados nas escolas. Foi um período de insólita amargura, nunca esquecerei. Não sabia como e por que calar minha manifestação crítica, minha opinião, meu fundamento tão valorosos a todo ser pensante, sobretudo ao educador. E aí veio a punição. A minha e a de muita gente. Todas justificadas por aqueles parágrafos da Lei nº 8.989.

A bem da verdade, era uma forma corrupta e covarde utilizada pelo poder superior para fazer de nós, diretores recém-ingressados na vida escolar e com direito a sonhos, idéias e necessidades de participar e melhorar o serviço público, os reféns de toda uma rede de profissionais da educação. O ambiente naquele tempo ficou estranho, assustador, pesado demais...

As discussões calorosas, as propostas audaciosas deram vez ao medo, aos olhares inquietos, a um terrorismo atroz. O supervisor, que vinha experienciando um papel orientador e companheiro nas reflexões administrativo-pedagógicas, foi rapidamente trocado por um supervisor designado pela cor e pelo tom do partido no poder, fiscal do pensamento, controlador das atitudes e perseguidor dos mais críticos. Falo isso porque, além do que soube pelos meus colegas, tenho certeza de que minha supervisora foi minha delatora. Como se eu fosse uma *Conium Maculatum*, a erva venenosa que matou Sócrates, tinha que ser arrancada, imagine...

Em meio a esse clima nascia uma proposta de greve geral avassaladora. Nosso sindicato estava a todo o vapor nessa empreitada. Eu não havia acordado ainda para tudo o que acontecia. Discutia com meu grupo acaloradamente se devíamos todos entrar ou não em greve, com a participação e pelo menos com o conhecimento e o reconhecimento da comunidade escolar. Por tudo isso soube que fui tachada de comunista, anarquista, demoníaca e seja lá mais o que for. Guardadas as devidas proporções, em alguma coisa concordava com o pensamento de Che Guevara: "O primeiro dever de um educador é fazer a educação".

Fiquei sabendo que a escola recebera, durante o meu afastamento compulsório e preventivo, uma outra diretora, uma cupincha desse pessoal extremista, daquelas puxa-sacos de marca barbante, cheia de pulseiras, brincos e anéis e um bom salto alto para marcar uma cadência militar no seu andar pelos corredores. Dizem que ela torturava todo mundo, declarando a todo momento que iria vasculhar tudo. De gavetas a cabeças. O pessoal sofreu muito com tudo isso. Sem solidariedade, sem reflexão, foi surgindo um sentimento de hostilidade, de indução maquiavélica, de puro medo. Parecia pesadelo, episódio da Idade Média, de Inquisição em plena véspera dos anos 1990, tão glamurosos.

Durante o período de punição, participei das várias reuniões com um advogado que nosso grupo contratou para analisar o caso. Pensávamos em estratégias de defesa. Mas me defender do quê? Recordo-me de que foi difícil achar um que

| 1986–1995

309

topasse acolher a nossa causa. Sei de alguns diretores que até contrataram terapeuta para melhor entenderem o que acontecia. Eu fiquei aguardando e vivendo o que a vida me oferecia. Tudo aquilo me fazia mal. Foi doloroso demais! Parecia suspensa num tempo irreal e vazio...

Passado o afastamento compulsório, fomos reorganizados, como um bando, pelo secretário de educação, autorizado pelo prefeito. Em pequenos grupos, fomos então redistribuídos para as cinco Delegacias de Ensino espalhadas em nossa cidade, ao sabor dos mandos e desmandos, e ao bel-prazer dos delegados de ensino. Cada um tinha uma regra e uma sentença peculiar. Mas era fácil saber que havia um critério único para essa distribuição. Quanto mais longe de casa, melhor. Soube também que alguns poucos desse bando, intercedidos por padrinhos, rezas e sei lá o que o valha, acabaram retornando às suas funções... não sei bem como foi...

Lembro bem os meus primeiros dias como punida na Delegacia de Ensino da Mooca. Naquela situação desencontrada, acho que a única coisa que fazia com um certo sentido era cuidar de um pequeno canteiro de gerânios abandonados e que viviam numa jardineira de uma pequena sala no final do corredor, onde ficávamos, bem apartados do resto do pessoal. Era como se nas pequenas salas adaptadas com uma mesa e algumas cadeiras se instalasse nossa prisão temporária. Para os outros dali, era como se nós – Sonia, Marilda, Suely, Rosa, Kira, Sandra, Antonio e eu – sofrêssemos de uma espécie de lepra pedagógica. Depois de alguns meses, os gerânios florindo em matizes do vermelho ao rosa, fomos novamente redistribuídos para outros lugares. Todos previamente repensados e calculados num único intento: o mais distante possível das nossas moradias.

O fato é que passei por um bom período anestesiada da vida, como se eu tivesse sido seqüestrada de mim mesma...

Fui parar numa outra delegacia, na Vila Prudente. Para fazer a mesma coisa: nada. Ou melhor: aguardando, num local separado de todos, o horário passar com todas as suas horas, minutos e segundos de cada dia. Nessa fase do grupo ficamos só o Antonio e eu. Com ele, nos anos anteriores, tinha feito um curso bem bacana, o Projeto Lúdico, que deu a mim e a tantos outros um rumo pedagógico novo e eficaz. Jamais vou esquecer. Agora estávamos irmanados por aquela estranha experiência, nada lúdica.

A vida da gente ali parecia um carrossel de emoções bobas e baratas. Tinha dias em que me divertia, tinha outros em que zombava de tudo e de todos; tinha dias em que sofria, chorava, tinha outros em que inventávamos e reinventávamos alguma tarefa tecno-educacional para fazer, mas que nunca vingava, impedida pelo poderzinho regional.

Tive crises. Várias. Uma vez, e por uma isca de triz, aparentemente nada, quase mandei meu guarda-chuva na cabeça da delegada espalhafatosa e com cara de boazinha, mas extremamente autoritária. A sorte é que bati na sua mesa, com toda a força da minha indignação, por conta daquela situação descabida. Vi o guarda-chuva quebrado e molhado pelas minhas lágrimas de ódio puro. Confesso que fiquei de imediato com medo de que o meu grau de punição fosse aumentar, algo como me colocar numa solitária ou a famigerada demissão que latejava como promessa nada bem-quista. Mas daquele dia em diante ela é que mal olhava para mim. Fugia como o diabo da cruz... ou o vampiro do alho... ou a cabeça do próximo guarda-chuva.

Fiquei então com a alma lavada, novinha em folha, como se tivesse saído de uma boa chuva de verão. Tudo parecia uma cena de Almodóvar. Como uma travessura de menina mimadíssima e cruel. Como uma necessidade invencível. Como uma fúria, im-

| 1986-1995

pelida pela justiça cega, surda e muda. Dei, então, de mergulhar na leitura. Um rio, um mar, um oceano. Para me salvar daquela insanidade toda, descobri autores e livros maravilhosos. Tinha uma funcionária que, vivendo uma paixão um tanto quanto proibida, vinha de quando em vez, e às escondidas, ouvir os poemas de amor de Adélia Prado que eu lia para ela sem pestanejar e com todas as caras e bocas possíveis e imagináveis. Pus em dia tudo o que me devia.

Pensando bem, o que será que em nós incomodava tanto aos nossos governantes municipais? Que anjos exterminadores nos tornamos e que tanto ameaçávamos um poder tão absoluto que mandara queimar nas fuças da lei e sem o mínimo respeito a nada e a ninguém um Programa de Ensino ricamente elaborado e resultante de tantos anos de trabalho e estudo de tantos profissionais competentes? Quem era subversivo? Por que não deram crédito a nossa atitude de participação política e profissional?

Bem no finalzinho do seu malfadado mandato, quando já se sabia que a Luiza Erundina seria a nova prefeita, bem perto do Natal, Jânio publicou no mesmo D. O. de sempre uma porção de outras palavras que acabavam com aqueles atos punitivos que havia feito ao sabor de sua vontade pessoal e insana. Como se tudo fora uma brincadeira, uma farsa, uma artimanha. Como se pudesse botar água na fogueira que ele mesmo havia inventado. Voltamos então às nossas escolas. Mas não éramos mais os mesmos.

Lembro bem e não vou esquecer nunca. Até hoje sinto que a gota d'água de todo esse episódio foi o fato de termos mostrado a nossa cara. Para nós romântica, responsável e ingênua. Para eles irreverente, provocativa e revolucionária. Esses fatos não fazem parte da história oficial, fazem?

Pensando com meu botões, acho mesmo que essa história toda começou com nosso pequeno grupo de diretores, os recém-chegados pelo concurso público de acesso que a carreira permitia. É que resolvemos nos juntar para melhor entendermos o que era de fato ser diretor numa Escola Municipal ainda tão cheia de carências, contradições. Lembro que nem mesmo a famigerada vassoura havia na escola quando chegamos. E imagine que na gestão do Jânio era o que não poderia faltar, não é? Éramos, nesse intento sonhador, 22 diretores.

Nem bem conhecíamos um ao outro. Só sabíamos que o que nos ligava era a nossa história começando e o dever comum a cumprir, o trabalho. Diante de nós estava aquela imensa falta de diálogo, aquele abismo entre as escolas e a administração superior em seus gabinetes. Foi feito um único ato, simples: escrevemos um ofício à Secretaria de Educação solicitando as condições materiais mínimas para a escolas e para o trabalho. Com orgulho assinamos o tal documento. Em meio àquele clima de repressão absorvido da ditadura dos tempos idos, não deve ter faltado fofocas, falsas denúncias e hipocrisia a granel no percurso do pedido saído de nossas mãos para as mãos do secretário.

Só sei que alguns dias depois o nosso anfitrião, o Edson, recebeu uma dura convocação para prestar esclarecimentos sobre a nossa reunião. É que havíamos todos nos encontrado na escola onde ele trabalhava, por ser a mais bem localizada e de fácil acesso. E lembrar que o Edson, diretor que tinha implantado por longos anos as salas de leitura na Rede Municipal, escritor de tantos livros da nossa literatura infantil, pai de três crianças pequenas teve que receber em sua própria casa aquela visitinha nada agradável, marcada com letras de sangue dos tempos da ditadura... Era uma convocação da assessoria militar

1986–1995

do gabinete do prefeito para ele prestar esclarecimentos. Até hoje ele diz sentir repulsa, nojo, indignação por tudo isso...

Mas a coisa não ficou assim. Ele foi levado, mas lá fomos nós, os 21 restantes mais um grupo considerável de educadores, para fazer uma espécie de resistência e repúdio a tudo o que estava acontecendo.

Em meio ao belo arvoredo do Parque Ibirapuera, tanto jacarandá mimoso querendo florir, onde ficava o gabinete do prefeito e sua ajuda militar, lá ficamos todos em plena vigília até o Edson sair, aparentemente livre e ileso.

E foi por aí que a greve acabou acontecendo. As escolas andavam em polvorosa. E era um tal de solicitar aos diretores a listagem dos grevistas. Muitos tinham mandado por medo ou por autoritarismo inato. Foi junto com tudo isso que saiu no Diário Oficial a primeira lista de diretores punidos e suspensos. Não satisfeitos, novas e outras listas de professores.Tempos terríveis. Não tinha consciência do que acontecia. Por vezes rezava e pedia a Deus para entender tudo aquilo. Cheguei a suspeitar de leve de mim mesma e que até poderia estar fazendo algo errado que não compreeendia. Por vezes parecia dar corda em mim a um castigo atroz e atormentado. Suspeitava ouvir vozes vindas não sei de onde, me perseguindo de leve e me atirando num poço escuro. Buscava alento na minha própria história. Mexia gavetas, caixas, relia cartas, textos sublinhados, fotos e guardados como se revisitando o museu de mim. Tinha que acreditar em outras possibilidades.

Em pouco tempo tive a clareza de que erradas eram as atitudes dos que estavam no poder, pois agiam de forma autoritária, persecutória e criminosa. Legitimados pela lei e pelo falso comportamento administrativo, fizeram muita gente sofrer injustamente. Mas como o sofrimento tem sua pitada de aprendizagem, aprendi e nunca mais abri mão do meu valor e do meu papel cidadão. Lembro-me de que, quando fiquei sabendo que os diretores haviam contratado advogado para a defesa de tamanho absurdo, fui para o local da reunião pela primeira vez. Fui a última a chegar na sala. Desci no metrô, na Liberdade, e fui subindo uma escada enorme num velho prédio. Sentei num canto. Ouvi muito naquele dia. Todos falaram, se mostraram naquela tarde de outono. Tive a nítida impressão e a certeza de que aquelas pessoas eram dignas, criativas, responsáveis, competentes, coerentes e uma porção de adjetivos que todos os educadores deveriam ter. E ao me ver pertencente ao grupo, numa viagem solitária, nasceu em mim, por espelhamento, nas águas claras da experiência, que eu não era coisa de se jogar fora. Tive a clareza da minha dignidade e de estarmos cumprindo nosso dever nesse viés histórico. E comecei a sentir um orgulho danado que até hoje guardo comigo. Vamos aguardar o que o tempo dirá sobre isso tudo....

Agora, passado todo esse tempo tenso e amargo, posso melhor ver as cores dessa história.

Em muito se parece com a história do patinho feio, que tanto contei a meus alunos. Mal sabia que, no final e ao sabor das agruras e das experiências, acabamos sendo reconhecidos como um bando de belos cisnes!

Penso em me casar num futuro breve. Quero ter um filho. Acho que valerá a pena. Desejo que a próxima geração seja mais justa e solidária. E que esse tipo de coisa nunca mais aconteça. E que ainda haja, nessa nossa cidade, lugar para ver o azul e a nuvens do céu, as flores dos jacarandás e a verdade. E espaço para crescerem gerânios e se ouvirem trinados de pássaros junto com a música livre das escolas e suas crianças...

Para os Punidos da Mooca. E para o Edson.

Sem rosa

Sem rosas... Sem sonhos?...

APARECIDA BENEDITA TEIXEIRA

Do meu apartamento no 8º andar avisto em frente ao edifício onde moro uma escola de ensino fundamental bem grande, com algumas árvores enormes, duas alas compridas de classes, uma ao lado da outra, parte administrativa e galpão, com alunos sempre alegres, numa grande festa nas atividades de educação física na quadra de esportes, fazendo burburinhos como uma grande revoada de pássaros barulhentos.

Me ponho a pensar.... Que segredos de trabalho guardam os educadores? Será que se sentem realizados? Que lembranças estes alunos levarão?

Sem querer o pensamento da gente vai fazendo carreirinhas, uma coisa puxa a outra.

Lembro-me de que, depois de alguns anos, como professora em uma escola da periferia, resolvi mudar em 1982 para uma bem próxima da minha casa.

Foi uma diferença danada!

Não havia mais a união com a qual estava acostumada, advinda, talvez, das dificuldades enfrentadas conjuntamente naquele meio tão carente, um cenário tão diverso. Minhas aulas eram dadas no galpão, no meio do passa-passa de todos, bem entre a cozinha, a diretoria, a secretaria, a sala dos professores e o almoxarifado, sem espaço adequado para colocar o meu material e o dos meus 50 alunos. Precisávamos ainda trabalhar em silêncio para não atrapalhar a diretora.

O bom é que no lugar novo havia mais recursos didáticos e crianças encantadoras, sedutoras como as de lá, que tinham um brilho tão especial, intenso no olhar, que até aumentava quando me fitavam... Eu sabia que eu era muito importante para os alunos e eles, super importantes para mim. E isso era o essencial para o meu trabalho.

O tempo passava... A cinderela que morava dentro de mim foi se tornando guerreira, pronta para a defesa dos seus pensamentos. Do recato à conquistadora, de dona de casa à profissional de mercado, com pitadas de mulher-maravilha que dá conta de tudo e de todos ao seu redor, com a ajuda poderosa dos novos e modernosos eletrodomésticos e comidas semi-prontas, para poupar tempo em tarefas básicas. Ninguém é de ferro, não é mesmo? Cuidar bem da família e trabalhar fora era o grande desafio.

Para melhorar a minha prática didática, eu aguardava, no início de 1983, no governo Mario Covas, a chegada de uma programação, elaborada pelo departamento de planejamento, contendo muitas atividades para serem dadas aos alunos. Corria então à boca pequena que esta programação não iria chegar mais. Alguns diziam que o governo que estava assumindo discordava do material e que fora jogado no lixo. Outros, que fora incinerado. Quanto ao paradeiro real dos cinco mil exemplares que seriam distribuídos aos professores, até hoje, eu não sei o que ocorreu, mas sei que não recebi.

Sabendo, também, que ao esperar muito de qualquer que seja o governo corremos o risco de ficar às moscas, fui abrindo as minhas trilhas na mata.

Pude observar que esse novo governo procurou democratizar as relações, integrar a educação infantil com as séries iniciais, atribuir aos Conselhos Escolares um caráter deliberativo, elaborar diretrizes educacionais a partir dos fazeres dos educadores e preencher vagas através de concursos públicos.

Embora com avanços significativos, nesse período, não estávamos num mar de rosas.

Os alunos eram avaliados, na infância, através de capacidades, baseadas nos estudos do psicólogo Robert E. Vallet , que publicara em 1977 seu livro *Tratamento de Distúrbios da Aprendizagem*. Pasmem! Sessenta e seis ao todo. E haja argumentação para dizer que aquela fragmentação toda era uma loucura. E os assistentes pedagógicos, nomeados recentemente, se rebolavam entre a pressão dos professores contra essa metodologia e a posição da Secretaria Municipal, que achava aquilo o máximo – a última moda americana.

Esse mar de rosas que eu achava não existir, era um mar de rosas, sim, se comparado à tormenta que estava por vir em 1986, quando os eleitores optaram por outro governo municipal: o do Jânio da Silva Quadros.

Pensava, até então, que já havia saído, há tempos, da ditadura militar. Grande engano! O que eu poderia aprender com um governo autoritário que queima a produção do governo anterior? Que persegue? Que administra uma cidade por meio de bilhetinhos lacônicos? Que pune os trabalhadores que reivindicam melhores condições de trabalho e de salário?

| 1986-1995

Muitos governantes acham que governar é como mandar em sua própria casa. Ordenar para ser obedecido, esquecendo-se da história que compõe cada um de nós.

Nessa época não havia mais sonhos de educadores. Só as durezas do autoritarismo e de quando em vez ouvir de representantes de governo coisas do tipo: "Cheguei de enxofre (*sic*) sem lhe avisar" ou "Quem a menininha pensa que é?"... No caso, a menininha era uma diretora balzaquiana... imagine. Não havia a mínima sintonia entre os que faziam a educação e os que estavam no governo.

Os projetos eram elaborados em gabinetes, cujas chefias disputavam eloqüentemente o poder em confrontos pessoais. Vinham de cima para baixo. Através do setor de treinamento, foi desenvolvido na rede municipal um curso chamado Fata – Fogo, Água, Terra e Ar e a Programação Construtivista, baseada nos pressupostos de Jean Piaget, diziam... Se fosse possível, ele teria se levantado do túmulo por ver determinadas colocações a ele atribuídas.

Como podiam impor tudo aquilo garganta abaixo sem conhecer as necessidades reais dos alunos e da equipe escolar?

Nessa época a sociedade civil se organizava para a elaboração da nova Constituição Brasileira. Alguns educadores estavam envolvidos nos movimentos, mas a maioria não, como se o destino político do Brasil não tivesse a ver com a participação de cada um. Fruto, penso eu, da retirada das disciplinas de Sociologia e Filosofia do ensino.

Apesar desse contexto tão sofrido, penso que o autoritarismo neurótico que os educadores municipais enfrentavam serviu para construir a cumplicidade nos grupos em várias escolas. Levamos a greve adiante. E para punir os servidores o governo municipal janista "deitou e rolou" na aplicação de penalidades previstas no Estatuto dos Funcionários Públicos. Como tudo aquilo poderia estar acontecendo em um Estado de Direito?

Cabia a cada um de nós, como nos tempos da "fumaça e do tambor", do enfrentamento militar, fazer a barreira e resistir em nosso nome e em nome de todos os alunos porque aquela não era a forma mais indicada de se fazer educação.

A desobediência deveria ser a tônica, não explicitada, é claro. Fazer de conta que faz, mas nem tudo, nem tanto... E ter a lucidez, a partir de nossa iniciativa, de introduzir sutilmente os educadores existencialistas que nos desafiavam a pensar sobre a nossa prática: Paulo Freire, Januz Korczak, Rubem Alves...

Promover a educação com qualidade para todos é tudo de bom! Caso contrário, o dinheiro público continuará sendo desperdiçado e os eleitores, escolhendo fantasmas apavorantes.

Vou parar por aqui, pois isso vai longe. Muito... muito... longe.

Hoje à noite tenho um reencontro marcado com as minhas amigas, a Leda Mara, Norma, Vera e Cândida, que juntamente comigo eram coordenadoras pedagógicas comissionadas nessa época do prefeito Jânio. Já combinamos por telefone que será proibido falar em escola. Mas, cá entre nós, será que vai dar para segurar?

Esperanças

Esperanças atiradas na fogueira
ALAIRSE VIVI

Quase meia noite.
Normalmente é o horário em que vou para o computador ler meus *e-mails*. Deparo-me com a leitura de um deles que me fala sobre o tempo pessoal de vida. Isso faz com que volte no meu tempo vivido.

> *Já não tenho tempo para mega projetos, sem prazos fixos, para reverter as perdas.*

> *Não quero que me convidem para eventos em fim de semana, com propostas de abalar o milênio.*

> *Já não tenho tempo para reuniões intermináveis para discutir estatutos, normas, procedimentos, regimentos internos.*

> *Não tenho tempo para melindres de pessoas que, apesar da idade cronológica, são imaturas.*

1986–1995

Não quero ver os ponteiros do relógio avançando, em reuniões de confrontações, onde tiramos fatos a limpo.

Detesto fazer acareações de desafetos, que brigam pelo majestoso cargo de secretário geral do coral.

Lembrei Mário de Andrade. Ele dizia que as pessoas não debatem conteúdos, apenas rótulos. E que sua alma tinha pressa. A minha também tem, pois o tempo é escasso.

As lembranças em mim vão se tornando mais vivas e surgem as imagens, os sons das falas e tudo daquele dia é recuperado em minha memória. Um filme tristíssimo, com todos os tons vividos naquele tempo. Meu Deus, 20 anos? Sim, pois foi em janeiro de 1986 e estamos em 2006, século 21. Que atraso!

Eu já voltara das férias e iniciava o preparo das reuniões, que seriam feitas com os professores para encaminhar o trabalho daquele ano.

Era uma bonita manhã de verão que prometia um dia quente. Combinamos, eu, Josimar, a outra coordenadora, e a diretora, a Eliete, que faríamos juntas o cronograma e a pauta dos assuntos que seriam tratados nas reuniões de início daquele ano letivo.

Tínhamos muita coisa pela frente, pois havia uma nova programação curricular e um novo regimento a ser estudado. Sabíamos que tudo havia sido elaborado com intensa participação dos professores, como representantes, nos grupos de discussão para a elaboração da nova programação e do regimento, em momentos anteriores. Nossa escola tinha participado com entusiasmo dessas discussões. Só não tínhamos visto o material pronto.

Eu seguia para a escola animada e curiosa para ver como ficara tudo, ainda não tinha lido nada do produto final que acabara de chegar.

Lembro-me de que no meu trajeto para a escola ia pensando nas discussões que tivemos sobre o regimento. Discussões acirradas, embates memoráveis, entre os que propunham e queriam mudanças e os que eram contrários. Havia pessoas que ficavam enfurecidas com a proposta da participação dos pais e alunos nos conselhos das escolas, alegando que os pais não tinham competência técnica para tal. Aluno? Nem pensar.

Como era difícil mudar! As propostas eram simples: era preciso enxergar a criança, o seu desenvolvimento e alterar a prática. Parecia simples, mas não era. Tudo era extremamente complexo. E isso tudo incomodava muito algumas pessoas envolvidas. Porém, aceitando ou não, elas refletiam sobre as questões que estavam postas e já não eram mais as mesmas.

Um novo ano começava. Como seria? Um novo prefeito e um novo secretário de Educação, não tão novos assim na vida pública, iniciavam seus três anos de administração.

Da minha parte estava muito preocupada, pois sabia que se iniciaria um estilo administrativo completamente diferente do anterior.

Cheguei toda animada e esperançosa, apesar da preocupação, e fui para a sala da direção.

Eliete, a diretora, já estava a postos. Logo em seguida, chegou a Josimar. Tomamos um café, conversamos amenidades. Peguei o rascunho do que já havia pensado para propor, mas senti que havia alguma coisa no ar, que piorou quando falei que não poderíamos perder tempo com relação à programação que havia chegado. Tínhamos muito trabalho pela frente. Eliete parecia nem ter me escutado. Chamou a secretária, pediu alguns documentos, deu algumas instruções de rotina. Havia algo no ar, mais que misterioso. O ar parecia até pesado,

1986-1995

eu não conseguia perceber com nitidez, só sentia. Fiquei ali, olhando para a outra coordenadora, que nada falava.

Voltei ao assunto e Eliete, então, respirou fundo e, num fiapo de voz, relatou: "É muito triste o que eu vou lhes dizer, mas é real. O senhor prefeito revogou o regimento que havia sido aprovado. Voltou a vigorar o anterior. Deu, também, ordens ao secretário da Educação para recolher todo aquele material impresso da programação curricular para todas as escolas da Rede".

Estarrecida, pois não havia entendido nada, perguntei: "Recolhidas? Mas por quê? Em virtude de erros gráficos graves?"

"Não. Serão recolhidas. Ordens são ordens..."

Questionei o porquê daquele boicote, uma vez que os documentos elaborados tratavam de questões pedagógicas e não ideológicas. Ainda sem acreditar no que ouvia, brinquei, dizendo que queria um conjunto, só para mim, para guardar de lembrança.

"Todos os exemplares que chegaram serão devolvidos", retrucou Eliete, muito séria. Eu, pasma, não conseguia entender e muito menos aceitar que todo o trabalho coletivo de um ano e tanto estava sendo jogado fora: todas as reflexões, debates ricos, desgastes, enfrentamentos. O que pensavam que eram?

A diretora continuou justificando: "Infelizmente é a realidade. São ordens do prefeito, que foi escolhido pelo povo, e do secretário de Educação, escolhido pelo prefeito, peças que se completam. É a ordem do jogo".

Muito nervosa, perguntei: "Mas, afinal de contas, voltamos ao tempo da Inquisição? Recolher livros, material escrito para depois queimar?"

A Josimar saiu do seu silêncio. Para amenizar o ambiente, que começava a ficar tenso, ela brincou. "Fi-lo porque quilo. É o que diz o homem da vassourinha, que pensa que o tempo não passou e nada mudou. Não olha para o futuro e sim para o passado".

Ah! Como me lembro daquele dia! Depois de ficar sem argumentos, lágrimas corriam pelo meu rosto e soluços interrompiam a minha fala. Ouvia as pessoas espantadas que entravam na sala e perguntavam: "Nossa, por que você chora tanto? Só por causa de uma programação? Isso não é nada!"

Isto não era nada para elas, mas para mim era. Significava impedir o avanço daquela proposta. O ato do prefeito era para mim indício de retrocesso para nossa educação, para as crianças. Eu sabia, também, que o meu choro era porque eu não tinha mais 20 anos. Meu tempo estava ficando mais curto. Eu não podia mais esperar para ver as coisas acontecerem. Lembrei-me, então, da música do Vandré, que dizia "quem sabe faz a hora, não espera acontecer!"

Num ímpeto de salvação, propus que ficássemos com alguns exemplares. Eliete estava irredutível e tinha suas razões: argumentava que era visada, pois tinha feito parte da administração anterior e poderia ser uma forte candidata a processo administrativo por descumprimento de ordens superiores. Os que estavam no governo se mostravam vingativos e bem capazes disso...

Quando me acalmei, tomei coragem: peguei por alguns minutos um conjunto das programações e fiz sem pestanejar cópias de todas, antes de serem encaminhadas a mais nova inquisição.

Uma surpresa ainda nos aguardava: a própria administração retomou, retocou o conteúdo da programação proibida e republicou-a num novo formato, em papel-jornal, com abertura do novo Secretário, assinatura do Prefeito, como se tudo tivesse sido produzido por eles num passe de mágica. Por uma questão de honra particular, nunca chegamos a usar essa versão oficial. Embasamos todo o nosso trabalho na velha cópia. Durante os três anos daquela administração fizemos uso dela. E foi muito bom.

Soube depois, em segredo se revelando aos poucos, que muitas equipes escolares fizeram a mesma coisa que nós. Era um alívio naqueles anos cinzentos.

Outra coisa de que me lembro desse período foi a postura passiva da maioria dos profissionais das escolas, frente ao autoritarismo exacerbado que vinha como labaredas de poder em cima de todos. Talvez porque os poucos que se pronunciaram e se expuseram foram logo punidos. Ou então sofreram ameaças veladas.

Voltei à tela do computador. Reli a mensagem que me fizera voltar ao passado. Lembrei-me da amiga coordenadora que na época fora minha grande parceira naquela empreitada. Repassei a ela a mensagem e escrevi algumas linhas, relembrando nossos velhos tempos.

Embora tivesse sido um momento muito triste em nossas vidas, senti que tínhamos encontrado uma saída para não perder tempo, amargar no autoritarismo ou estacionar os ponteiros do relógio. Seguimos em frente, por nós mesmas.

A escola e o viaduto

MARILZA GOMES DA GAMA E SILVA

Sempre passo de ônibus por este lugar. Atravesso este viaduto pelo menos uma vez por mês, no dia de ir ao posto de saúde buscar o remédio da pressão. E, toda vez, eu me lembro da Emei que ficava bem aqui, onde hoje é este enorme viaduto. Também, trabalhei ali de vigia tantos anos da minha vida, como poderia esquecer?

No tempo em que tudo aconteceu, lá pelos anos 1990, eu estava perto da aposentadoria. Dona Eliana, diretora na época, me chamou e disse: "Seu Ditinho, acho que nós vamos entrar numa boa grana. É que o prefeito deve dar um reajuste no nosso salário, por conta desse plano que vai acabar com a inflação". Gozado é que meu nome é Benedito Antonio, mas, desde menino, todos me conhecem por Ditinho.

"Mas será, Dona Eliana, tem certeza?" Lembro bem a minha admiração, pois nunca tinha visto, nem ouvido falar, em grande aumento, ainda mais prá barnabé. E quando a reza é demais, o santo desconfia, já dizia a minha mãe, que Deus a tenha.

Dona Eliana, com toda paciência, coitada, me explicou umas coisas que, posso dizer, não entendi muito bem. Era mais ou menos assim: no tempo do presidente Itamar, aquele que bolou o plano para acabar com a inflação, tinha uma tal de URV, que ia ajustando tudo: preços, prestações, salários, até a hora de mudar a moeda. Assim, quando viesse a troca, estava tudo zero a zero, empatado, preços e salários, e ninguém saía perdendo. Acontece, disse Dona Eliana, que aqui na nossa cidade, os nossos salários de servidor não tinham sido ajustados pela tal URV, e quando virou a moeda para Real, nosso salário estava lá embaixo, não valia quase nada. Assim sendo, o novo prefeito, do qual eu não falo o nome, porque fiz um juramento, teria que dar um baita aumento, pois estava na lei.

Bem, naquela noite, embora desconfiado, juro que fui dormir contente. Afinal, como bem disse Dona Eliana, mais dia menos dia a coisa podia acontecer. Afinal, era lei, e com lei não se brinca.

Pois não é que o Ma..., isto é, o tinhoso do prefeito, no dia que era para sair o pagamento, inventou de mudar a tal lei?

Quando cheguei na escola, não quis acreditar no que se falava: o Tinhoso tinha mandado para a Câmara a ordem de mudar a lei por outra, que tirava o nosso direito de aumento. Foi aquela confusão, todo mundo indo para lá, tentando convencer os vereadores a não acatar tal desmande. Fizemos de um tudo, pedimos, gritamos, imploramos, lembro que quase apanhei da polícia, mas qual o quê. O Tinhoso ganhou e nós perdemos.

A lei mudou, e nosso salário virou um pó. Só nessa jogada perdemos 81% do salário. É brincadeira? Desse dia em diante, jurei nunca mais falar o nome desse infeliz...

⸻•⸻

O que eu estava mesmo me lembrando? Desde que tive o derrame, as idéias se embaralham, quero pensar uma coisa e vem outra... Ah! Sim, o viaduto que tomou o lugar da escola. Pois foi no tempo da Dona Eliana...

Quando me lembro dela, sinto saudade. Diretora porreta estava ali...

A primeira vez que ela apareceu na escola, era ainda professora, e bem novinha. Pois ela e mais duas senhoras tocaram a campainha. Eu, como sempre, estava aturdido nesse dia, com um vazamento na caixa d'água. Tinha subido no forro e tentava conter a água, quando ouvi a campainha. Não dava para descer dali correndo. Depois de tocar várias vezes, como ninguém atendia, Dona Eliana não teve dúvida: pois não é que ela pulou o muro? Pulou, e foi logo chamando Lurdinha, a secretária, se apresentando como a nova professora, e pedindo a chave para abrir o portão. Ficamos sabendo, por ela, que a supervisora e a nutricionista esperavam do lado de fora. Pode? Dona Eliana era assim mesmo, sempre foi assim, despachada...

Um dia, já diretora, avisei a ela que o mato do fundo tinha crescido muito. Como dava para o córrego, era perigoso entrar bicho peçonhento. Dona Eliana mandou memorando à Regional para que viessem cortar o mato, e nada. Outro pedido, e nada. Terceiro, quarto, quinto memorando, e nada. Pois não deu outra. Não é que matei uma cobrinha, já bem crescidinha, perto do portão do fundo? Dona Eliana guardou a bichinha num vidro com álcool, chegou na Regional, colocou o vidro na mesa do encarregado e, de mão na cintura, foi logo dizendo: "E agora, você vai ou não vai mandar cortar o mato lá da Emei?" Eta, Dona Eliana... No outro dia, não tinha mais mato.

<hr />

Ah, sim! A história do viaduto se deu assim: O Tinhoso tinha mania de fazer viaduto. Eu bem sei que a cidade precisa de obras, não sou nenhum ignorante, mas será que precisava ser justo no lugar em que ficava a Emei?

Era um terreno tão lindo! Um quarteirão dos grandes de puro verde! Só de ipês, tinha seis, que eu mesmo plantei, com essas mãos que Deus me deu: dois amarelos, um roxo, dois rosa e um branco. Sim senhor, tinha até um branco, que é muito raro de se ver. No mês de agosto, quando se dá a floração, vinha até gente tirar foto, de tão lindo! E as crianças, como gostavam! Dava gosto ver os miúdos correndo, brincando de esconde-esconde, no meio daquele verde.

No começo, os homens disseram que o viaduto ia passar perto da Emei. Mas depois veio aquele conversório, diziam que não encontravam outro lugar para passar o raio do viaduto. Falavam que os terrenos em volta eram da Eletropaulo. Quando o povo se assustou, a obra veio vindo. Primeiro, foi só pela frente da Emei. Depois, começou a aparecer por trás também... No dia em que fincaram a primeira estaca no terreno da escola, não tenho vergonha de contar, confesso que chorei... Mas não fui só eu: vi muita gente de olho vermelho, olhando o guindaste colocar aquela pilastra. Inclusive Dona Eliana...

Quando cortaram a primeira árvore, me revoltei: "Danação! Isso é coisa que se faça? Desse jeito vão acabar com tudo!". "Calma, seu Ditinho, assim o senhor vai ficar doente...". Era Dona Eliana tentando me acalmar. "Como calma, Dona?", gritei para ela, eu que nem era de erguer a voz, ainda mais para uma diretora. "Os homens vão tirar tudo o que tem de mais belo na vida, e a senhora me pede calma? E tem outra coisa... a senhora já viu a rachadura que está se abrindo na sala dos professores?" falei, engolindo o choro...

Levei Dona Eliana lá e ela viu com seus próprios olhos. Ligeirinho chamou o engenheiro da Regional, que viu, muito assustado, esse e outros problemas que tinham aparecido na Emei, por causa do raio do viaduto.

Naquela mesma tarde, o Secretário de Obras também apareceu por lá, em pessoa. Ligava do celular, que naquele tempo era novidade, falando com muita gente graúda da prefeitura.

Eu só fiquei por perto, de antena ligada, ouvindo tudo: falavam sobre as rachaduras que apareceram na Emei, tudo provocado pela obra. Entendi que ele ia buzinar no ouvido do prefeito para fechar a Emei imediatamente.

Contei tudo para Dona Eliana, que ainda mais nervosa ficou. Na mesma hora, ela convocou o Conselho de Escola. Eu mesmo fui levar o aviso a Dona Zilda, mãe da aluna Cíntia, e presidente do Conselho.

O Conselho decidiu que a escola ia resistir o quanto pudesse. A maioria das mães dependia da Emei para trabalhar. Onde colocar as crianças?

E depois, sair dali, se o viaduto é que estava vindo? "Se sairmos agora, correndo", disse Dona Zilda, em nome de todas as mães, "o prefeito não vai construir nada, e o que vamos fazer com as nossas crianças?"

Uma comissão foi falar com o Tinhoso, mas ninguém foi recebido. Para desanuviar o ambiente, Dona Eliana marcou muitos passeios com os alunos.

1986-1995

Estava já no fim de outubro, quando toda a Emei foi passear no Zoológico. Pois não é que, justo naquele dia, parece que foi Deus que pôs a mão, uma daquelas pilastras se soltou do guindaste e caiu sobre uma parte da Emei? Se a escola estivesse com as crianças, credo em cruz, teria acontecido uma tragédia!

No dia seguinte, quem apareceu por lá? Pois foi o Tinhoso, em carne e osso! "Bom dia, Deretóra", foi logo cumprimentando, com aquele seu jeitão de falar. "Viu que lindo viaduto estamos fazendo perto da sua Emei?".

Dona Eliana avermelhou: "Minha Emei, não, senhor Prefeito!", ouvi ela responder. "Esta é a única Emei que a população tem, em toda esta vasta e esquecida região da zona leste. E depois, o viaduto não está perto, mas dentro da escola. Por favor, me acompanhe e venha ver os problemas que a obra do seu viaduto está causando para a escola".

Pois ela mostrou tudo, tim-tim por tim-tim, para o prefeito. Depois de ver com atenção, o Tinhoso coçou o queixo, olhou bem pro olho do secretário, e falou na frente do povo, todo sorrisos: "Não se preocupem, minha gente. Vocês estão nervosos à toa! Eu vou construir uma escola novinha para estas lindas crianças, em outro lugar!"

Ninguém deu um pio. Na certa, porque não acreditaram que era verdade, vindo de quem vinha... O fato é que, daquela vez, foi verdade. A escola nova foi entregue, depois de cinco meses de obra.

Se eu disser que fiquei feliz, estou falando mentira. Nunca pude me esquecer da antiga Emei, das árvores tão lindas, do canto do sabiá que morava lá, da criançada brincando de pega-pega...

Se bem me lembro, já estava aposentado quando a nova Emei inaugurou. Dona Eliana mandou me chamar, mas eu não quis ir. Já não andava bem de saúde nos últimos tempos e, logo depois, veio o derrame... Veio o derrame, fiquei mal, quase morri, mas, graças a Deus, não perdi o juízo...

———

Motorista, pare, moço, para esse velho descer... Perdido em tantas lembranças, nem dei conta que o posto de saúde já passou. Obrigado, meu filho, até o próximo mês...

O se
se i

O secretário, quem diria, se rendeu ao candomblé

DINAH MARIA BARILE

Era o ano de 1986. Jânio Quadros era o prefeito do Município de São Paulo. Paulo Zing, o Secretário Municipal de Educação. Eu, professora de terceira série, na EMPG "José do Patrocínio".

Naquele ano vivíamos momentos de pura ebulição. O prefeito governava por bilhetes escritos com mãos de ferro, porém utilizando-se de textos permeados de um humor sarcástico. A cada recado publicado, um frio nos percorria a espinha. Ao mesmo tempo, seu jeito debochado de nos dar ordens muitas vezes nos levava aos risos, à diversão obrigatória.

Sabíamos que os tempos não eram fáceis. Era preciso coragem para discordar, deixar de cumprir...

Movido por seus ideais de limpar a cidade em todos os sentidos, de ufanismo exagerado, de prestar cultos, reverenciar

1986–1995

símbolos, o prefeito nos surpreendia com ordens e exigências para as mais diversas tarefas.

Assim, no início do ano de 1986, Jânio Quadros resolveu trazer para o campo do Calendário Escolar a lei de 1976 que instituía o Dia do Patrono nas Unidades Escolares, exigindo que esse dia fosse comemorado com solenidade, festividades, com trabalhos escolares que colocassem os alunos em contato com a história de vida de seu patrono, bem como trouxessem os familiares daquele que deu nome à unidade escolar para o seu convívio.

Em cumprimento ao determinado pela Secretaria Municipal de Educação, a primeira escola a homenagear o seu patrono foi a Escola Municipal de Primeiro Grau José do Patrocínio, a minha escola.

Foi um burburinho frenético em toda a equipe escolar, ao imaginar de que maneira iriam conduzir o planejamento daquela atividade.

Após muitas idéias levantadas, a escola resolveu organizar uma festa com foco no legado dos escravos. Tendo sido José do Patrocínio um grande abolicionista, nada mais importante do que mostrar a importância dos africanos na formação do nosso povo.

Iniciou-se um período de intensa pesquisa por parte dos professores e de seus alunos. As áreas influenciadas pela cultura dos negros africanos foram distribuídas entre todas as séries. Havia os responsáveis pela música, pela comida, pela religião, pelo vocabulário, pelas lendas. A idéia era mostrar, em forma de representação teatral, uma linha de tempo que se iniciaria na época dos escravos, passaria pelos anos vividos por grandes abolicionistas, destacando-se evidentemente a atuação de José do Patrocínio. Chegando-se aos dias atuais, mostraríamos então o grande legado dos negros para a sociedade brasileira.

Para a minha classe, coube apresentar a religiosidade que os negros forjaram em todos os brasileiros, apresentando o Candomblé.

Logo comecei a conversar com meus alunos, explicando-lhes que teríamos um belo trabalho a apresentar no dia da festa e que, para isso, teríamos que iniciar uma pesquisa, entrevistar algumas pessoas, comprar livros, enfim, procurar conhecer o máximo que pudéssemos sobre essa religião, a fim de não fazer feio no dia da apresentação.

Para minha surpresa, as coisas não seriam tão difíceis como eu pensava. Muitos dos meus alunos pertenciam a famílias que praticavam essa religião, de forma que já dominavam muitos conceitos sobre essa doutrina, que apresenta entidades espirituais com o poder de reger nossas vidas e de influenciar a natureza dos fenômenos naturais ou até mesmo de gerá-los.

Mesmo assim, tratei logo de visitar uma boa livraria e escolher, dentre muitos, um livro pequeno, de fácil compreensão e que me apresentasse tais entidades e suas características principais.

Comecei, então, a contar aos meus alunos tudo o que havia aprendido com essa leitura, dedicando uma hora por dia para essa atividade, ocasião em que trocávamos idéias sobre como representar tais conceitos.

Marquei uma reunião com os pais e já dividimos entre seus filhos a representação das sete linhas principais dos orixás. Os pais que praticavam a religião deram sugestões preciosas. Estipulamos também a vestimenta básica, uma espécie de camisolão branco para todos, variando apenas os adereços próprios de cada orixá.

Alguns pais se prontificaram a confeccionar ou emprestar materiais a serem levados nas mãos por seus filhos durante a

1986–1995

apresentação, como, por exemplo, arco e flecha, cocar, palha da costa, pipoca, balas, turíbulo.

Resolvemos que a representação consistiria em simular uma roda de candomblé, como as feitas em terreiros próprios, em que as entidades representativas de cada linha espiritual fossem "descendo" à terra, vindas quem sabe do cosmo universal, de forma materializada, com seus adornos e suas danças próprias.

Iniciaríamos com uma defumação do ambiente com o turíbulo em brasas e repleto de ervas que fariam o ambiente ficar todo enfumaçado. Em seguida iriam se sucedendo as linhas dos orixás e cada entidade que apareceria deixaria uma mensagem com votos de paz, saúde e sucesso aos espectadores, que seriam agraciados com perfume e água benta.

A culminância se daria quando as duas últimas linhas se apresentassem: obaluaê "lavando" o terreno e as pessoas com sua pipoca e os erês, a linha das crianças, brincando com os presentes na platéia e distribuindo "balinhas abençoadas".

No dia do patrono, com as autoridades presentes, tudo isso aconteceu! Foi comovente ver os convidados na primeira fileira interagindo com as crianças, lançando-lhes acenos, beijos, palavras elogiosas e, principalmente, disputando os regalos que eram oferecidos à platéia.

As crianças estavam tão bem ensaiadas e tão imbuídas de seu papel a representar, que a mim só restava assistir ao espetáculo, a pele toda arrepiada e os olhos marejados de lágrimas...

Notei do meu canto a presença do senhor Paulo Zing, nosso Secretário Municipal de Educação: ele saudava as entidades com seus braços em forma de X, cruzados logo acima de sua cabeça, completamente integrado naquela manifestação.

Foi nesse momento que o vi se ajoelhar para recolher as balas caídas no chão. Ele era a personificação de alguém em transe. Será que esta seria a sua própria religião? Nunca saberei ao certo. O que ficou muito claro foi o seu total embevecimento com o que via.

A festa foi um estrondoso sucesso.

Nos dias que se seguiram, por várias vezes minha diretora recebeu telefonemas da Secretaria Municipal de Educação, do próprio secretário, para elogiá-la pelo evento e principalmente parabenizar a professora responsável pela apresentação do Candomblé.

É claro que isso muito me envaideceu. E, mais do que isso, levou-me a refletir: sim, os tempos eram difíceis, a democracia ainda hibernava em nossos corações; rumores davam contas de protecionismos por parte do Secretário Muncipal de Educação e de tantos outros desmandos do poder. Porém, a meu ver, nada, nem ninguém, pode ser rotulado de forma unilateral, pois tudo e todos nesta vida têm, no mínimo, dois lados a serem analisados. O Sr. Paulo Zing, também!

As emoções tocam fundo o coração de todas as pessoas. O que é diferente, apenas, é a intensidade com a qual cada um de nós as vivencia.

E, afinal, o que pode tocar mais fortemente o coração dos adultos do que a alegria e a pureza das crianças?

Essa máxima verdadeira de todos os tempos transcende o legado dos negros e até mesmo a linha do tempo!

Tensão, ilusão e perdas

LUIZA HARUMI SIMAZAKI

Era um sábado à tarde e estávamos reunidos na sede do sindicato. Ficamos sabendo que o prefeito havia enviado à Câmara Municipal um projeto de Lei que seria votado às pressas com o intuito de impedir a concessão de um reajuste salarial que giraria em torno de 81% sobre nossos salários. A categoria da educação estava indignada. Seria necessário uma grande manifestação em frente à Câmara Municipal e um movimento junto aos vereadores da situação.

Na segunda-feira, cheguei à escola onde lecionava e convoquei uma reunião com todos os funcionários do primeiro período. Alertei-os sobre a gravidade da situação e para a necessidade de adesão de todos na manifestação que ocorreria às 14h daquele mesmo dia. Todos ouviram os informes com atenção, mas poucos se prontificaram a participar, embora considerassem importante o ato.

1986–1995

Quando cheguei ao Viaduto Jacareí, fiquei decepcionada com o pequeno número de funcionários municipais presentes. A impressão que tive era de que todos os outros que permaneceram em seus locais de trabalho não estavam preocupados com a mudança repentina da Lei e que não se importariam em perder a chance de receber um aumento de 81%.

Após ouvirmos os últimos informes e discursos dos representantes dos sindicatos presentes de corpo, alma e voz, adentramos no edifício pelas portas da frente com o objetivo de falarmos com os vereadores e os sensibilizarmos em prol de nossa luta. Para variar, poucos estavam presentes em seus gabinetes. Alguns nos atenderam.

Escolhi um vereador e fui até ele para a minha importante tarefa. Para minha surpresa ele me afirmou que pretendia nos apoiar, mas que de acordo com a fidelidade partidária deveria seguir as determinações do partido. Soube que tempos depois migraria para outro partido político. Fiquei frustrada, pois nas demais salas só conseguimos falar com os assessores dos políticos que nos diziam palavras alentadoras, mas nem tanto...

Na manifestação do segundo dia, Mariângela, minha amiga, seu namorado e eu adentramos na Câmara pelas portas dos fundos, isto é, pelo elevador da garagem no subsolo. Nós e alguns companheiros literalmente invadimos o local, aproveitando-nos do pouco policiamento. Naquela ocasião, o Plenário estava sendo reformado e os vereadores reuniam-se, provisoriamente, em um auditório, que eu conhecia bem, pois havia feito em outra ocasião um curso de primeiros socorros no mesmo local. Os manifestantes me seguiram e logo atingimos o andar almejado. A porta de acesso estava fechada, mas, com um impulso, chutei-a e ela se abriu. A porta seguinte, de acesso ao Plenário, estava sendo protegida por uma Guarda Civil Metropolitana. Aconselhei-a que me deixasse entrar. Com receio da multidão que estava se aproximando atrás de mim, ela abriu a porta e entramos. Presenciamos alguns vereadores passando mal e pedindo para chamarem o médico. Senti que a situação não estava nada boa.

Em meio às discussões dos parlamentares e a fala do presidente da Casa, aproveitei uma desesperada chance que apareceu na tentativa de falar com um vereador representante das minhas raízes nipônicas, na esperança de que ele se sensibilizasse e apoiasse a nossa causa. Percebi pelos seus olhos e pelos seus gestos que não se importava com o pedido de uma simples "professorinha". E que estava determinado a apoiar o prefeito.

Vários sentimentos se misturavam dentro de mim: ódio, vontade de chorar, frustração, mas não derramei nenhuma lágrima diante de tantos "vendidos". Pensei com os meus botões: Quanto será que cada um receberá para apoiar a proposta do Governo?

A situação ia ficando cada vez mais tensa. A pressão dos manifestantes aumentava e a cada vez mais vereadores estavam passando mal. Uns pediram calma e outros, a palavra. Os vereadores da oposição, em minoria, estavam inconformados e dependiam do apoio dos indecisos. O policiamento foi reforçado e os manifestantes, retirados do local, para que os vereadores pudessem se retirar do Plenário. Minha amiga que estava do lado externo não agüentou de tamanha indignação e fez o que fez: depois de levar um tapa no rosto de um vereador que saía escoltado, revidou, cuspindo em sua cara.

No dia seguinte, quando chegamos ao mesmo local, o policiamento estava completo. Os PMs faziam um cerco em volta do prédio, impedindo a aproximação. Até escudos eles possuíam.

A cavalaria também estava presente.

1986–1995

Nesse dia, no meio do tumulto, quase fui presa. Um PM puxou-me pelo braço, mas um grupo de manifestantes me puxou pelo outro. Ufa, escapei por pouco. Que tensão! Que medo! Que ódio!

Quando a cavalaria avançou, os guardas também o fizeram com seus cacetetes. Dizem que a dor causada por esse instrumento é como se queimasse a pele. O corpo fica dolorido por vários dias. Não fui alvo dessa brutalidade, mas vi um manifestante sangrando na cabeça. Ele ficou estirado na rua no meio daquele tumulto. Juntamente com outras pessoas, eu ajudei a socorrê-lo. Nós o levamos à ambulância para atendimento. Minha camiseta ficou toda ensangüentada, assim como estava o meu coração, dilacerado com tanta indignação e tristeza. Estávamos sendo tratados como bandidos, escorraçados pelos policiais. Queríamos apenas o que nos era de direito. Quando convinha, aos governantes, os reajustes eram ditados pela arrecadação dos impostos e a inflação galopante não era levada em conta para corrigir os salários. Mas quando a arrecadação foi grande, resolveram mudar o jogo.

Nesse dia estava exaurida, sem esperanças. Em um impulso de indignação maior ainda, retornei à escola em que lecionava e fiz o que fiz: pendurei a camiseta ensangüentada em um cabide na sala dos professores com os seguintes dizeres: "Enquanto uns dão o sangue e lutam pelos 81%, outros..."

Soube posteriormente que esse ato causou várias reações entre os professores. Alguns ficaram preocupados, pensando que o sangue era meu; outros manifestaram sua ira dizendo que em outros tempos já haviam lutado e outros, simplesmente, ficaram inertes. Dizem que ainda uns outros ficaram com nojo.

No quarto e último dia de manifestação, estava frio e chovia muito. Mas isso não impediu os funcionários municipais de marcarem sua presença em mais um ato. Era o dia da segunda votação dos vereadores. Foi um dia longo, interminável. Tínhamos a esperança de que alguns dos 55 vereadores mudassem de idéia no último minuto. Escureceu e permanecíamos debaixo de chuva, aguardando o resultado. O celular ainda não estava em uso como atualmente e as notícias que chegavam ao carro de som eram vagarosas e escassas.

A "punhalada" chegou pelas costas. Por intermédio da assessoria de uma vereadora, ficamos sabendo que o prefeito obtivera vitória e não receberíamos o reajuste de 81%.

Voltamos todos para casa como uns patinhos molhados e órfãos. O que me deu um fio de alento foi a presença dos meus outros colegas de trabalho e também da direção da escola naquele último e fatídico dia de inglória.

Passados esses dez anos, vários servidores municipais já ganharam judicialmente as ações impetradas contra a prefeitura sobre esse indíce salarial. Muitos perderam a ação e só resta agora entrar novamente com uma ação para ver se a coisa muda. Vamos ver. Quem sabe ainda valerá o que dizem: a justiça tarda, mas não falha.

1986-1995

Pitadas de história

A essência das coisas
é senti-las
tão densas e tão claras,
que não possam conter-se
por completo
nas palavras.

Glória de Sant'Ana

Questões do Regimento

A antiga Lei de Diretrizes e Bases da Educação, Lei nº 5.692/71, além de criar nova nomenclatura didática do sistema escolar brasileiro, substituindo as designações "ensino primário e médio" por "ensino de 1º e 2º graus", estabeleceu também, no seu art. 2º: "a organização administrativa, didática e disciplinar de cada estabelecimento de ensino será regulada no respectivo regimento, a ser aprovado pelo órgão próprio de sistema, com observância de normas fixadas pelo respectivo Conselho de Educação".

Como se observa, a Lei propunha que a organização de cada estabelecimento de ensino estaria assegurada no respectivo regimento.

Entretanto, a mesma Lei, no art. 7º das Disposições Transitórias, também dizia que os sistemas de ensino podiam instituir,

1986–1995

351

para os estabelecimentos de ensino por eles criados, um regimento comum, preservando a flexibilidade didática de cada escola.

Em decorrência desse dispositivo, os sistemas optaram pelo regimento comum, que, entretanto, não assegurou a "necessária flexibilidade didática", impedindo a iniciativa peculiar das escolas.

Na cidade de São Paulo, os governos que se alternaram no período 1986/1995 usaram o regimento como meio de estender às Unidades Educacionais sua visão de educação e de mundo: Jânio Quadros cassou o regimento feito de forma democrática e participativa durante o governo que o antecedeu, o de Mario Covas; Luiza Erundina, por sua vez, através do Regimento Comum das Escolas Municipais de 1992, empreendeu uma luta contra a repetência, implantando os ciclos na cidade de São Paulo.

Com a nova LDB, Lei nº 9.394/96, foram inaugurados novos tempos na questão do regimento. A palavra de ordem, a partir dessa Lei, é a autonomia dos estabelecimentos de ensino (Art. 15). É bem verdade que esta LDB ainda se mantém um pouco cautelosa, pois prevê graus de autonomia, dependendo das condições de funcionamento da escola, o que deve ser alvo de avaliação pelos órgãos administrativos do sistema. Entretanto, a nova LDB pressupõe a existência de um regimento escolar em cada estabelecimento de ensino (art. 24, incisos III e VI).

Seguindo esta norma, desde 1998 os estabelecimentos de ensino do Município de São Paulo fizeram a revisão do Regimento Comum, ou seja, elaboraram seu próprio regimento.

Ciclo, uma boa medida que pouco saiu do papel

São Paulo foi a primeira cidade no Brasil a implantar a organização em ciclos no seu sistema escolar, em vez da seqüência das tradicionais séries.

Essa medida foi implantada durante o governo de Luiza Erundina, com a aprovação do Regimento Comum das Escolas Municipais, em 1992.

O secretário da Educação na época, Mário Sérgio Cortella, comemorava, em comunicado à Rede Municipal de Ensino, a aprovação, pelo Conselho Estadual de Educação, em caráter definitivo, do Regimento Comum das Escolas Municipais de São Paulo. Em suas palavras, o regimento seria o instrumento para "a construção de uma escola que rompa com sua prática de seletividade, exclusão social e autoritarismo para com seus alunos".

O secretário fazia a defesa do ciclo: "A concepção de ciclo é uma noção pedagógica estreitamente vinculada à evolução da aprendizagem de cada educando e à avaliação de seus avanços e dificuldades. Contempla uma dupla preocupação:

• trabalhar com as especificidades de cada educando;

• organizar mais coerentemente a continuidade da aprendizagem, tendo em vista uma perspectiva mais ampla e uma efetiva integração dos professores do mesmo ciclo".

A gestão Erundina, que avançara tanto na discussão dos problemas da escola pública, não chegou a implementar estas mudanças tão necessárias. Paulo Maluf elegeu-se, substituindo-a na Prefeitura de São Paulo. Durante a campanha eleitoral, uma das propostas que Maluf fizera para a Educação era a eliminação dos ciclos nas Escolas Municipais e a volta à seriação. Não chegou a colocar em prática o seu intento de campanha devido, em grande medida, à acolhida favorável que o Conselho Estadual de Educação tivera com relação ao Regimento Comum (Parecer CEE 934/92).

Porém, a questão pedagógica que deveria acompanhar a implantação dos ciclos foi se esvaziando lentamente.

Em 24/2/1994, com o Decreto nº 33.991, instituiu-se um novo Regimento Comum para as Escolas Municipais. Mantinha a organização do regimento anterior, mas era eminentemente técnico e regulatório. Deixando de lado a questão da implementação dos ciclos na Rede Municipal de Ensino, a gestão Maluf, na prática, acabou com a proposta. Os governos que se sucederam também não investiram na real implementação dos ciclos nas escolas municipais.

Reorientação curricular: grupos de formação e interdisciplinaridade

"O projeto político-pedagógico que estamos articulando pretende, em última instância, que, partindo de uma primeira leitura de mundo, meninos e meninas, homens e mulheres façam a leitura do texto, refaçam a leitura do mundo e tomem a palavra."

Este era um trecho da mensagem que Paulo Freire, renomado educador brasileiro, fez à Rede Municipal de Ensino, como secretário de Educação, em 1989 no documento de apresentação da proposta de Reorientação Curricular, elaborado na sua gestão.

Foi um momento de grande ebulição na Rede, em que ocorreram muitos estudos, a reflexão e a participação dos educadores das escolas.

O Movimento de Reorientação Curricular foi implementado primeiramente em 10 escolas-piloto da Rede municipal. A SME trabalhava no sentido de garantir amplo processo participativo nas decisões e ações sobre o currículo, no respeito pela autonomia da escola e na valorização da unidade teoria-prática. O projeto envolvia a escola, os especialistas nas áreas do conhecimento e a comunidade na qual cada escola se inseria.

Tudo começou com encontros de reflexão e levantamento dos problemas da Rede, em que educadores, alunos e comunidade fizeram análise crítica do trabalho nas escolas, bem como propostas de alteração. Era a chamada fase da problematização. Os dados obtidos foram sistematizados. A preocupação central da proposta era compreender o aluno como sujeito do processo de produção de conhecimento e tentar superar a fragmentação do saber.

Nessa perspectiva, em seguida foram escolhidos os "temas geradores", a partir da problematização da escola e de suas relações com a sociedade. As escolas-piloto trabalhavam com equipes multidisciplinares dos NAEs, os Núcleos de Ação Educativa, sob coordenação do Departamento de Orientação Técnica e com a assessoria de professores da USP, Unicamp e PUC/SP.

Todas as matérias do currículo escolar trabalhavam em torno dos temas geradores, numa abordagem interdisciplinar. Muito se apostou na formação permanente, centrada na ação-reflexão-ação, que propiciava aos educadores a discussão da própria prática, aprofundando-a e reconstruindo-a, na busca de uma ação transformadora. Os Grupos de Formação eram coordenados por profissionais de DOT e dos NAEs. Envolviam os vários segmentos: professores alfabetizadores, coordenadores pedagógicos, diretores, professores de EMEIs, entre outros.

Um estatuto para o magistério

O Estatuto do Magistério Público Municipal de São Paulo, o primeiro da Rede Municipal de Educação, foi criado pela Lei nº 11.229/92.

A proposta foi apresentada oficialmente aos professores em março de 1991, no Anhembi, com a presença de 5 mil educadores e dos secretários envolvidos na sua elaboração.

Era uma proposta preliminar, que passou pela análise crítica da RME, ganhando novas feições. Foram promovidos debates regionalizados pelos Núcleos de Ação Educativa, NAEs, e distribuídos exemplares aos, então, 30 mil professores da Rede. Uma transmissão da TV Cultura deu suporte às discussões nas escolas.

Depois disso, os professores responderam a uma consulta qualificada sobre o Estatuto e assim novas sugestões foram acolhidas.

Consta que a versão final foi aprovada depois de 112 rodadas de negociação, envolvendo Legislativo, Sindicatos e SME.

O Estatuto suscitou discussões interessantes a respeito dos princípios que levariam a uma gestão democrática da educação pública. As primeiras versões do Estatuto previam a eleição para os cargos de Diretor de Escola e Coordenador Pedagógico, como forma de democratizar a gestão. Nessa proposta, a carreira do Magistério seria constituída por um só cargo, o de professor, sendo que diretores e coordenadores pedagógicos seriam eleitos para as funções.

A Rede Municipal derrubou a proposta, saindo em defesa do Concurso Público como a forma de provimento mais democrática e isenta, imune a apadrinhamento político e a outras práticas clientelistas.

Dessa luta em defesa da carreira e do Concurso Público é que nasceu o Sinesp, Sindicato dos Especialistas de Educação do Ensino Público Municipal de São Paulo.

Outras conquistas importantes foram asseguradas no Estatuto: a Jornada Integral, em que os professores dobraram os salários da época para uma jornada de 30 horas semanais, sendo 20 horas com alunos e 10 horas para atividades diversas, como preparação de aulas, correções de provas e reuniões pedagógicas; o piso salarial profissional; a instituição da data-base, em 1º de maio de cada ano, para negociações salariais; a criação do cargo de professor adjunto, no lugar do substituto, com o propósito de se integrar melhor ao processo pedagógico das escolas; a possibilidade de afastamentos para dirigentes sindicais, entre outras.

Como fomos garfados em 81%

Até fevereiro de 1995, duas leis regulamentavam a questão salarial dos servidores municipais de São Paulo: a Lei n° 10.688/88, elaborada na gestão Jânio Quadros, e a Lei n° 10.722/89, da gestão Luiza Erundina.

Os reajustes salariais dos servidores eram calculados com base nas "receitas correntes do mês anterior".

Em fevereiro de 1995, o então prefeito Paulo Maluf enviou à Câmara Municipal um projeto revogando essas leis e editando a Lei n° 11.722/95, que alterou os índices dos aumentos salariais. Estes passaram a ser calculados nas "receitas correntes do quadrimestre anterior". A Lei foi aprovada em 13 de fevereiro e deveria entrar em vigor em 1° de março.

Entretanto, Maluf fez retroagir seus efeitos a 1° de fevereiro, prejudicando o reajuste pelo antigo cálculo. Só nesta mudança, houve perda salarial significativa.

Na época, os servidores municipais estavam com os salários muito defasados, pois não haviam sido indexados pela URV, como determinava o Plano Real, na fase que antecedeu sua implantação. A expectativa por um reajuste era enorme, mas isso não ocorreu. Restou aos servidores recorrerem à Justiça, através de ações individuais ou coletivas, patrocinadas pelos sindicatos.

Em abril de 2003, o Supremo Tribunal Federal julgou inconstitucional a retroação da lei imposta por Maluf. O Município vem criando obstáculos para efetuar o pagamento dos valores devidos, nas milhares de ações hoje em andamento. Calcula-se em 81% as perdas salariais dos servidores municipais, em todo esse inaceitável episódio.

1986–1995

1996-2006

Avanços tecnológicos,
científicos e ainda... a fome!
Na aldeia global, o ensino
municipal busca sua eficácia.

Breve panorama

LUIZA HARUMI SIMAZAKI

LUCIANA MARLEY SACCHI

E por falar em panorama...

O planeta Terra testemunhou, nesses milhares de anos, transformações inusitadas. Destacaremos, dentre tantas, algumas delas que marcaram significativamente o final do século 20 e o início do século 21.

Vale salientar que os seres humanos vêm alcançando patamares de desenvolvimento científico e tecnológico altíssimos. Em contrapartida, as cenas de guerras violentas, a que assistimos através dos meios de comunicação ao mesmo tempo que acontecem, nos remetem à barbárie dos primórdios tempos. Em escalas de destruição em massa muito mais letais. As potências mundiais têm papel preponderante nas decisões e nos rumos a serem tomados nos destinos da humanidade, influenciando políticas nacionais e locais. Formou-se uma "aldeia global", sintonizada, da qual fazemos parte.

1996–2006

São necessárias medidas urgentes de caráter sócio-político que objetivem a preservação do meio ambiente e o uso sustentável dos recursos naturais. Caso contrário, o nosso planeta não resistirá. Nesse contexto, acreditamos que a Educação deva ser colocada em primeiro plano pelos governantes, pois só um povo educado e consciente de seus deveres poderá defender seus direitos e lutar por um mundo igualitário, justo, com um meio ambiente auto-sustentável e protegido.

Num mundo globalizado

Na passagem do século 20 para o século 21, vieram à tona essenciais debates sobre os efeitos da globalização, um processo de integração de economias e mercados nacionais, contando com a interdependência dos países e das pessoas e a uniformização de padrões. O que está ocorrendo em todo o mundo é a chamada "terceira revolução tecnológica". Os avanços tecnocientíficos, como a informática, cabos de fibra óptica, telecomunicações e outros e a difusão de redes de informação reforçaram e facilitaram o processo de globalização. Estabeleceram um intercâmbio acelerado, reduzindo o espaço e o tempo, não só na esfera econômica (mercados, tecnologia de produção), mas atingindo também os hábitos, os padrões culturais e de consumo.

A abertura da economia e a globalização são processos irreversíveis. Somos atingidos no dia-a-dia por meio das formas mais variadas. Temos de aprender a conviver com tudo isso. Por um lado, ocorrem mudanças positivas para o nosso cotidiano e, por outro, mudanças que estão tornando a vida de muita gente mais difícil. Um dos efeitos negativos desse intercâmbio maior entre os diversos países do mundo é o desemprego estrutural. O trabalhador perdeu seu espaço e esse é um dos grandes desafios, não só do Brasil, mas de algumas das principais economias do mundo, que têm hoje pela frente o desafio de crescer o suficiente para absorver a mão-de-obra disponível no mercado. Além disso, houve o aumento da distância e da dependência tecnológica dos países periféricos em relação aos desenvolvidos.

Um destaque desse período é o que chamamos de avanço em tecnologia. Não podemos deixar de citar nesse contexto William Henry Gates III ou Bill Gates, que ficou famoso e rico por ter fundado junto com Paul Allen a Microsoft, a maior e mais conhecida empresa de *software* do mundo. Nascido em 28 de outubro de 1955, numa família de posses (o seu pai era advogado de grandes empresas e a sua mãe pertenceu à diretoria de vários bancos), Gates freqüentou as melhores escolas particulares de Seattle, sua cidade natal. Foi admitido na prestigiada Universidade de Harvard, mas abandonou a faculdade de matemática, antes de obter seu diploma, para dedicar seu tempo à Microsoft.

Enquanto estudava em Harvard, ele desenvolveu junto com Paul Allen um interpretador da linguagem *Basic* para um dos primeiros computadores pessoais a ser lançado nos EUA – o *Altair 8.800*. Após um modesto sucesso na comercialização desse produto, Gates e Allen fundaram a Microsoft, uma das primeiras empresas no mundo focada exclusivamente no mercado de programas para computadores pessoais ou PCs.

Gates adquiriu, ao longo dos anos, uma fama de visionário – apostou no mercado de *software* na época em que o *hardware* era considerado muito mais valioso – e de negociador agressivo, chegando muitas vezes a ser acusado por concorrentes da Microsoft de utilizar práticas comerciais desleais. No ano 2000, Gates promoveu Steve Ballmer, seu amigo de longa data, ao posto de presidente da Microsoft. Publicamente passou a ter uma participação menos ativa nos processos decisórios da empresa. Em 15 de junho de 2006, anunciou que deixaria progressivamente o cargo de diretor da Microsoft até 2008, no intuito de se ocupar da sua fundação caritativa. Junto com sua esposa, Gates criou a Fundação Bill e Melinda Gates, uma organização filantrópica que tem por principais objetivos promover a pesquisa sobre a AIDS e outras doenças que atingem os países do terceiro mundo.

Outras personalidades de destaque na área da informática são Sergey Brin e Larry Page, donos do Google, o sistema de busca mais popular da *Internet*. Lançaram uma série de produtos inovadores associados à marca, sacudiram o mundo das comunicações e dos negócios e fizeram de sua companhia uma das 20 mais valorizadas na bolsa de valores. Entre os produtos oferecidos pelo *site* do Google estão os mapas fotográficos feitos por satélite. Neles, pode-se ver em detalhes qualquer ponto do planeta – até o bairro onde se mora. O Google também colocou no ar em versão experimental sua biblioteca, que permite ler livros digitalizados gratuitamente. Nos próximos anos, a empresa pretende incluir em sua "estante" virtual milhões de livros da Biblioteca Pública de Nova York e de quatro universidades.

Os avanços tecnológicos no campo da genética foram intensos no final do milênio. A clonagem é um exemplo disso. Clonagem é a obtenção, por via de cultura, de numerosas células vivas e idênticas, a partir de uma única célula. Assim, a duplicação de células pode ser feita a partir de células de um ser adulto ou de um embrião. A cópia é geneticamente idêntica à célula-mãe, tendo todas as suas características físicas e biológicas.

Uma ovelha, que recebeu o nome Dolly, foi clonada em 1996, com grande repercussão na mídia mundial. Retiraram-se células mamárias da ovelha copiada e estas foram cultivadas em laboratório. Uma outra ovelha doou um óvulo não fertilizado, cujo núcleo foi removido. O óvulo vazio e a célula cultivada foram fundidos, usando-se uma corrente elétrica. O óvulo com nova informação genética transformou-se em um ovo fertilizado. O embrião foi implantado no útero de outra ovelha, que serviu como "mãe de aluguel".

A clonagem poderá trazer grandes avanços para a humanidade. Os cientistas pesquisam, por exemplo, a possibilidade de produzir porcos que forneçam corações, rins e fígados que possam ser utilizados em pessoas necessitadas de transplantes. Algumas espécies clonadas e manipuladas geneticamente poderão ser grandes usinas de produção de hormônios e proteínas úteis para os seres humanos.

Outro exemplo é a utilização da genética para a produção de alimentos modificados, os chamados transgênicos, ou seja, alimentos que tiveram seus genes modificados ou receberam um ou mais genes de outro organismo. Com o processo de modificação genética dos alimentos, criou-se um espécime mais resistente contra pragas, insetos e fungos que precisa de menores quantidades de inseticidas e agrotóxicos, adapta-se melhor a determinadas condições ambientais e pode ter seu sabor e até seu valor nutricional modificados. Na Europa, as pessoas consomem vários alimentos geneticamente modificados que são comercializados pelos supermercados. No Brasil, a discussão a respeito dos transgênicos surgiu em torno da soja que, em setembro de 1998, foi introduzida ilegalmente no País por agricultores que a trouxeram da Argentina. Mas a sua produção foi menor que a da soja comum.

Nos Estados Unidos e na Argentina, quase metade da produção de soja é transgênica. Nesses países, empresas de biotecno-

| 1996–2006

365

logia afirmam que já realizaram testes suficientes para comprovar que o cultivo e o consumo de soja transgênica são seguros.

Um grande problema dos alimentos transgênicos é a falta de informações e embasamento científico para avaliar o risco para a saúde do consumidor e qual seria o real impacto ambiental na produção em larga escala desses produtos. Apesar de as empresas afirmarem que os transgênicos são seguros, outros estudos preliminares registraram o aparecimento de alergias provocadas pelo consumo desses alimentos, assim como o aumento da resistência a determinados antibióticos e o aparecimento de novos vírus mutantes. Vários órgãos de defesa do meio ambiente e do consumidor estão fazendo movimentos para exigir que leis sejam criadas para proteger o consumidor de possíveis danos. Exigem que os rótulos dos produtos apresentem a origem de seus ingredientes, suas transformações e seus riscos. E, sobretudo, estudos mais aprofundados por parte do governo para a verificação dos reais danos que possam vir a causar, tanto para o nosso organismo como para a natureza.

Quando o assunto é a Natureza, tema importante da atualidade, nota-se sobremaneira que a degradação ambiental torna-se preocupação mundial. A ocorrência das catástrofes climáticas tem deixado, nesses últimos tempos, um saldo muito alto de mortes e destruição avassaladora. As futuras gerações dependem das ações presentes para terem um futuro promissor.

Alguns acontecimentos demonstram isso. Em 2005, causado por um terremoto no fundo do oceano, um tsunami devastou o litoral de sete países asiáticos, matando 225 mil pessoas na virada do referido ano. O grande número de vítimas é o resultado da ocupação desenfreada e do desmatamento nas regiões costeiras no sul da Ásia.

Em fins de agosto de 2005, o furacão Katrina, que desabou sobre o litoral americano do Golfo do México, colocou à prova a dispendiosa estrutura montada pelo governo de George W. Bush para ser acionada em situações de emergência. Mais de 1,3 mil pessoas morreram. Em Nova Orleans, na Louisiana, a tragédia já era anunciada: a cidade fica abaixo do nível do Rio Mississippi e do Lago Pontchartrain, e é protegida por uma rede de diques. O furacão fez a água ultrapassar as barreiras e inundar 80% da cidade. O volume de água nas ruas era suficiente para abastecer São Paulo por dois meses. Durante dias, as equipes de resgate não deram conta de socorrer milhares de pessoas – na maioria negros e pobres – refugiadas em estádios ou isoladas em suas casas. A intensidade do Katrina trouxe à tona um dos perigos do aquecimento global. Estudos científicos mostraram que os furacões são cada vez mais freqüentes (a média anual aumentou de 5 para 7,8 no Atlântico) e potentes, devido ao aquecimento global, para o qual contribui a emissão de gases poluentes. A devastação causada pelo furacão Katrina foi ampliada pela ocupação e destruição dos mangues que protegiam a costa americana.

Ainda em outubro de 2005, o terremoto de 7,6 graus na escala Richter que atingiu a Caxemira, território dividido e disputado entre o Paquistão e a Índia, deixou 87 mil mortos e mais de 3 milhões de desabrigados. Foi o 6º terremoto, em número de vítimas, dos últimos 100 anos. A região sob controle paquistanês foi a mais afetada. Vilas inteiras foram soterradas. O custo em vidas do terremoto foi conseqüência, de certa forma, do aumento da população nas montanhas do Himalaia.

As catástrofes ambientais mencionadas demonstram a fragilidade do ser humano e a necessidade de serem tomadas medidas políticas e sócio-ambientais para a preservação da

1996–2006

Natureza e o uso sustentável do meio ambiente. A criação do Protocolo de Kioto em 1997, com o objetivo, dentre outros, de conter a emissão de poluentes na atmosfera e conseqüentemente frear a destruição da camada de ozônio que recobre o planeta Terra, foi uma medida incipiente tomada pelos governantes das nações, mas urgem outras mais eficazes. Em absoluto países como os Estados Unidos deveriam se recusar a participar e a assinar.

A Amazônia, reconhecida por ser o "pulmão" do mundo e onde cientistas têm feito descobertas inovadoras para a indústria farmacêutica, vem sofrendo com desastrosas devastações da sua fauna, flora, exploração do subsolo, sem que as autoridades tomem efetivas medidas protecionistas. O assassinato do ambientalista Chico Mendes, em 1998, e da missionária norte-americana Dorothy Stang, em 2005, que defendiam e lutavam pela preservação ambiental, marcam o descaso dos governos para essa questão.

Em 8 de abril de 2005, era sepultado na Basílica de São Pedro o Papa João Paulo II. Estima-se que 2 milhões de pessoas afluíram a Roma para as últimas homenagens ao pontífice mais popular dos tempos modernos. Polonês, Karol Wojtyla tinha muita popularidade e influência entre os católicos. Um grande comunicador, arrebatou multidões e ajudou a derrotar o comunismo na Europa Oriental. Moldou a Igreja à sua imagem e semelhança. Seu pontificado de 26 anos, o terceiro mais longo da história do papado, foi acompanhado de perto pela imprensa, a ponto de expor ao mundo, nos últimos anos, os sinais dolorosos da progressiva devastação física causada pela doença de Parkinson. Tendo nomeado 114 dos 116 cardeais que elegeram o novo papa, pode-se dizer que João Paulo II influiu, de forma decisiva, na escolha de seu sucessor. O novo papa, o cardeal alemão Joseph Ratzinger, agora papa Bento XVI, foi seu braço-direito. Uma das primeiras medidas tomadas por Bento XVI foi abrir o processo de beatificação de João Paulo II, sem esperar os cinco anos previstos no direito canônico. Ratzinger foi eleito papa aos 78 anos, o que sugere um pontificado mais curto que o de Wojtyla, escolhido aos 58 anos.

O mundo presenciou também, no início deste século, tragédias provocadas por ataques terroristas e suas decorrências.

Em 11 de setembro de 2001, dois prédios localizados no centro financeiro da cidade de Nova York, o World Trade Center (as Torres Gêmeas) foram atingidos por dois boeings da empresa United Airlines que haviam sido dominados por terroristas. Bastaram 19 homens armados de pequenas facas para dominar toda a tripulação e passageiros dos aviões americanos e fazê-los chocarem-se com o World Trade Center, implodindo-o quase que instantaneamente e matando cerca de 3 mil pessoas. Um terceiro avião caía no Pentágono, destruindo uma de suas alas. E ainda outro, na Pensilvânia.

Esses ataques foram atribuídos a Osama Bin Laden, um militante saudita armado pela CIA durante a Guerra Fria, para combater as tropas da antiga URSS durante a invasão ao Afeganistão. Tornou-se chefe da Al-Qaeda, uma organização islamita, com o objetivo de eliminar a influência de países estrangeiros em nações islamitas. Especula-se que tal organização esteja envolvida em diversos atentados terroristas. Bin Laden é procurado pelo FBI devido aos atentados de 11 de setembro nos EUA, embora não existam provas suficientes de tal feito até então. O líder saudita é membro da milionária família Bin Laden, que o renegou publicamente em 1994, pouco antes de o governo da Arábia Saudita lhe retirar a cidadania. Em 7 de agosto de 1998, a explosão de duas embaixadas americanas no Quênia e na Tanzâ-

| 1996–2006

nia matou um total de 256 pessoas. Bin Laden, até então desconhecido pelo mundo, foi apontado no mesmo dia pelo governo dos Estados Unidos como o principal suspeito.Passou a ser um terrorista conhecido rapidamente. Acredita-se que atualmente esteja refugiado em algum lugar da fronteira montanhosa, entre o Afeganistão e o Paquistão.

Uma vez atribuída a fonte dos atentados de 11 de setembro a Osama Bin Laden e à sua rede Al-Qaeda, que operava a partir do Afeganistão, governado pelos Talibans, Bush desencadeou uma campanha militar contra esse país. O Taliban é um movimento islamita nacionalista da etnia afegane pashtu, que efetivamente governou o Afeganistão entre 1996 e 2001. O seu governo era reconhecido por apenas três países: Emirados Árabes Unidos, Arábia Saudita e Paquistão. A intenção original dos ataques era destruir as infra-estruturas e os acampamentos de treino dos terroristas. Quando os Talibans pediram para verificar as provas de que Bin Laden estava por detrás dos atentados, os Estados Unidos se recusaram a fornecê-las e ameaçaram os Talibans com ações militares. Os Talibans ofereceram-se para extraditar Bin Laden para o Paquistão, onde poderia ser julgado à luz da lei islâmica. Em 13 de novembro de 2001, com a ajuda dos comandantes militares afegãos, as tropas americanas assumiram o controle da capital Cabul e derrubaram o governo dos Talibans. O presidente exilado Burhanuddin Rabbani foi reempossado e, logo a seguir, formou-se um governo especial interino, chefiado pelo anterior governador territorial afegão, Hamid Karzai. O governo continuou sem meios de controlar vastas regiões do país. Foram forças da ONU que ajudaram a manter a segurança em volta de Cabul e outros locais . E Osama Bin Laden ainda não era capturado.

As relações diplomáticas entre o Afeganistão e os Estados Unidos foram reatadas e Karzai tornou-se fiel aliado de Washington na luta continuada contra o terrorismo. Em contrapartida, a Al-Qaeda resolveu "punir" os países que participaram da ofensiva militar contra o Islã, através de outros ataques terroristas.

No dia 11 de março de 2004, cerca de 140 kg de dinamite explodiram em quatro trens suburbanos de Madri, atingindo estações de grande movimento: Atocha, El Pozo e Santa Eugênia. No momento dos ataques, os trens e as estações estavam lotados de trabalhadores e estudantes. O atentado deixou um saldo de 191 mortos e 1,9 mil feridos. À época, os atentados foram atribuídos inicialmente pelo então premiê da Espanha, José María Aznar, ao ETA (Euskadi Ta Askatasuna, ou Pátria Basca e Liberdade) – grupo terrorista e separatista que luta pela independência da região basca. Dois dias após os atentados, em fita de vídeo, terroristas assumiram o ataque como uma vingança da rede Al-Qaeda pelo envio de tropas espanholas ao Iraque e ao Afeganistão. Investigações posteriores concluíram que militantes islâmicos foram responsáveis pelo ataque.

Um ano depois, a 8 de julho, Londres sofria o mais letal ataque terrorista de sua história, com a explosão de quatro bombas em estações do metrô e num ônibus. O número de mortos chegou a 38 pessoas e cerca de 700 feridos. Numa nota na *Internet*, o desconhecido Grupo Secreto da Jihad Al-Qaeda, na Europa, assumia a responsabilidade pelos atentados em nome da rede de Osama Bin Laden.

Jamais poderia se imaginar que, após o fim da Guerra Fria, os Estados Unidos teriam que enfrentar "inimigos" que o desafiassem em seu próprio território e de seus aliados.

Essa luta tem provocado inúmeros prejuízos, pois além de os investimentos bélicos serem altíssimos, vidas de milhares de soldados e civis estão em jogo. Em pleno século 21, a paz não foi alcançada e a humanidade sofre as conseqüências da

1996-2006

intolerância política dos que foram instituídos no poder e daqueles que tentam conquistá-lo, seja por motivos ideológicos, religiosos, políticos ou econômicos.

Além da ingerência no Afeganistão, um fato marcante nesse período foi a presença de tropas dos Estados Unidos no Iraque. Pelo Acordo de Libertação do Iraque, aprovado como lei pelo Presidente Clinton, em 1998, o governo americano exigiu uma mudança de regime no Iraque. A plataforma de campanha do Partido Republicano, em 2002, exigia uma "completa implementação" do acordo e o afastamento do Presidente iraquiano, Saddam Hussein, insistindo na reconstituição de uma coligação, sanções mais graves, reinício das inspeções e apoio ao Congresso Nacional Iraquiano. Em novembro de 2001, Bush pediu ao Secretário da Defesa, Donald Rumsfeld, para começar a delinear um plano de guerra. Nos princípios de 2002, Bush começou a pressionar publicamente uma mudança de regime, indicando que o seu governo tinha razões para acreditar que o governo iraquiano tinha ligações com grupos terroristas, estava fabricando armas de destruição em massa e não cooperava o bastante com os inspetores de armamento das Nações Unidas. Em janeiro de 2003, Bush estava convencido de que a diplomacia não funcionava. Começou a avisar os países aliados, tais como a Arábia Saudita, que a guerra estava iminente. Embora não houvesse nenhum acordo autorizando o uso da força no Conselho de Segurança das Nações Unidas, a guerra foi desencadeada em março de 2003. Saddam Hussein foi deposto e pôs-se em fuga. Logo depois foi localizado, capturado e, em 2006, condenado por seus crimes. Durante o decurso da guerra no Iraque, Bush foi alvo de árduas críticas.

Outro país que desafia os Estados Unidos no âmbito econômico é a China, que vem liderando o crescimento econômico mundial há um quarto de século. É o país mais populoso do planeta, com um bilhão e trezentos milhões de habitantes. É o quarto maior em extensão territorial, com 9,5 milhões de km² (o Brasil tem 8,5 milhões de km²). Trata-se do único país em desenvolvimento que se encontra no centro do poder mundial, com assento permanente no Conselho de Segurança da ONU, portanto com direito a veto, dotado de indústria aeroespacial e armas nucleares. Seu PIB, somado ao território de Hong Kong, já está nivelado ao do Japão e, se mantiver as atuais taxas de crescimento, deverá alcançar o dos EUA em menos de duas décadas. Até 2010 deve-se concluir a implantação de uma área de livre comércio envolvendo o sudeste e o nordeste asiático.

A China estabeleceu com a Rússia uma aliança estratégica e ambos os países criaram a Organização de Cooperação de Xangai, um acordo econômico e de segurança, juntamente com quatro das repúblicas da Ásia central. Para que tudo isso se concretize, a China necessita consolidar seu desenvolvimento, o que levará mais uma ou duas décadas. Assim, sua prioridade é garantir as condições internacionais necessárias para tanto, devendo lidar com o gigante americano com a paciência típica dos asiáticos. Enquanto isso, a renda *per capita* cresce, a sociedade se moderniza.

Outro acontecimento marcante na atualidade é a União Européia, bloco econômico formado por 25 países europeus. Teve origem em 1958 e unia seis países: Bélgica, Holanda, Luxemburgo, França, Alemanha e Itália. Em 1973 se uniram ao grupo a Dinamarca, Irlanda e Grã-Bretanha, formando-se então a Comunidade Européia. Em 1981, foi a vez de a Grécia ingressar nesse bloco. Em 1986, de Portugal e Espanha. Uma quarta ampliação do grupo aconteceu em 1995, quando Áustria, Finlândia e Suécia tornaram-se membros dessa organização, que, nesse estágio, já era chamada de União Européia. No dia 1º de maio de 2004, a União Européia teve uma histórica ampliação: dez países do centro da Europa e do Mediterrâneo passaram a integrar esse grupo. A UE é o bloco econômico mais promissor do mundo. O aumento do mercado comum irá impulsionar a economia da União Européia e permitir a criação de empregos, ao mesmo tempo que crescerá a influência do bloco ao redor do mundo. Como resultado dessa ampliação, a Comissão Européia, o órgão executivo da EU, terá 25 membros em vez de 20, e o Parlamento Europeu possuirá 632 cadeiras em vez de 626. Lançado em 1º de janeiro de 1999, o euro se consolidava em 2002 como moeda única da União Econômica Européia que compreende atualmente 12 dos 15 países da União Européia: Áustria, Bélgica, Finlândia, França, Alemanha, Grécia, Irlanda, Itália, Luxemburgo, Holanda, Portugal e Espanha. A Dinamarca, a Suécia e o Reino Unido são membros da UE, mas não adotaram ainda a moeda única. Entre as vantagens da moeda única estão as taxas de juros igualitárias do Banco Central em todos os países da UE; a extinção da flutuação cambial; a transparência de preços para compra e venda e a estabilidade no mercado internacional.

Para proteger seu mercado interno e fazer frente aos avanços do Mercado Comum Europeu, os países do continente americano criaram o Nafta e o Mercosul.

O Nafta (North American Free Trade Agreement) é um acordo assinado entre Estados Unidos, Canadá e México para a implantação do Acordo de Livre Comércio da América do Norte e foi concluído em dezembro de 1992. Ratificado um ano depois pelos parlamentos dos três países, o Nafta passou a vigorar de fato em janeiro de 1994. O conteúdo desse acordo tem mais de mil itens. Entre outras regras, impõe: "Eliminação tarifária progressiva, até sua eliminação total em dez anos; regras de origem para garantir que essa eliminação favoreça os países do Nafta e impedir que outros se utilizem do acordo como plataforma de acesso ao mercado da América do Norte; acesso dos sócios do Nafta aos programas de compras governamentais; abertura do comércio transfronteiriço para os setores de serviços, incluindo os financeiros; garantia de direitos de propriedade intelectual; tratamento diferenciado para os setores têxtil, vestuário, automotriz, de energia, agricultura, transporte terrestre e telecomunicações".

Já o Mercosul (Mercado Comum do Sul) corresponde a uma associação constituída pelo Brasil, Argentina, Uruguai e Paraguai, que começou a vigorar em 1995. Chile e Bolívia são membros associados. O Mercosul prevê a criação de uma região de livre comércio com o fim das tarifas alfandegárias entre os quatro países. Prevê, também, uma taxação comum para os produtos importados de países de fora do Mercosul. E, a longo prazo, visa à criação de um mercado comum, com livre circulação de bens e de serviços entre os países membros, bem como a uma maior integração cultural e educacional.

Em 1990, o intercâmbio comercial entre esses países era de aproximadamente 3,5 bilhões de dólares. Em 95, já ultrapassava os dez bilhões. O Mercosul vive uma fase de adequações e ajustes. Mas o comércio entre seus integrantes já demonstra seu potencial. Os contatos políticos, econômicos e culturais se intensificam.

No cenário latino-americano, dois presidentes se destacam por suas personalidades polêmicas e pelas medidas turbulentas e contestáveis que tomaram durante seus governos.

Um deles é Hugo Chavez, presidente da Venezuela desde 1999. Em dezembro de 1998, venceu as eleições presidenciais com 56% dos votos, amparado por uma forte aliança política. Assumiu o poder em meio a uma grave crise social e econômica, decorrente de 40 anos de más administrações marcadas por denúncias de corrupção. Nos primeiros meses de governo, Chávez obteve um índice de aprovação de 90%, apoiado numa política nacionalista e populista.

Criou dois novos poderes, o Moral e o Eleitoral, que seriam responsáveis pelo zelo da ética política. Em novembro de 1999, com o projeto da nova Constituição pronto, mudou o nome do país para República Bolivariana da Venezuela. Chávez adquiriu plenos poderes, como a ampliação de seu mandato e o direito de dissolver a Assembléia Nacional Constituinte. Convocou novas eleições em julho de 2000, de acordo com uma exigência da nova Constituição. Reeleito, Chávez começou a sentir os efeitos da queda de popularidade, alguns meses depois, já que não cumprira muitas de suas promessas de campanha.

Além disso, despertou a antipatia dos Estados Unidos, por manter relações cordiais com países considerados inimigos dos norte-americanos, como Iraque e Líbia. Em dezembro de 2001, a Fedecámaras, maior organização de empresários da Venezuela, promoveu uma greve geral que paralisou o país por 12 horas. Os meios de comunicação também estavam insatisfeitos com as reformas na legislação promovidas por Chávez.

Em abril de 2002, os executivos da estatal Petroleos de Venezuela (PDVSA), principal empresa exportadora do país, anunciaram uma paralisação por tempo indeterminado. Eles reivindicavam a demissão da diretoria escolhida por Chávez havia dois meses – que fora feita apenas por razões políticas. Alguns dias depois, a Fedecámaras e a Confederação de Trabalhadores da Venezuela convocaram uma nova greve geral.

No dia 11 de abril de 2002, uma multidão de 500 mil pessoas marchou em direção ao Palácio de Miraflores, sede do governo, exigindo a renúncia do presidente. Em represália, a Guarda Nacional abriu fogo contra os manifestantes. Algumas horas antes, Chávez ordenara o fechamento de quatro estações privadas de TV, alegando que elas haviam estimulado os protestos e abusado do direito de liberdade de expressão.

Após o tumulto, a situação ficou insustentável. Altos oficiais do governo retiraram seu apoio ao presidente e lideraram uma tentativa de golpe de Estado. Na madrugada do dia 12 de abril de 2002, o empresário Pedro Carmona assumiu o poder de forma interina. Dois dias depois, apoiado por alguns setores das Forças Armadas, Chávez reassumiu a presidência, adotando uma postura mais conciliatória e buscando um maior diálogo com a oposição. A escalada de violência na Venezuela, decorrente desses fatos, resultou em um número de cerca de 50 mortos e 400 feridos, além de 600 milhões de dólares de prejuízos. Chávez continua como chefe de Governo da Venezuela.

O outro presidente destacado é Evo Morales, da Bolívia. Em 1º de maio de 2006, decretou a nacionalização dos recursos de hidrocarbonetos existentes em seu país. Isso significa que o governo boliviano tomou posse de todas as instalações destinadas à extração de petróleo e gás natural que se encontram na Bolívia. Morales acredita que, com essa medida, vai contribuir para a melhoria das condições socioeconômicas do país. As reservas de petróleo e gás são a principal riqueza do povo, que é um dos mais pobres da América do Sul — tem o menor índice de desenvolvimento humano da região. A Bolívia, que normalmente tem sua imagem associada à produção de coca, passou por um processo de erradicação de suas plantações em 1993, durante o governo de Gonzalo Sánchez de Lozada. Entretanto,

| 1996–2006

faltaram investimentos para redirecionar os trabalhadores do campo a outras áreas, o que gerou uma grande onda de miséria e violência. A nacionalização dos hidrocarbonetos foi uma das principais promessas de campanha de Morales, que é o primeiro presidente indígena do país – cuja população é 65% indígena. Ele defende, também, a plantação da coca, embora seja claramente contra o narcotráfico.

Assim, uma das empresas mais afetadas com essa mudança é a Petrobras. É hoje a maior companhia a atuar naquele país: é responsável por 20% dos investimentos diretos e por 18% do produto interno bruto (PIB); detém 46% das reservas de gás natural; produz toda a gasolina e óleo diesel usados na Bolívia.

No Brasil...

Os presidentes da República do Brasil que governaram o país nesses últimos anos têm em comum o fato de terem sido reeleitos pelos brasileiros para dois mandatos consecutivos.

Um é Fernando Henrique Cardoso, sociólogo, professor e político brasileiro formado pela Universidade de São Paulo, também conhecido por seu acrônimo FHC. Foi senador por São Paulo, ministro das Relações Exteriores e ministro da Fazenda no governo de Itamar Franco. Foi presidente do Brasil por dois mandatos consecutivos, de 1º de janeiro de 1995 a 31 de dezembro de 2002. Tomou posse como presidente em 1º de janeiro de 1995, tendo nos dois mandatos Marco Maciel, do PFL, como vice-presidente.

A política de estabilidade e da continuidade do Plano Real foi o principal apelo da campanha eleitoral de 1998 para a reeleição de FHC. Conseguiu para a sua eleição à presidência o apoio total do PSDB, do PFL, do Partido Progressista Brasileiro, e de parte do PMDB, e manteve esses apoios nos seus 8 anos de governo, o que deu relativa estabilidade política ao Brasil no período.

Em seu governo houve diversas denúncias de corrupção, dentre as quais merecem destaque a compra de parlamentares para aprovação da reeleição e o favorecimento de alguns grupos financeiros no processo de privatização de empresas estatais. No início de seu segundo mandato, uma forte desvalorização da moeda provocada por crises financeiras internacionais (México, Rússia e Ásia) levou o Brasil a uma grande crise financeira, altos juros reais e a um aumento enorme na dívida interna. No governo FHC foi implantado o gasoduto Brasil-Bolívia.

FHC continuou o processo de privatização de empresas estatais, iniciado por Fernando Collor. Enfrentou, por isso, greve de servidores destas empresas. Foram privatizadas várias rodovias federais, os bancos estaduais responsáveis por grande parte do déficit público e a telefonia brasileira, o que permitiu o acesso dos brasileiros ao telefone e ao aparelho celular de última geração.

A presidência de Fernando Henrique Cardoso também se destacou pela reforma do Estado promovida em seus dois mandatos. Seu governo elaborou um Plano Diretor da Reforma do Estado, de acordo com o qual seria priorizado o investimento em carreiras estratégicas para a gestão do setor público. Houve também a aprovação de várias emendas à constituição, que facilitaram a entrada de empresas estrangeiras no Brasil, e que flexibilizaram o monopólio estatal do petróleo. Em geral, o governo FHC tentou atacar todas as fontes de *déficit* público, para eliminar o problema crônico da inflação, fazendo, por exemplo, em 1999, uma reforma da previdência social. Pelo mesmo motivo, evitou conceder aumentos de salário aos servidores públicos. Foi adotada a terceirização de serviços e de empregos

1996–2006

públicos, em áreas consideradas não-essenciais. Foram aprovadas leis mais duras sobre crimes contra o sistema financeiro. Entrou em vigor em 1998 um código de trânsito mais rigoroso, para diminuir o número de acidentes nas rodovias. Em 2000 foi aprovada a lei de responsabilidade fiscal (LRF), caracterizada pelo rigor na execução do orçamento público. A lei limita o endividamento dos estados e municípios e os gastos com funcionalismo público. FHC criou uma rede de proteção social destinada à população de baixa renda. Ampliou-se muito, no seu governo, o investimento privado em educação superior (faculdades e pós-graduação).

Outro é Luiz Inácio Lula da Silva, o atual presidente da República Federativa do Brasil. Tomou posse em 1º de janeiro de 2003.

Desde os tempos em que era representante sindical e ao longo de toda sua vida política, é conhecido como Lula. Foi co-fundador, presidente de honra e filiado do Partido dos Trabalhadores, o PT. Foi candidato a presidente em 1989, derrotado por Fernando Collor de Mello, em 1994, derrotado por Fernando Henrique Cardoso, e em 1998, novamente derrotado por Fernando Henrique Cardoso. Em 2002 vence as eleições, derrotando José Serra. Lula foi reeleito no segundo turno das eleições de 2006, derrotando Geraldo Alckmin, com mais de 58 milhões de votos.

Sua gestão é caracterizada por um governo de continuidade da estabilidade econômica do governo anterior, e uma balança comercial crescentemente superavitária. Em seu governo, a dívida interna passou de 731 bilhões de reais, em 2002, para um trilhão de reais em fevereiro de 2006, apesar de não ter apresentado variação significativa em relação ao Produto Interno Bruto nacional. Concomitantemente, a dívida externa teve uma queda de 168 bilhões de reais, fruto principalmente da valorização do Real frente ao dólar e das volumosas compras de dólares realizadas pelo Banco Central, utilizadas em parte para recomprar a dívida. O governo de Lula também é marcado por manter o corte de investimentos públicos, a exemplo da gestão anterior.

Na área de Relações Exteriores, teve atuação intensa na OMC e formou grupos de trabalho com países em desenvolvimento. Na área de políticas fiscal e monetária, caracterizou-se por realizar uma política econômica conservadora. A política fiscal garante a obtenção de superávits primários ainda maiores que os observados no governo anterior (4,5% do PIB contra 4,25% no fim do governo FHC). No entanto, críticos apontam que esse *superávit* é alcançado através do corte de investimentos, ao mesmo tempo que aumento de gastos em programas de transferência de renda como o bolsa família, salário e o aumento no *déficit* da previdência exigem uma carga tributária crescente.

Em seu primeiro ano de governo Lula empenhou-se em realizar uma reforma da previdência, por via de uma emenda constitucional, caracterizada pela imposição de uma contribuição sobre os rendimentos de aposentados do setor público e maior regulação do sistema previdenciário nacional. Além disso, houve a necessidade de se combater os índices inflacionários que alcançavam a margem de 20% ao ano, no início de sua gestão.

A questão econômica tornou-se conseqüentemente a pauta maior do governo. A minimalização dos riscos e o controle das metas de inflação de longo prazo impuseram ao Brasil uma limitação forte no crescimento econômico, chegando a níveis de recessão semestral, com uma taxa de crescimento anual do PIB de 3 a 4% ao ano. Com esse baixo desenvolvimento se espera que o país apresente uma inflação permanentemente reduzida e assim o mercado volte pouco a pouco aos seus níveis de produto estáveis.

Além disso, a preocupação trazida com os baixos resultados na esfera diplomática impôs ao governo uma política ortodoxa, precavida quanto à saída dos investimentos externos para países em franco desenvolvimento. Essa preocupação se traduz em elevados juros reais e na necessidade de conter a inflação. O Brasil tem os maiores juros nominais e reais do mundo até então. Os baixos índices inflacionários foram conseguidos a partir de políticas monetárias restritivas que levaram a um crescimento dependente, por exemplo, de exportações de *commodities* agrícolas (especialmente a soja), exportações estas que não só encontraram seus limites de crescimento no decorrer de 2005, como também têm contribuído para o crescimento do latifúndio.

Seu governo foi muito criticado quando notícias saíram com estatísticas a respeito do aumento de seus gastos com publicidade durante o primeiro semestre de 2006, tendo gasto, até 19 de julho, 67,8% do que é permitido pela legislação. Não foram poupadas, também, críticas às suas viagens para inaugurações de obras. Ganharam destaques, nos meios de comunicação, as inúmeras denúncias de corrupção e uma sucessão de escândalos de desvio do dinheiro público, com pagamento de propinas envolvendo os políticos. A soma dos valores envolvidos nas denúncias já supera 1 bilhão de reais.

Várias CPIs, comissão parlamentar de inquérito, foram instaladas no Congresso, alguns deputados federais tiveram seus mandatos cassados e outros renunciaram para escapar do mesmo destino. Três presidentes nacionais de partidos abandonaram o cargo, diretorias de estatais tiveram de ser trocadas de alto a baixo e o governo Lula, o principal alvo das acusações, viu seus índices de popularidade despencarem. Mas isso não impediu que ele se reelegesse, em outubro de 2006, para mais um mandato à frente da presidência da República.

No âmbito cultural, um destaque foi a Lei de Incentivo à Cultura, criada no governo de FHC, que permite às empresas destinarem a este segmento parte do que gastariam com impostos. Isso possibilitou um crescimento, em termos qualitativos, do cinema nacional, teatro, exposições, entre outros. Vale lembrar o nome de Fernanda Montenegro, que ficou conhecida mundialmente pela indicação ao Oscar e por ter recebido o Globo de Ouro de melhor atriz com o filme *Central do Brasil* (1998).

As emissoras de televisão brasileiras viram seu Ibope aumentar quando a "onda" de *reality shows* começou a ser exibida. Basicamente, iniciou-se com o programa *No limite*, em 2000. Em 2001, foi criado o programa *Casa dos artistas*, fenômeno de audiência do SBT. Em 2002, surgiu o maior expoente do gênero no Brasil, o programa *Big Brother Brasil* – BBB. Pela Rede Globo. O termo *reality show* é conhecido por mostrar, de forma simulada, uma realidade. Em tais programas não há roteiros a serem seguidos e os participantes têm que resolver problemas ou apenas conviver com outros participantes. Os chamados *reality shows* entretêm as pessoas com a reação de seus participantes em apenas viverem um cotidiano, ou realizarem alguma prova. Alguns outros *reality shows* como *O aprendiz* ou *O desafiante*, em 2005, levam aos seus participantes desafios que eles poderiam encontrar em suas profissões ou em suas próprias vidas.

Nesse período o Brasil recebeu algumas exposições de museus internacionais que fizeram grande sucesso, dado o número expressivo de visitantes. Dentre eles podemos citar: Monet, pintor impressionista francês, em 1997, no Masp, quando mais de 700 mil pessoas visitaram a exposição; a mostra Guerreiros de Xi'an e os Tesouros da Cidade Proibida, em 2003, na Oca, no parque do Ibirapuera, que recebeu a visitação de 817 mil pessoas; e também a exposição *Os deuses gregos*, no Museu de Arte Brasileira da FAAP.

Os palcos paulistas se abriram para alguns espetáculos de dimensão internacional: Cirque de Soleil, *Os miseráveis*, *O fantasma da ópera*, dentre outros.

Muitos artistas ganharam destaque na música popular brasileira: Ana Carolina, Maria Rita, Marisa Monte, Chico César, dentre outros.

Em agosto de 2001, o Brasil perdia um grande expoente da Literatura, Jorge Amado, que teve suas obras traduzidas para várias línguas. Era casado com Zélia Gattai, que atualmente ocupa a cadeira que pertencia ao seu marido na Academia das Letras.

Em 1997, o país perdia o grande educador Paulo Freire. Destacou-se por seu trabalho na área da educação popular, voltada tanto para a escolarização como para a formação da consciência. É considerado um dos pensadores mais notáveis na história da pedagogia mundial, tendo influenciado o movimento chamado pedagogia crítica.

Em 2002, a seleção brasileira liderada pelo técnico Luiz Felipe Scolari conquista o pentacampeonato de futebol, vencendo o time da Alemanha. Ronaldo, Ronaldinho Gaúcho e Rivaldo foram os jogadores que se destacaram.

A partir de 15 de maio de 2006, o Brasil assistiu na mídia ou ao vivo a uma onda de violência sem precedentes iniciada no estado de São Paulo e que duraria quase um mês. Os líderes de uma organização criminosa assumiram a autoria dos delitos, demonstrando poder de articulação e causando o caos. Interrompeu-se a circulação dos ônibus, fecharam-se as portas do comércio e da indústria nessa data. Os motivos eram a transferência dos líderes para prisões de segurança máxima no interior de São Paulo e a exigência de aparelhos de TV para assistir à copa do mundo, além da permissão de visitas íntimas. Na época, ocorreram muitas mortes, tanto de policiais como de suspeitos de serem os criminosos. A segurança pública, em nível nacional, está sendo questionada e novas medidas estão sendo estudadas.

Governos estaduais e municipais

No período enfocado, o Estado de São Paulo foi governado por Mário Covas durante 6 anos (1995-1999/1999-2001). Com o seu falecimento, em 2001, assumiu o vice-governador Geraldo Alckmin, que venceu as eleições seguintes. Pediu, então, a descompatibilização do cargo para concorrer à candidatura, pelo PSDB, ao governo federal no pleito de 2006.

O município de São Paulo, por sua vez, foi governado por Celso Pitta, Marta Suplicy e José Serra. Este último também solicitou afastamento do cargo, para concorrer às disputas eleitorais ao governo estadual. Atualmente, o prefeito de São Paulo é Gilberto Kassab e o governador é José Serra.

Vale ressaltar que, desde o governo de Paulo Salim Maluf, o assistencialismo tem vigorado nas escolas da Rede Municipal de São Paulo. Um iniciador desse enfoque assistencial, aliado ao educacional, foi a criação do Programa Leve-Leite, em 31 de agosto de 1995, de acordo com o Decreto nº 35.458.

A população via como ponto positivo a distribuição de leite, assim como a construção dos Cingapuras e outras obras espalhadas pela cidade. Seu sucessor, Celso Pitta, do mesmo partido, teve seu governo criticado duramente devido às suspeitas de superfaturamento da administração e pelo fato de não concluir as obras iniciadas.

Marta Suplicy, eleita para o mandato seguinte, manteve a distribuição do leite para os alunos assíduos. Além de tal medida, a prefeita também iniciou fornecimento de uniformes e materiais escolares a todos os alunos da rede municipal. Foi na sua gestão que construiu os polêmicos CÉUS – Centro Educacional Unificado, que objetivavam propiciar à população acesso a bibliotecas, centros culturais e esportivos, integrados às escolas de ensino fundamental, de educação infantil e creches num complexo único. A polêmica se deu devido ao exorbitante montante destinado à construção desses equipamentos.

Seu sucessor, José Serra, manteve tal política com a doação de tênis e meias.

Ganhos educacionais

Vale destacar positivamente, na questão nacional e educacional, a Lei nº 9394 de 20 de dezembro de 1996, LDB – Lei de Diretrizes e Bases da Educação Nacional. Aprovada no governo Fernando Henrique Cardoso, tendo como Ministro da Educação Paulo Renato de Souza, essa lei vigora atualmente. Ela normatiza a educação escolar nacional. Além disso, estabelece que o ensino deverá vincular-se "ao mundo do trabalho e à prática social".

A Educação, dever da família e do Estado, inspirados nos princípios de liberdade e nos ideais de solidariedade humana, tem por finalidade o pleno desenvolvimento do educando, seu preparo para o exercício da cidadania e sua qualificação para o trabalho.

A LDB estabelece diretrizes para a Educação básica, educação infantil, ensino fundamental e médio, profissional, educação de jovens e adultos, educação superior, educação especial, além de tratar das questões dos profissionais de educação e dos recursos financeiros.

Na cidade de São Paulo, a mais rica da América Latina, as verbas de transferências de impostos destinadas à Educação são de grande montante. Assim , no que concerne às formas de aplicação desses recursos, que algumas vezes se tornam obscuras, ainda perdura o anseio de que os educadores e as entidades de classes lutem por medidas cada vez mais transparentes e menos burocráticas na aplicação dessas verbas.

Outros sonhos continuam no horizonte educacional da cidade: a ampliação do atendimento à população de crianças em idade escolar, em escolas e em creches; um ensino de qualidade, com a permanência do aluno em período integral na escola; pagamento de salários dignos aos educadores e a todos os funcionários das escolas públicas, além da possibilidade de realização pelos docentes, de cursos de capacitação e formação, com a ampliação gradativa de horas das crianças na escola.

O Brasil só poderá atingir patamares de primeiro mundo se obtiver uma Educação de qualidade, com cidadãos bem formados, com bases sólidas e competentes, com justiça social e que saibam valorizar e respeitar o seu país, seus recursos naturais e sua história.

Reconstruo e não invento
não estou trabalhando
uma ficção,
estou a desfiar sedimentos
e raízes de uma vida

Irene Lisboa

Velhas novas caixas

MARIA KLECY CHRISPINIANO BETTI

Há seis meses estamos reformando um apartamento para mudarmos da casa onde moramos por mais de 40 anos. As crianças se casaram há muito tempo e os netos já não brincam mais nos velhos balanços do quintal.

Temos que sair daqui, não só porque a casa ficou muito grande para duas pessoas, mas, principalmente, por motivo de segurança.

Assim que começou a reforma, passei a desocupar os armários e as prateleiras da garagem e do quarto de empregada e a separar o que vou levar, doar ou jogar fora.

Hoje resolvi abrir velhas caixas de papelão na tentativa de encontrar o material que guardei durante os anos em que lecionei. Não para fazer expurgo de papéis, mas para guardar novas recordações da modesta e singela comemoração dos 50 anos do Ensino Municipal.

As festividades foram organizadas e prestigiadas pela velha guarda, os professores pioneiros, que não poderiam deixar passar em branco a data para eles tão significativa.

Achei a caixa, remexi os papéis, dentre eles encontrei a programação das atividades comemorativas do Jubileu de Prata (1956/1981). Aquele sim foi comemorado e com celebração oficial. A Secretaria Municipal de Educação, tendo como secretário o professor Jair de Moraes Neves, com o apoio do Gabinete do Prefeito, Reynaldo de Barros realizou a Semana da Educação de 7 a 15 de novembro, com eventos que contaram com a participação dos alunos de todas as modalidades de ensino, professores, pais de alunos e comunidade paulistana, pois muitos eventos foram abertos à visitação pública.

Ocorreram apresentações de danças folclóricas, ginástica rítmica e coral de 5 mil vozes, no Ginásio do Pacaembu e no Ginásio do Ibirapuera; salão dinâmico de artes plásticas e técnicas de jardinagem na Grande Marquise do Parque do Ibirapuera; mostra retrospectiva do Ensino Municipal e exposição de pintura dos integrantes do magistério Municipal na Galeria Prestes Maia; mostra fotográfica, na Estação do Metrô Sé e no Aeroporto de Congonhas; lançamento de *Carimbo Postal* comemorativo ao Jubileu, na Agência Central dos Correios e Telégrafos; missa em ação de graças na Catedral Metropolitana; homenagem aos professores pioneiros e premiação dos vencedores dos concursos para escolha do hino, *jingle* e símbolo do Jubileu de Prata, no Auditório G do Palácio das Convenções do Anhembi; concerto matinal em homenagem a estados brasileiros e países amigos, no Teatro Municipal; encontro com educadores sobre o tema: *A Participação dos Municípios na Educação*, no Centro do Professorado Paulista; ciclo de palestras, para pais de alunos e membros da comunidade, sobre o tema *Saúde Escolar nas Escolas*; jantar festivo no Buffet Torres; Sessão Solene na Câmara Municipal e na Assembléia Legislativa e número especial da *Revista Escola Municipal*, dedicada à efeméride, publicada em dezembro de 1981.

Com muita tristeza fui colocando na caixa as poucas lembranças do Jubileu de Ouro, o recorte da reportagem do Diário de São Paulo, do dia 21 de agosto; a primeira página do Diário Oficial do Município, de 24 de agosto dedicada ao evento; algumas fotografias da missa em ação de graças, e do jantar no Buffet Baiúca; o convite para a sessão solene da Câmara Municipal; o diploma de gratidão por relevantes serviços prestados, outorgado pela Associação dos Servidores Municipais; o jornal *O Servidor Municipal* e um exemplar do *Jornal do Sinesp*, de setembro, que, além de fotos das comemorações, trazia na íntegra a mensagem lida no final da missa, a qual provocou muita emoção nos presentes, pois resumia em poucas palavras uma jornada de 50 anos, onde todos se encaixavam, se encontravam.

Senti os olhos marejarem. Resolvi relê-la mais uma vez, numa derradeira e saudosa despedida dos velhos tempos.

"O momento é para recordar, para resgatar, para ir buscar na memória as lembranças marcantes. Dá uma dor no peito, um nó na garganta, quem sabe uma lágrima.

Alguns eram muito jovens, saídos da Escola Normal, outros mais velhos, havia também os recém-chegados do interior, deslumbrados e assustados, mas todos tinham algo em comum: queriam e precisavam trabalhar.

A oportunidade veio em agosto de 1956, quando o prefeito, doutor Wladimir de Toledo Piza, e o professor Henrique Richetti, secretário de Educação e Cultura, elaboraram um plano simples, de baixo custo, democrático, isento de burocracia e, através do Decreto nº 3.185, criaram o "Sistema Escolar Municipal", para suprir a carência de vagas nas escolas estaduais.

De repente, lá estávamos nós, na periferia da cidade, com os pés cheios de lama, batendo de porta em porta, à procura de quarenta alunos e de sala para instalar uma Escola Primária Municipal. Foi na sacristia da igreja, na sede do Clube de Futebol, na Sociedade Amigos do Bairro, numa garagem, pagas ou cedidas pela comunidade.

Cada professor pioneiro tem a sua história e, da reunião destas histórias, nasceu o Ensino Municipal, de forma atípica e peculiar.

Sua trajetória foi marcada pelo pioneirismo, excelência no padrão de ensino e capacidade para superar desafios e obstáculos. E estes foram muitos: funcionamento em salas improvisadas, em galpões de madeira; convivência com as constantes ameaças de anexação ao Sistema Estadual; diminuição de salário; muita luta para obter a primeira lei, efetivação, desefetivação, mandado de segurança, reefetivação, ausência do convívio familiar para, após oito horas de trabalho, ir buscar a formação universitária.

A abertura de novos horizontes e sua consolidação ocorreram por volta de 1967, na administração Faria Lima, com a publicação de uma nova lei, que ampliou o quadro de pessoal técnico e docente e criou o Departamento Municipal de Ensino e o Departamento de Assistência Escolar. À época, também foi executado um grande Plano de Construções Escolares para abrigar as escolas de madeira.

As administrações foram se sucedendo, imprimindo cada uma o seu cunho e o Ensino foi se expandindo até chegar aos cinqüenta anos, acrescentando, ao velho Ensino Primário, outras modalidades: o Fundamental, o Médio, o Supletivo, a Educação de Deficientes Auditivos, a Educação Infantil e finalmente as Creches.

O momento é para lembrar os queridos colegas, amigos ou companheiros de trabalho que nos deixaram. Alguns merecidamente homenageados, com os seus nomes perpetuados nas escolas, como patronos. A maioria perpetuada na memória e no coração de cada um. A eles, o nosso reconhecimento e o nosso preito de saudades.

O tempo passou, a caminhada foi difícil, mas prazerosa, por isso o momento é, principalmente, para elevar o pensamento a Deus e agradecer a força, a coragem e a saúde que Ele nos deu para trabalhar, estudar, criar os nossos filhos e ajudar na formação dos filhos de tantas famílias. Obrigado, Senhor, por estar aqui e poder comemorar os 50 anos do Ensino Municipal, com satisfação e muito orgulho. Satisfação do dever cumprido, orgulho por ter feito história, por saber que contribuímos para legar à cidade de São Paulo uma obra meritória, concreta, perene, que se renova toda vez que uma criança ou um adolescente é matriculado numa Unidade da Rede Educacional Municipal.

Ao encerrar, como professores que nunca deixamos de ser, passamos um dever de casa às novas gerações: Lutem pela recuperação do padrão de qualidade e pelo prestígio da escola pública!"

Enquanto guardava o texto, fechava a caixa, ainda com os olhos marejados, ia pensando, iludindo-me: com certeza as comemorações do Jubileu de Ouro não haviam se restringido apenas àqueles eventos programados pelos Pioneiros. Grandes festividades devem ter havido, envolvendo as escolas, alunos e comunidades, para juntos celebrar a magna data do Ensino Municipal. Nós é que não fomos convidados, somos aposentados, somos páginas viradas.

À saudosa amiga Tarsila Pousa Machado

Entre camisinhas, leite, uniforme e materiais escolares

LUCIANA MARLEY SACCHI

Parece estranho! Irei falar de posto de saúde, mercado, loja ou escola? Qual é o papel da escola nesses nossos dias? Quem falará sobre sexualidade, meio ambiente, higiene, drogas.... São os pais, responsáveis, professores... Quem?

Pois vale a pena contar o que anda acontecendo atualmente nas escolas. Realmente acontece de tudo. Sempre os educadores falaram sobre os mais variados assuntos, eu sei. Mas talvez o que tenha mudado agora é a proporção. É uma avalanche. Antigamente só reforçávamos as informações que os alunos já traziam de casa. Hoje, em muitos casos, a responsabilidade é quase toda do professor, pois os pais, por inúmeras causas ou justificativas, como a jornada de trabalho, vão ficando cada vez mais distantes e despreparados para essa função primordial humana, a educação... A TV se mostra como o único local de encontro familiar. Pelo visto, as conversas acabam não acontecendo... ou ficam para depois...

Hoje, em minha escola do ensino fundamental, período da tarde, é mais um dia das entregas! Ontem o auxiliar de período já me avisou.

A fila já começou para a primeira entrega da semana e tive que parar minha aula de matemática ao meio, pois se não entregarem o leite hoje o assistente de diretor, o seu Nunes, e as agentes escolares não terão tempo depois. É que existe um prazo para essa distribuição. Tudo cronometrado. "Esperem, alunos! Aqui está a lista do leite." "Mas, professora! Me explique este exercício de equação". "Agora, não. Preciso verificar as assinaturas do leite. Cuidado, menino! Está levando a lista junto com seu livro!" "Enfim poderemos retomar o exercício. Todos pegaram o leite?"

Escuto um leve bater na porta. Ao abrir, um rosto meio sem graça da inspetora Andréa, que fala, pisando em ovos. "Desculpe, professora, mas tenho que dar um recado. Ontem nós entregamos o material, mas os alunos que faltaram terão que descer na secretaria no início da próxima aula, certo?".

No dia seguinte, ao entrar em sala muito animada para iniciar um importante conteúdo que já havia planejado, sinto os alunos agitados, uma conversinha baixinha que permite ao professor identificar que pode existir algo errado. "O que está acontecendo? Vocês querem me contar algo?"

E aquela aluninha mais extrovertida conta, afinal, o que tanto os deixava ávidos em conversar. Foram feitas algumas orientações de ciência e saúde importantes. Após a aula, os alunos interessados poderão retirar os preservativos com a coordenação.

Pensei imediatamente que não poderia concorrer com essa tal notícia. Imaginem alunos com seus 13, 14 anos, com todos os hormônios em ebulição, prestes a levar para casa camisinhas! Apesar de toda a modernidade atual, o episódio gerava uma idéia de fruto proibido. Sabemos que o proibido ainda tem um sabor especial!

Percebia que mesmo para aqueles que não sabiam bem o que fariam com elas ou para aqueles que só queriam tê-las na carteira para exibicionismos e vantagens à parte, tudo aquilo que acontecia era o máximo! Então, naquele momento percebi que tinha que rever todo meu planejamento e parti inicialmente para discutir o assunto, sua importância e só depois entrar no conteúdo preparado desde a minha casa. Claro que o tempo não foi suficiente, mas talvez para os alunos tenha sido mais útil, necessário. O que acaba acontecendo é que o professor precisa ser um pouco mágico para tirar na hora exata os conteúdos da sua velha cartola.

Durante as minhas aulas, tem acontecido de um ou outro aluno solicitar se pode descer, pois precisa trocar a calça que está grande ou o tênis que está apertado. Ou vice-versa e ao contrário. Enfim, todo esse assistencialismo altera demais a rotina da escola. Isso vem ao encontro dos interesses das famílias? Falando em famílias, antigamente a maioria dos responsáveis comparecia nos encontros de praxe para perguntar sobre o rendimento dos filhos, como eles iam nos estudos, se faziam a lição, justificavam as faltas, conversavam com a gente...

Hoje muitos vêem para saber datas das entregas, questionar o motivo de o filho não ter recebido o leite ou brigar porque o uniforme está tão grande. E é nessas vindas que temos que aproveitar para conversar sobre a situação do aluno na escola. Se aprende ou não a minha matemática!

O olhar, as expectativas em relação à escola vem se alterando. Atualmente cobra-se muito da escola. A mídia mostra os seus problemas, porém pouco é dito sobre como os alunos chegam às escolas, com quais informações, se recebem apoio das famílias, se o recebemos dos governantes. Pouco é divulgado sobre excelentes trabalhos criados e desenvolvidos, os projetos pedagógicos das escolas.

Penso que com meus 40 e poucos anos, com 20 e poucos anos no magistério, com filhos também adolescentes estou me adaptando a tantas mudanças que vêm ocorrendo.

E, apesar de todas essas questões que alteram a rotina do professor, trabalha-se muito pelas crianças, pelos adolescentes.

Mas, afinal, o que mais virá para as escolas? A educação é tão falada em épocas de eleições, mas de fato quando os educadores serão ouvidos de fato e mérito? Afinal, somos aqueles que conhecem o dia-a-dia, que sabem realmente os problemas das escolas e poderemos sugerir as possíveis soluções. Quem sabe um dia... Não perderei as esperanças!

Diário de bordo de um diretor contemporâneo

LUIZA HARUMI SIMAZAKI

João Pedro, aluno do 3º ano C, recém-matriculado na nossa escola municipal, veio transferido de uma escola Estadual e adorava jogar futebol, sua paixão. Todos os dias, sem que sua mãe soubesse, trazia na mochila uma pequena bola e convidava os novos amigos para uma "peladinha" no campinho de futebol próximo à escola, logo após as aulas. Quando estava com a bola no pé se esquecia de tudo, nada importava.

Num dos dias em que recebera os dois sacos de leite em pó da escola, distraidamente acabou deixando-os sob a arquibancada... Após minutos de pura diversão, o garoto foi embora para casa, esquecendo o precioso leite que serviria para alimentar seus outros três irmãos menores.

Estava em minha sala diante do computador fazendo os acertos contábeis da planilha de gastos das verbas oficias – o PTRF (Programa de Transferência de Recursos Financeiros) e PDDE (Programa Dinheiro Direto na Escola) – quando dona Maria do Socorro, mãe de João Pedro, compareceu em minha sala a fim de reivindicar veementemente os sacos de leites perdidos.

Sou diretor há mais de dez anos nessa mesma escola municipal e já observei fatos como esse que aconteceram como desdobramento desse programa Leve Leite. Nesse caso específico, ouvi a mãe esbaforida por uns bons minutos e informei a ela que, após o horário escolar, não teríamos como cuidar dos passos do filho dela, nosso aluno. Nem poderia saber o paradeiro dos sacos de leite entregues, carimbados e assinados. Arrisquei-me a sugerir que conversasse com seu filho, orientando-o para ir direto para casa depois das aulas. Não disse que ele deveria ter ido para casa, em vez de jogar bola no campinho, mas pensei. Diante de seus argumentos repetidos insisti que não poderia oferecer-lhe o leite, a não ser que lhe pagasse do meu próprio bolso. A mãe, meio inconformada com a situação, foi embora puxando bem forte a orelha de João Pedro.

Soube de casos de crianças que trocaram os sacos leite em pó por fichas de vídeo game e até por dinheiro. São situações que fogem ao nosso controle, mas que ocorrem fora da escola, no nariz dela.

Dona Gumercinda é outra mãe com nove filhos, dos quais cinco estudam em nossa escola. Já compareceu inúmeras vezes ao estabelecimento para trocar os tênis, blusas, casacos e calças dos uniformes recebidos e que quase nunca serviram para seus filhos. Essa atividade que realizamos atualmente na escola, dentre outras, toma uma boa parte do nosso tempo. Nós a cumprimos à risca, pois a população na atual conjuntura já conta com esses benefícios que os governantes continuam a oferecer. Já fiquei em crise em saber até que ponto isso faz parte da educação. Agora já me acostumei...

Como estava dizendo, estava trocando os uniformes para Dona Gumercinda quando a secretária, a Maria Cristina, solicitou-me que assinasse a planilha de prestação de contas dos oficineiros que trabalham no pós e pré-aulas em nosso projeto atual com aulas de canto coral, judô, dança de rua, capoeira. Os alunos contemplados com essa oportunidade estão aproveitando, mas é pena que se destina para um número reduzido de crianças e adolescentes.

Quando quase me acertava com Dona Gumercinda, duas professoras – a orientadora de informática e a de sala de leitura – me pegaram ali no corredor para questionar se teriam suas aulas garantidas dentro do período regular de aulas ou se deveriam seguir a portaria e lecionar também no pós e pré-aulas. Respondilhes com todo o cuidado para não aumentar raivas e tensões que a saída para o que elas perguntavam dependeria do posicionamento do coletivo de professores e da anuência da supervisora.

Após vários dias de discussão, o grupo da escola acabou optando em ceder suas JEIs individuais para que a professora de Informática e a professora da sala de leitura pudessem permanecer e lecionar dentro do período regular de aulas. Ainda faltava a aprovação da supervisora. E da Coordenadoria de Educação.

Quando essa questão já estava encaminhada, recebi a informação *on line* de que periodicamente uma equipe de limpeza terceirizada viria até a escola no período noturno. E que eu deveria destacar um funcionário da escola para acompanhá-los na tarefa. Então solicitei uma dentre as agentes escolares que se dispusesse a comparecer no dia agendado para a limpeza terceirizada. Entre empurra daqui e de lá, acabou ficando a Magali, uma senhora forte e boa praça.

Falando em terceirização, até a merenda dos alunos está sendo preparada por uma equipe de uma empresa particular que ganhou a licitação para esse serviço. Não tenho mais dor de cabeça do tipo: "o gás acabou, não deu para descongelar a

1996–2006

carne, a funcionária da cozinha está de licença..." Mas por outro lado fico pensando se não virá outra gama de problemas de outros tipos. Vamos aguardar....

O assistente de diretor, o Antonio Carlos, me relatou que no dia anterior houve a falta de oito professores só no segundo período e que ele e mais a auxiliar de direção tiveram que dar várias aulas de diversas matérias ao mesmo tempo para tentar substituir as ausências e não ter que dispensar os alunos antes do horário. Esse tem sido o maior dos nossos problemas. Estamos tentando vários combinados, mas não há quem agüente tanta ausência consentida num único dia!

Nem tudo são espinhos no dia-a-dia da nossa escola. Recebemos também a notícia de que nossos alunos seriam chamados para receber o prêmio Itaú Cultural de Literatura. E que no campeonato de basquete, patrocinado pela Caixa Econômica Federal, nossos alunos foram vice-campeões. Valeram os treinos aos sábados do Antonio Carlos com o apoio dos pais.

Atendi ao telefonema importante só para o diretor da escola. Era uma jornalista do *Jornal da Tarde* que estava interessada em visitar a escola e realizar uma entrevista comigo. Ela escrevia um artigo e iria publicar no sábado sobre *Escolas de sucesso*. Aceitei de imediato e marcamos para o outro dia.

Relatei-lhe sobre as parcerias realizadas ao longo desses dez anos com a comunidade (escolas de samba: Império de Casa Verde e Unidos do Peruche, por exemplo); com ONGs, como a Abrinq, dentre várias outras e os nomes de palestrantes ilustres que contribuíram com suas idéias para a reflexão dos professores da escola. Citei Mário Sergio Cortela, Celso Antunes, Maria Stela Graciane, Lisete Arelaro, só pra começar. Fiz questão de contar das atividades aos finais de semana que sao as marcas de nossa escola há dez anos, antes mesmo de saírem esses programas do Governo. Comentei com ela da visita do então secretário de Educação e de Esportes na nossa escola para conhecer aquele nosso primeiro projeto sonhado e fincado na escola.

Contei que o Rotary Clube de Bela Vista patrocinou na época os professores de judô, os kimonos e os tatamis para que nossos alunos pudessem iniciar os treinos. Além dessas modalidades, também havia a prática da capoeira, karatê, basquete e futebol. Informei-lhe sobre a presença maciça aos domingos de atletas da comunidade boliviana que jogam e disputam campeonatos de futebol utilizando as quadras da escola.

A jornalista observou os espaços bem conservados, sem pichações e inclusive ficou maravilhada com os jardins bem cuidados, admirou a horta e o *playground*, com churrasqueira e tudo num espaço bem arborizado. Acrescentei ainda que, para que uma escola funcione de fato, é necessário que a equipe gestora permaneça pelo menos cinco anos junta, dando corpo e alma ao projeto que se quer da escola. Acrescentei que considero primordial a dialogicidade, as relações democráticas, onde todas as partes são ouvidas. E falei de peito aberto que a nossa escola é uma referência e não um modelo. A jornalista, depois de escrever um tanto, foi embora satisfeita, dizendo que certamente os editores aprovariam a matéria. Estou curioso para saber o que sairá publicado.

Quando estava saindo, fui chamado na sala dos professores. Era urgente, me avisaram. Era o horário coletivo de Jei. Pensei com os meus botões: "mais um problema para eu resolver!". Qual não foi a minha surpresa. Os professores organizaram uma festa para comemorar o meu aniversário. Entre salgadinhos, refrigerantes, velas, bolo e presente, recebi calorosos abraços e felicitações.

Esse é parte de um diário de bordo de um diretor contemporâneo.

| 1996-2006

Paixão efêmera
DINAH MARIA BARILE

Naquela tarde, sentia-me especialmente cansada. O dia havia sido atribulado demais. Saindo do trabalho, exausta, não tive a coragem de buscar de imediato meu carro para voltar a minha casa sem antes parar na lanchonete para me revitalizar com um fortíssimo café expresso.

Logo ao entrar, avistei-o sentado à mesa do fundo. Ele também me viu. Fui ao seu encontro e, sorrindo, nos abraçamos. Logo estávamos conversando animadamente.

– Quanto tempo, Gustavo! O que tem feito? Ainda é professor ou resolveu abraçar a carreira artística?

– Olha, Roberta, a vida particular continua a mesma: mulher e filhos, academia, reunião de amigos nos fins de semana, ocasião em que o violão continua sendo o melhor companheiro; inclusive, meu filho mais velho já toca comigo. O danado do Henrique superou o pai, você precisa ver. Agora, a vida profissional, essa mudou bastante: hoje dirijo uma escola de ensino fundamental, veja você. Sabe, nesses anos todos em que estivemos distantes, realizei muitos trabalhos na Educação. Percebi que nela estava a minha maior fonte de realização pessoal. Inclusive, atividades incríveis que precederam a atual de diretor de escola me fizeram muito feliz.

– Bem, se é assim, quero saber mais sobre isso.

– Vou lhe contar sobre um tempo curto, de mais ou menos dez meses, mas que foi muito especial para mim. Ontem mesmo, arrumando meu armário, avistei ao fundo uma caixa que continha documentos guardados desses anos todos de profissão. Uma imensa curiosidade tomou conta de mim e resolvi abri-la. Afinal, nesses três anos do novo cargo, nunca mais havia mexido nas coisas antigas, pois as tarefas são tantas que nem sequer sobra tempo para a família. Que dirá para arrumações ou mesmo recordações dos velhos tempos!

De repente, dentre as várias lembranças acumuladas, algumas fotos, bilhetes e circulares chamaram especialmente a minha atenção...

Lembrei-me das dificuldades enfrentadas naquele maio de 2001, quando aceitei o convite para trabalhar como STE (Serviço Técnico Educacional) no NAE (Núcleo de Ação Educativa) 6. Assumi o desafio de liderar um trabalho que envolvia toda a comunidade escolar e que seria realizado nos fins de semana, imagine. Sabe, eu acreditava inteiramente nele e sabia que não seria algo fácil.

Não eram todos os membros da Equipe Escolar que podiam trabalhar nos fins de semana. Os diretores, veja você, temiam pela segurança das pessoas e mais ainda pela conservação do prédio escolar.

Eu, nessa história, precisava provar às Equipes Escolares que era possível oferecer muito mais do que as aulas semanais aos alunos. Que podiam chamar pais e irmãos e, numa grande família, crescerem juntos. Para mim era uma questão de oportunidade.

Minha tarefa inicial foi provar a todos que era preciso investir e acreditar. Como na educação do meu filho, acredito que é preciso ensinar e soltar para que ele alcance seu vôo solo.

Foi assim que comecei implantando o Projeto Escola Aberta. Ele oferecia diferentes atividades nos fins de semana e ocupava o espaço ocioso das escolas. Contava com a responsabilidade dos pais dos alunos para a realização de cursos e atividades esportivas e culturais. E eles eram bambas!

Muitos cursos foram oferecidos: curso pré-universitário; tricô-crochê; culinária; pintura em tecido; tapeçaria; fotografia; *marketing* pessoal; informática e administração; línguas: inglês, italiano, francês e espanhol; dança de salão, dança de rua, *ballet* e *jazz*; capoeira; práticas esportivas diversas; teatro; artesanato de vários tipos; instrumentos musicais como flauta, violão, piano, percussão e coral. E outros mais: apresentações de companhias profissionais de dança, de teatro e projeção de cinema.

Sabe, cada comunidade escolar definia o leque de atividades de interesse e a disponibilidade de profissionais para as atividades voluntárias. Tudo antes era debatido e acordado em Reuniões de Conselho de Escola.

As coisas foram tomando vulto e as pessoas tomando gosto pelas coisas, de tal sorte que os profissionais das escolas já se engajavam nos projetos de fim de semana. E outras criações foram surgindo.

Tudo virou um jornal – mural no NAE. Serviu e muito para uma exposição de todos os feitos. Uma maravilha!

E não parou por aí. Partimos para a produção de um ambiente de comunicação na *Internet* com a programação pedagó-

| 1996–2006

gica e administrativa de todos os setores do NAE, com legislação, *links* de acesso ao D.O.M. e *sites* de interesse da educação.

Em agosto, no meio desse trabalho que ia de vento em popa, soube da visita do secretário de Educação, o professor Fernando José de Almeida. Ele reuniria diretores, professores, coordenadores pedagógicos e funcionários em um grande encontro da região. A essa altura, já havia me acostumado com grandes reuniões e não podia aceitar que esse evento tão importante acontecesse num auditório, simplesmente. Tínhamos todas as condições para sediar algo expressivo, marcante.

Lembrei-me de que lá estava e está localizado o paradisíaco e monumental Solo Sagrado, às margens da Represa de Guarapiranga. Batalhei por isso e consegui. Foi lá que aconteceu nosso encontro, com direito a almoço e *show* musical. Um dia inesquecível!

Recebemos orientações da SME, mas, também, pudemos contar tudo o que fazíamos em termos de Projetos Extra-Curriculares – e, o melhor, fomos muito elogiados pelo secretário, que se encantou com o dia que lhe proporcionamos.

Esse encontro foi o centro dos comentários dos dias que se seguiram. Todos nós com a auto-estima nas alturas e a vontade cada vez maior de criar novos projetos. E eles surgiram. Criou-se o Educom.rádio – produção de programas de rádio dentro de duas escolas. Em outubro, vieram os Jogos Escolares do NAE, envolvendo os professores de Educação Física e seus alunos.

Quando novembro chegou, a aspiração do grupo tinha atingido o seu ápice. Queríamos que o ano se encerrasse com chave de ouro. Foi quando criamos o *JorNAE6* – produção de um jornal colorido, em oito páginas, editado em papel de boa qualidade.

E, por incrível que pareça, o jornal chegou às mãos de todos os 5.300 funcionários das escolas, ensacado individualmente, junto com o holerite do mês.

Logo depois veio a chamada do concurso e acabei assumindo o meu cargo de diretor de escola. De lá para cá, você pode bem imaginar o que venho fazendo. Afinal você também é diretora de escola.

Agora, uma coisa preciso lhe confessar: quando revi aquelas fotos, senti muita saudade daquele período. Com certeza não irá se repetir, mas me faz tão feliz tê-lo vivido! Parece-me uma paixão, daquelas efêmeras, porém tão intensa, que jamais será esquecida!

Já havia tomado três cafezinhos fortes. E bebido todas as palavras saudosas do meu amigo reencontrado. Percebi os seus olhos marejados e o encantamento que sentia por sua profissão. Os seus sentimentos me contagiaram, acrescentando-me uma forte energia positiva.

Ao despedir-me dele, já não me sentia tão cansada. Com alegria no coração, busquei meu carro. O caminho de volta para casa pareceu-me bem mais suave e prazeroso do que imaginava quando deixava meu trabalho num dia tão penoso.

As reflexões de um aluno. Aliás, um ótimo aluno...

LUCIANA MARLEY SACCHI

O menino, quase um adolescente, pegou suas coisas, enfiou na mochila, amarrou melhor o tênis. Estava atrasado. Super atrasado.

Neste ano, a escola não está sendo igual...

– Mãe, hoje tenho que almoçar às 11 horas, terei pré-aula!

Minha mãe está perdida com toda essa mudança em meus horários. Tem dia em que entro mais cedo, pois tenho aula na sala de leitura, ou saio mais tarde, pois tenho informática ou judô. Ela fica reclamando que estou com apenas 12 anos e tenho tantos compromissos e horários tão diferenciados. Será que preciso de tanta coisa?

Na época de escola dos meus pais, eles contam que era diferente, o aluno entrava e saía todos os dias no mesmo horário. Quase todos.

Enfim, depois dos passos largos que sempre dou, quase voando, cheguei no horário. Escuto o sinal bater. Eu e alguns colegas da classe vamos direto à sala de leitura.

Sinto o olhar de decepção da professora Olívia ao ver um número tão reduzido de alunos. Ela sempre traz para gente momentos repletos de personagens mágicos, faz todo mundo perceber que sonhos e fantasias são possíveis. Está ela bem na minha frente, com sua pior fantasia, a máscara da indignação, tristeza. Nem mesmo ao criar sua pior bruxa conseguiu reproduzi-la.

Percebo que os colegas que estão aqui talvez sejam os melhores alunos da classe, inclusive eu. Ou os mais interessados, talvez. Modéstia à parte, como fala o comercial da TV. É que sempre fui conhecido como um aluno responsável, fui monitor da classe, essas coisas...

Assim que vão perguntando para a gente sobre os motivos de os demais não terem vindo para a aula, iniciam-se as chatas, cansativas e intermináveis explicações. Alguns moravam longe, o horário da perua era outro. Nesse horário tomavam conta de seus irmãos mais novos, pois as mães não tinham com quem deixá-los. E por aí vai. Alguns colegas dizem para a professora que não viriam de jeito nenhum mais cedo. Já chegava o tempo da escola e além de tudo nem obrigatório é.

A professora Olivia iniciou uma explicação daquilo que eu já sabia. A importância da leitura, todos os benefícios e prazeres que ela nos traz. Só não percebe que todo aquele sermão não era para nós, os que ali estavam, e sim para os ausentes. Percebo que é só um desabafo. Vale por isso.

Acho que deve ser muito duro para uma professora como ela, responsável, que ama o que faz, ver seu trabalho desmoronar, por causa dessa nova ordem. Antes não era assim... A Dona Maria da Penha, a diretora, já explicou um montão de vezes que acontecia assim por conta da nova orientação da Secretaria da Educação, ou seja, que não haveria mais aula de leitura no horário regular das aulas. Vai entender. Acho mesmo que leitura não tem hora e local marcado para acontecer...

Finalmente nossa aula começa. Minha cabeça passeia por lugares nunca vistos, que só a imaginação é capaz de criar. O silêncio na sala é total. Ainda bem que os barulhos da leitura são imperceptíveis...

Essa aula passa tão rápido! Nem sinto. Li um bocado.

Ficamos com dó da professora. Eu e meus amigos fomos à coordenadora, a Dona Luiza, para pedirmos explicações sobre essas mudanças no horário, que ao nosso ver só prejudicaram o andamento da escola. Ela explicou tudo rápido. Claro que é bom proporcionar aos alunos outras possibilidades, além do horário regular das aulas. Mas, e quem não pode? Caso viessem para nossa comunidade aulas de música, teatro, esporte, possibilidade de passeios gratuitos, tudo isso seria o máximo. Até mesmo mais aulas de leitura, recuperação, para os momentos de dúvidas, informática. Porém tudo isso deve ser além do horário, utilizando outros espaços do bairro.

A coordenadora nos explicou mais um pouco. Que já existe um movimento por parte das escolas para voltar a mesma organização anterior e que o secretário da educação ficou de rever. Disse também que eles têm um sindicato, que não estão de braços cruzados, estão na luta.

Outro dia ouvi uma professora dizendo que a escola, com a estrutura que possuí, não consegue organizar tais mudanças garantindo qualidade. Não entendi bem o que ela quis dizer! Mas, pelo pouco que entendi, as mudanças precisam ser preparadas, fazer parte da vida da escola.

| 1996–2006

Como é difícil trabalhar assim. Fico ainda com pena da professora. Eu que não quero ser professor!

Quando chegou o dia da pós-aula, vi tudo se repetir novamente. Grande parte dos alunos vai embora, perdendo importante projeto na sala de informática. Penso que se estivesse dentro do horário regular, todos os meus amigos poderiam estar participando. Agora só uns gatos pingados. Tem computador de sobra. Bom para quem fica.

Percebo mais claramente o motivo da frustração dos professores. Realmente eles têm razão.

Agora vou aproveitar para jogar uma bola com a turma, sem mais pensar no antes e depois das aulas. Que alegria!

Ih! Cadê minha chuteira... esqueci lá em casa!...

Ilusões não muito doces

APARECIDA BENEDITA TEIXEIRA

oje acordei mais tarde. Eu não vou trabalhar na minha escola. Nem hoje e nem nunca mais. Estou com uma sensação muito estranha, apesar de tanto ter sonhado com este momento.

Ando para lá e para cá na minha casa.

– Onde vai dar tudo isso? O que vou fazer agora que estou aposentada?

Estou com uma sensação amarga de algo inacabado, mas ao mesmo tempo que muito vivi e fiz pela educação municipal, apesar de possíveis enganos. Mesmo que eu não queira olhar para trás, o pensamento me leva e sempre me levará à minha história, compartilhada com outros tantos personagens, que lhe deram sabor especial.

Meus pensamentos são interrompidos pelo barulho do telefone. Minha amiga me ligou para me cumprimentar pela minha aposentadoria. Acabamos conversando sobre vários assuntos: família, moda, viagens pretendidas, resultados dos alunos das escolas públicas, etc. etc.

Para me confortar, ela resgatava muitos momentos que havíamos vivido juntas como diretoras de escola.

Acabamos nos lembrando de tantas coisas!...

Da época em que a Secretaria Municipal de Educação, no governo Paulo Salim Maluf, gastara uma fortuna para um início da formação de supervisores, diretores e coordenadores pedagógicos junto à Faculdade de Economia e Administração, da Universidade de São Paulo. E não deu sua seqüência em 1996, bem no governo de Celso Pitta.

Os participantes tinham sido um "laboratório" dos "causos", problemas, dificuldades, desejos das suas comunidades escolares. Alguns se encantaram com o conteúdo e outros, muito mais que os primeiros, se desencantaram por tantas outras coisas. Os gestores vinham das mais diversas periferias de São Paulo, muitos a mais de 50 km, debaixo de um trânsito pesado, para falar de educação com quem não era da área educacional, nem conhecia de perto o funcionamento das escolas municipais. Aliás, nunca haviam estado nelas e não conseguiam, em muitos momentos, compreender os contextos vivenciados por nós diariamente.

Seguimos pelo curso por um bom tempo, o qual se encarregou de ir aparando as arestas e promovendo o entendimento das partes.

Para muitos, freqüentar esta universidade era motivo de *status* na roda de amigos.

Soubemos que no relatório final entregue pela Universidade à Secretaria da Educação teria constado que a gestão escolar estava comprometida pelo excesso de solicitações feitas à escola. E que isso impedia de haver uma verdadeira gestão escolar bem sucedida.

Após o tempo formador na USP, sempre perguntávamos na delegacia de ensino: "– E aí, o que vai ser feito?" E vinham somente caras e bocas de ués...

Essa rota não foi alterada.

O burocratismo imperava, havia necessidade de professores nas salas de aula, de material didático e de limpeza, merenda escolar de qualidade, dinheiro para os gastos do cotidiano. Em contrapartida havia enormes latas de leite para a população visualizar bem e acreditar que seus filhos estavam sendo assistidos na área nutricional. Todos queriam as benditas latas. Quantos pudins sairam dali! Os adolescentes sentiam-se envergonhados por terem de carregar as enormes latas nas mãos pelas ruas. Muitos achavam um jeito de vendê-las para outras mães que queriam fazer mais e mais quitutes...

Muitas vezes, para se livrar das reclamações dos diretores, a administração tinha saídas geniais, criando a ilusão de que tudo seria solucionado dali para frente. Diante da falta de tudo, mandava a escola preencher planilhas e mais planilhas. Alunos, pais, funcionários eram consultados sobre as suas necessidades e "desejos" para que a escola pudesse ter um desempenho melhor. Após todo esse trabalho de ampla discussão e registro em categorias, o resultado passava pelo aval do Conselho da Escola. Entregues finalmente as benditas planilhas no seu centro administrador, aguardava-se ansiosamente a vinda do solicitado. Passava-se um mês... dois... três... e nada.

Sempre que perguntávamos à administração sobre aquilo a resposta era sempre a mesma: "Está em licitação, aguarde". E era um eterno aguardar.

O pedido todo nunca chegava, só algumas coisinhas. O mais duro era verificar o quanto de tempo havíamos perdido naquela ação.

| 1996–2006

Lembrei-me, diante da imensa falta de professores nas escolas e da quantidade de reclamações, de quando a administração superior, não agüentando mais tantas pressões, determinou que abríssemos inscrições para contratar professores. Pensei comigo: "Oba, agora vai! Vou me livrar de vez das inúmeras reclamações dos pais". Imediatamente, coloquei um cartaz gigante no portão de entrada abrindo as tais das inscrições. No primeiro dia, a fila quase dobrava o quarteirão. Foi uma felicidade só. Eu queria professores; eles, emprego. Combinação perfeita.

Após a entrega dos documentos solicitados pela administração e o imenso trabalho para classificá-los em ordem de pontuação, trabalhando com alegria até altas horas da manhã, fixei, posteriormente, dentro do prazo, a listagem com a maior e a melhor das expectativas. Foram chegando um a um para verificar a classificação. Eles haviam se inscrito também em várias escolas e precisavam percorrê-las para saberem em qual teriam mais possibilidade de escolher classe.

O tempo foi correndo, correndo... e nada. Os primeiros classificados passavam com regular freqüência na escola para verificarem o resultado de tudo aquilo. Me olhavam com ares desconfiados que sugeriam má-fé, enganação, acusação de ter causado gastos desnecessários com condução e com reprodução de cópias e mais cópias de documentos, de estar "escondendo" vagas para meus prediletos, de os terem feito de bobos... Ficava um trapo humano nessa situação!

Já passado um bom tempo, recebemos a informação na delegacia de ensino que não haveria mais as tais contratações. Tudo estava cancelado. O meu olhar de brilhante ficou como o de um palhaço muito tristonho, abobado porque eu sabia que sem aqueles professores não haveria possibilidade de educação de qualidade e nem a garantia do cumprimento eficiente do dia letivo. Ainda sinto o gosto amargo dessa derrota até hoje.

Os dias de distribuição dos uniformes era um espetáculo à parte. A escola se agitava toda com um zum-zum no ar. Ansiedade da comunidade para pegá-los, loucura na equipe escolar para adequar cada um ao seu tamanho. Haja tempo para isso! Apesar de cuidar da melhor forma possível dessa distribuição, não era raro enfrentar a fúria dos pais para a devolução porque o pacote não havia agradado ou dado certo. Tenho visto, até hoje, pelas ruas de nossa cidade, muitos pais usando as bermudas, os blusões do uniforme que eram dos seus filhos, mas devido ao tamanho extremamente grande, optaram por sair por aí inaugurando um novo estilo ou porque, de fato, lhes são muito úteis, devido a suas necessidades pessoais.

Lembrei-me também daquele belo dia em que recebi na escola, para ser distribuída para todos os alunos, uma fita cassete contendo os hinos pátrios. Aquelas fitas não tinham conexão com nada no projeto pedagógico da minha escola. Não sabia de onde vieram. Apesar disso, fui buscar resposta na delegacia de ensino. Desconheciam o motivo da tal compra, mas disseram que era para entregar e pronto. Entreguei com uma breve e frouxa explicação e fiquei olhando para aqueles alunos que me olhavam mais surpresos do que eu para um objeto que nada significava, ou melhor, era muito estranho para alguns, pois nem aparelho de som tinham para isso. Os pais mais esclarecidos vieram questionar o porquê de eu ter feito aquela compra absurda. Até explicar que gato não é lebre... vai-se tempo. E o tempo se encarregaria de resolver essa questão mais que anti-pedagógica!

Apesar de a Lei de Diretrizes e Bases da Educação definir claramente o que é gasto com a educação, alguns políticos ain-

1996-2006

da acham que podem incluir, com o auxílio do legislativo, o que bem entendem, que ninguém vai perceber. Que lástima!

Na verdade, muitos não percebem, mas nos resultados da educação não existe nada de mago ou de fada madrinha.

Vi a população dessa cidade, no governo Marta Suplicy, em alguns locais da periferia, tendo acesso, pela primeira vez, nos centros de educação unificados, a um cinema, a um teatro, a uma piscina, a oficinas de artes, músicas, danças e tantas... e tantas coisas boas com alto significado para o seu cotidiano. Contra isto ninguém pode ser.

Vi também que os alunos que estudavam nesses locais não podiam utilizar adequadamente o seu próprio espaço, conforme seus desejos, por ter de reparti-lo com a comunidade local e do entorno.

Vi ainda, mais perversamente, que as demais unidades educacionais ficaram abandonadas, sem professores, com poucos trocados, com formação inadequada dos seus profissionais, feitas através de pacotes prontos de várias instituições, com terceirização de serviços, sem implementação dos ciclos de aprendizagem dos alunos e tantas outras coisas...

Para mim , essa forma de opção política, associada à força do *marketing*, garantiu a promoção das atividades e a manutenção de apenas 21 centros de educação unificados na cidade.

Doce ilusão pedagógica e didática de se fazer educação básica para todos!

Que política educacional de atendimento é esta que inclui a população e exclui o próprio alunado? Fico me perguntando...

Infelizmente, tampando o sol com a peneira, utilizando-se estratégias de mídia que confundem a população e até muitos educadores, surpreendentemente, acabamos por não enxergar o que foi usado como recurso do ensino fundamental em outros fins.

Não dá para apagar todas estas coisas.

A população merece todo o investimento, mas não com o chapéu alheio. O dinheiro do ensino básico para mim é sagrado. Dinheiro do ensino deve ser usado no ensino das crianças, jovens e adultos paulistanos, que estão nas unidades educacionais.

O cotidiano escolar é a vida pulsante das pessoas que estão na escola, e quebrá-lo com coisas que não são papéis da educação é destruir a possibilidade da promoção do conhecimento e levar todas as escolas a resultados deprimentes, como os que estamos vendo agora.

Disse isso a minha amiga como forma de continuarmos defendendo a escola pública para sempre.

Descobri nesse exato momento que aposentadoria é apenas um estado do ser, porque minha cabeça de educadora vai continuar funcionando nesse sentido.

– Sabe o que vou fazer agorinha, Cândida? Dar um belo *upgrade* no meu visual. E o mundo que me aguarde ...

Muit

Muitos tempos num só dia

MARA SILVIA SEABRA

De tanto olhar para aquele papel, já tinha decorado todos aqueles dizeres escritos em verde, com pontilhados no final para serem preenchidos.

Não conseguia me decidir, não sabia o que fazer.

Tantos anos se passaram e agora tinha que tomar uma decisão de um dia para outro. Não podia esperar. Não podia me arriscar a ficar mais tempo. Por outro lado, também não conseguia jogar tudo para o alto. Era bem verdade aquele ditado: "Se ficar o bicho come, se correr o bicho pega".

O que fazer? Se tivesse um pouco de fé, poderia pedir para algum santo ajudar-me. Existe tanto santo que algum poderia resolver o meu caso. Ou, então, poderia acontecer alguma coisa, algum sinal, apontando o caminho a ser seguido. Mas, não, sabia que tinha que pagar por minha descrença, tinha que me haver com minhas perdas.

Recolhi rapidamente meus pensamentos e guardei cuidadosamente aquele papel, com a entrada de uma jovem alvoroçada que queria um supervisor que resolvesse seu caso.

Levantei-me, fui em sua direção, apresentei-me. Amavelmente convidei-a para sentar-se e ofereci-lhe um café. Seu furor inicial arrefeceu um pouco. Seu rosto continuava avermelhado e dum jorro só começou a lançar imprecações contra sua diretora:

– Aquela vaca, vai ver só comigo. Isso não é coisa que se faça. Agora, tão cedo, não vou mudar de letra. Quem ela pensa que é? Só porque é uma diretorazinha? Grande coisa! Meu pai já foi delegado de educação no tempo do Maluf. Ele ainda conhece muita gente. Ela vai ver o que é bom pra tosse! Eu vou acabar com a vida dela!

Percebi que só iria piorar as coisas se a interrompesse. Deixei-a desabafar e quando ela ia tomar fôlego para continuar, entrei com uma voz suave:

– Você não quer me contar o que aconteceu na sua escola?

– Aquela desgraçada da diretora me deu falta justificada e eu ainda tinha abonada para dar. Ela se acha toda poderosa..

O interessante, quando você tem muitos anos de janela numa profissão, é que muitas situações se repetem "n" vezes. Algumas exatamente iguais, outras com uma roupagem diferente, mas todas no fundo tratando das mesmas questões. Em sendo assim, quando uma delas acontece, é só abrir uma janela mentalmente e buscá-la em ordem alfabética. Por conta disso é que minha pergunta foi só para confirmar o que eu já sabia:

– Vocês tiraram algumas regras de funcionamento da escola e combinaram coletivamente que quem faltasse na reposição levaria falta justificada?

Ela me olhou com cara de assustada, como quem tivesse sido pega roubando biscoitos escondida.

A memória brinca

– É... foi isso – disse meio sem graça. Mas algumas regras não precisam ser levadas a ferro e fogo, como fez aquela imbecil. Não deu para ir na reposição. Eu não estava me negando a repor aula, só que tive um problema naquele dia e pedi para dar aula na outra semana. Ela me disse que não daria para convocar os alunos para o próximo sábado porque pelo calendário escolar haveria a Festa das Nações. Eu propus então fazer alguma atividade extraclasse com os alunos: ir a um teatro, a uma exposição, qualquer coisa...

Antes que ela concluísse, a interrompi:

– Essas idas ao teatro, às exposições de que você está falando, já não estão planejadas desde o início do ano, no calendário escolar de vocês?

– Já, mas não tem nada a ver. Eu acho que, quanto mais eles tiverem essas atividades culturais melhor, você não acha?

Outra grande vantagem de se possuir uma vasta experiência profissional é que os *déjà vu* lhe possibilitam tomar distância do momento presente. Mesmo estando dentro de uma situação, dá para se desligar, pensar em outras tantas coisas e voltar a ela, sem ter perdido o "fio da meada". É como uma alternância entre "estou dentro", "estou fora".

Pela busca de intimidade e cumplicidade que ela parecia ter e querer comigo, "saí" daquela conversa e me lembrei do Luís, com quem havia trabalhado em outra delegacia. Ele dizia que as relações hierárquicas estavam se deteriorando e que, ao contrário de outros tempos, ninguém mais se intimidava com a figura do supervisor escolar. Considerava isso saudável, mas, por outro lado, dizia, tinha virado um tremendo "esculacho".

Para comprovar sua afirmação, contou que, ao chegar a uma escola, uma servente o atendeu no portão e, beliscando suavemente sua bochecha, chamou-o de fofinho e disse-lhe estar com saudade porque fazia muito tempo que ele não aparecia lá. Voltei à conversa e respondi-lhe:

– Acho sim. Só que eu também acredito que não adianta nada o aluno ir ao teatro, ir a um cinema ou a qualquer outro evento cultural se o professor não tiver planejado isso com antecedência. Se ele não elaborar atividades pedagógicas ou promover debates sobre o conteúdo do filme ou da peça de teatro que o aluno viu, dá na mesma ele ir sozinho ou com a sua classe.

A diferença é que sempre é mais divertido ir com os amigos da classe. O que eu quero dizer é que essas atividades culturais não têm sentido, se não servirem de estratégias prazerosas para fazer com que os alunos pensem, aprendam a argumentar, defender seus pontos de vista sobre as inúmeras questões que estão colocadas hoje para a nossa sociedade dita globalizada. Se não for assim, essas atividades deixam de ser culturais e passam a ser simples lazer. Não sou contra o lazer, muito pelo contrário, mas acho que ele tem sua hora e sua vez.

– Eu concordo com você. Posso planejar alguma atividade e levar meus alunos para assistir alguma peça que esteja passando no Sesi. Lá é de graça, só é preciso agendar antes. Você fala com a minha diretora e diz para ela o que ficou combinado?

– Acho que não fui muito clara. Uma coisa é estarmos conversando sobre questões pedagógicas. Outra é discutirmos as competências e atribuições de cada cargo. A sua chefia imediata é a diretora da escola em que você trabalha, não eu. Quer dizer, ela é a responsável pelo apontamento da freqüência de todos os funcionários da sua escola. Pela legislação, mesmo sem você ter dado todas as suas faltas abonadas, ela pode apontar uma falta justificada ou até mesmo injustificada. Está certo, é muito raro hoje em dia alguma diretora agir dessa forma. No seu caso específico, a diretora está apontando uma falta justificada, não por decisão dela, mas por decisão do grupo que decidiu assim coletivamente e do qual você faz parte, não é isso?

– Tudo bem, isso eu já entendi e concordo com você. A diretora é minha chefia e você é a chefia dela, né? Daria para você conversar com ela, com jeitinho, para ver se ela tira minha falta?

Antes de começar a explicar que as coisas não se davam desse jeito e que eu, nesse caso, não iria desautorizar a decisão da diretora, e muito menos a decisão do coletivo dos professores da escola, toca o telefone da sala.

Uma voz aflita do outro lado da linha quer saber se poderia dispensar os alunos daquele período porque sua escola tinha sido assaltada e, assim que abriu a porta da secretaria, percebeu que tinha papel espalhado para todo lado, todos os computadores tinham sido roubados, o arquivo estava todo revirado e tinha cocô espalhado pela escola toda. Depois de me certificar da inviabilidade de a escola ter aula naquele período e conversar a respeito com a coordenadora, autorizei a dispensa dos alunos, solicitando-lhe que, logo que possível, mandasse um plano de reposição para aquele dia. Pedi-lhe também que ela mesma ou então outro funcionário fosse à delegacia de polícia mais próxima registrar um Boletim de Ocorrência, com a relação de todos os itens furtados e, se possível, com os seus respectivos números de série. Por último, solicitei-lhe que avisasse à diretora da escola para entrar em contato com o supervisor responsável, a fim de receber as orientações necessárias para iniciar o processo de averiguação preliminar, referente à apuração de responsabilidade funcional.

Desliguei o telefone e me vi discutindo com o pedreiro, num final de semana, sobre a altura que as grades deveriam ter para evitar a invasão de estranhos na escola, na qual fui diretora, tempos atrás. Já era a segunda vez que tinham entrado na escola por aquele muro inútil. No entanto, era a primeira vez que eu tinha algum dinheiro, vindo da verba de escalão, para tentar acabar com essa situação.

A exemplo do caso relatado, também tinham feito um "rapa" na secretaria da escola. A diferença é que, naquela época, em vez de computadores, o motivo de cobiça dos ladrões eram as máquinas de escrever Olivetti e essas tinham sido todas levadas, juntamente com a única máquina elétrica existente, disputadíssima pelo próprio pessoal da secretaria, para a datilografia de algum documento. O resto tinha sido igual: arquivos revirados, papéis e fezes espalhadas por todo lado, vidros quebrados e parte da merenda roubada.

Voltei a me sentar e, diante da jovem que continuava impaciente e me olhava de forma esperançosa, me ocorreu a necessidade de ser dado um curso básico de legislação acerca dos direitos e deveres atinentes aos cargos da carreira do magistério, aos professores ingressantes. Não poderia deixar de discutir isso, na próxima reunião da Supervisão.

Mais uma vez, tornei a lhe explicar sobre a importância de se respeitar as decisões tiradas junto ao coletivo dos professores, da articulação desse coletivo com o Conselho de Escola, com o seu projeto político-pedagógico e das relações profissionais existentes entre todos os segmentos da comunidade escolar.

Ela me escutou com bastante atenção e indagou com uma voz desolada:

– Quer dizer que você, mesmo sendo supervisora, chefia mediata da minha chefia imediata, não pode ir contra uma decisão da diretora da minha escola?

Antevendo que não conseguiria dissuadi-la de seu único objetivo – ter sua falta abonada naquele dia –, anotei seu nome, o nome de sua escola e lhe prometi que encaminharia seu caso para o supervisor responsável por aquele setor, tão logo o encontrasse.

Saí da sala, fui até o guichê da recepção, peguei minha papelada diária e rubriquei no livro correspondente o que havia recebido: diversos memorandos, ofícios, solicitação de férias, PEA's, projetos das escolas particulares, textos pedagógicos diversos.

Voltei para o meu canto, tomei um café e acendi um cigarro. Sabia que naquele dia Renata, outra supervisora daquela Coordenadoria, estava visitando as escolas e não voltaria mais. Caso contrário, teria que fumar lá fora. Ela não suportava o cheiro de cigarro e, toda vez que distraidamente acendia o cigarro em sua presença, ela dizia bem nervosa que iria fazer uma representação contra mim.

Novamente instalada na minha poltrona favorita, dentro daquele salão enorme que diminuía consideravelmente de tamanho quando todos os doze supervisores estavam presentes, comecei a analisar os projetos das escolas particulares. Detive-me nos objetivos propostos por quase todas elas, em relação à clientela atendida: "desenvolvimento do aluno crítico, atuante e participante da vida em sociedade, cônscio de seus direitos e deveres".

Apesar de ter lido esse "jargão educacional" centenas de vezes, não pude deixar de pensar que a clientela da escola particular usufruía de muito mais direitos que os alunos das escolas públicas. A estes, sobravam todos os deveres que faltavam àqueles. Acho que não tem jeito num sistema como o nosso: a depender da posição social ocupada, se detém muito mais direitos do que deveres. De todas as situações injustas que já presenciei na vida, uma delas foi, particularmente, mais doída.

Trabalhava como coordenadora pedagógica numa escola de madeira localizada nas cercanias de uma via férrea, já quase chegando a Parelheiros. Da minha casa até lá eram 30 km.

| 1996–2006

A mesma distância de lá até Itanhaém, descendo o morro por Marsilac.

De manhãzinha, passava uma boiada bem em frente à escola e no terreno vazio atrás havia rodeio aos finais de semana. Esse era o único lazer para os moradores.

O comércio existente na região resumia-se a algumas garagens adaptadas para funcionar como botecos que vendiam, além de aguardente, alguns itens básicos: pão, leite, arroz, feijão e uma ou outra conserva.

Tudo girava em função da escola e, no início, sempre que eu chegava, havia uma fila interminável de pessoas com as mais diversas e curiosas solicitações: desde o empréstimo das dependências da escola para a realização de festas de casamento, batizados (não havia igrejas na região), peladas no pátio coberto (não havia quadras), reuniões para divulgação dos produtos *Tupperware*, umas vasilhas plásticas que à época eram o desejo de consumo de toda dona de casa, até velórios, pois muitas casas tinham sido construídas em terrenos da prefeitura e a largura das ruas, feitas pelos próprios moradores, não permitia a passagem do carro funerário.

No contexto familiar, muitas crianças por volta dos 7 ou 8 anos, principalmente meninas, já tinham responsabilidades de gente grande: cuidavam de seus irmãos menores, faziam o almoço e limpavam a casa, enquanto seus pais trabalhavam fora o dia inteiro.

Numa manhã, já beirando o meio-dia, percebi uma menina no pátio à procura de alguma coisa. Estava muito aflita e, enquanto me explicava que estudava no primeiro período e havia perdido a chave de sua casa, não despregava os olhos do chão acimentado. Disse que tinha ido para casa depois das aulas para fazer o almoço para seus irmãos menores que ficaram lá trancados, quando deu pela sua falta. Tentei acalmá-la, falando que essas coisas aconteciam com todo mundo, que não era o fim do mundo, que poderíamos pedir para algum vizinho arrombar a porta, mas não teve jeito! Ela começou a chorar desesperadamente. Contou que já havia perdido a chave de uma outra vez e tinha levado uma surra de vara mesmo prometendo que não iria acontecer de novo. Achava que, dessa vez, o pai iria matá-la de tanto bater.

Nessa hora, lembrei que já tinha apanhado de cinta do meu pai e tinha doído muito. Imaginei que com vara deveria ser bem pior. Não só comecei também a procurar a chave junto com a menina, como mobilizei mais gente para esquadrinhar cada centímetro daquela escola.

Apesar de todo nosso empenho, a busca resultou nula. Resolvi acompanhar a menina até sua casa. Amassei mais barro daquela vez do que em toda minha vida. O único acesso era descendo um morro escorregadio, tendo o mato alto como corrimão, a fim de se evitar um inesperado banho de lama. Um vizinho muito gentil foi chamar um outro que trabalhava como chaveiro na cidade e que estava de folga naquele dia.

Em "três tempos" a porta estava aberta. Embora isso não tenha trazido nenhuma tranqüilidade para a menina que, prontamente, se pôs a cozinhar. Não precisei esperar muito tempo para a chegada do pai. Ele me pareceu muito mais surpreso com a minha presença do que bravo com sua filha. Apresentei-me e fui logo explicando a situação. Caprichei na parte referente à educação dos filhos, falando da importância da compreensão, do carinho e da tolerância com os erros na educação das crianças.

Empolguei-me ao falar sobre os inúmeros traumas psicológicos que podem causar os castigos físicos num ser ainda em

1996-2006

formação. E falei bem da menina. Falei, falei, falei e arranquei dele a promessa de que não iria bater na sua filha.

Saí, satisfeita, dando por cumprido meu papel de educadora.

Nos dias seguintes, não perdi de vista a menina que parecia estar bem.

Porém, passados outros tantos dias, a menina desaparece da escola. Quando retorna, me conta que seu pai havia chegado bêbado em casa uma noite e lhe dado uma baita surra de vara!

A porta se abre estrepitosamente e uma diretora conhecida, carregando uma montanha de papelada quase a lhe encobrir o rosto, entra agitada na sala:

– Que bom que você está aí. É com você mesmo que eu queria falar. Lembra aquele menino com PC que você pediu para eu colocar na classe da Marcela? Pois é, você lembra que ela já tinha uma outra criança na mesma classe, com perda quase total de audição? Agora, a Beth está me pedindo para eu colocar nessa mesma classe outro menino que não enxerga quase nada. Espera aí, a professora é ótima, excelente mesmo, mas assim ninguém agüenta, né? O que é que eu vou dizer para ela? Que ela vai ser de novo "premiada" por ser tão boa? Você sabe que eu poderia colocar em outra classe, mas ninguém tem tanta paciência e dedicação para lidar com esses casos como a Marcela. Só que já está demais; com dois, tudo bem, mas com três casos assim e todos tão diferentes, acho que já passou dos limites, você não acha?

Eu me lembrava perfeitamente do caso do Rodrigo. Ele tinha paralisia cerebral. Toda sua parte motora tinha sido afetada: ele andava com auxílio de muletas, não falava por não conseguir articular as palavras e se contorcia todo para segurar o lápis. Eu mesma tinha conversado com a mãe do menino e ela havia contado que o seu marido a tinha abandonado, quan-

434   A memória brinca |

do descobriram o problema no menino, ainda bebê. Ela tinha uma banca de jornal e trabalhava praticamente de sol a sol para sustentar seu filho e uma mãe já idosa, com problemas de saúde. Tinha conseguido uma vaga na Apae e levava seu filho três vezes por semana para reabilitação motora, enquanto sua mãe ficava cuidando da banca.

– Antes, ele não andava de jeito nenhum, nem engatinhava. Agora ele já se vira sozinho com as muletas, vai para tudo quanto é lado com elas – ela me disse no dia de nossa conversa, toda orgulhosa.

Pode parecer doido, mas eu tinha entrado em interação com o menino naquele dia. Era dono de uma simpatia traduzida no sorriso gostoso que tinha e cativava as pessoas. Ele era muito inteligente. O problema é que não dispunha dos canais dos quais nos valemos socialmente para expressar essa inteligência.

A diretora esperava uma resposta minha e eu não tirava sua razão. Ela já estava preocupada com a professora que nem estava sabendo que receberia um aluno novo, com problemas de visão. Eu acho que muitas leis em nosso país são para "inglês ver", como diz aquele dito popular. Simplesmente se fazem as leis, sem a mínima preocupação na criação das "infra-estruturas" necessárias para implementá-las.

O caso da inclusão era um desses exemplos. Se o objetivo da inclusão for simplesmente a socialização da criança, tanto poderia ser a escola como qualquer outra instituição – clube, sociedade amigos do bairro – a indicada para isso. No entanto, se o objetivo for a socialização com aprendizagem, pelo menos, a criança deveria ter um atendimento específico, dentro de uma instituição especializada no seu problema, para poder usufruir minimamente das atividades de aprendizagem que

1996–2006

ocorrem dentro das salas de aula. Via de regra, não é isso o que ocorre. Coloca-se o filho portador de necessidades especiais numa classe regular de uma escola pública, acreditando-se que tudo está resolvido, que a professora dará conta de tudo.

Não se trata de uma questão de preconceito, mas de aprendizagem. Normalmente, a professora não sabe como fazer para que aquele aluno que quase não enxerga, quase não escuta ou simplesmente não fala, aprenda.

Antes que eu pudesse responder, uma outra diretora apressada, também conhecida, irrompeu sala adentro:

– Esses uniformes que estão dando agora são para o inverno ou para o verão? Sim, eu sei que eles já ganharam o uniforme de verão, mas esses também são para o verão. Vejam os tamanhos, são para anões, não para alunos do Nível II! Eles estão usando o blusão com mangas três quartos e as calças como bermudas. É um absurdo! Além disso tudo, eu tenho que perder um tempo enorme para convocar os pais na escola, para receberem os uniformes e assinarem o recebimento e outro tempo maior ainda escutando as reclamações que os tamanhos estão todos errados, que os agasalhos estão muito pequenos.

O rompante da diretora me fez lembrar a época em que havia acabado de assumir o cargo de supervisora escolar. Era o ano de 1995 e estávamos em uma reunião com a delegada de ensino de Campo Limpo. Eu havia relutado até o último instante para tomar posse no cargo porque a administração ainda era Maluf e teria que trabalhar na delegacia, junto de todas aquelas pessoas que eu considerava malufistas. Estávamos ultimando a pauta da reunião que teríamos dali a pouco com a equipe técnica das escolas.

A delegada, na hora dos informes que deveríamos dar às escolas, informou que o leite passaria a ser distribuído nas unidades escolares, em vez dos postos de saúde, como tinha sido até então. Era o penúltimo ano de mandato do prefeito e ele queria eleger seu protegido, utilizando-se das escolas para dar maior visibilidade às suas ações de puro assistencialismo. Não consegui conter as lágrimas. Chorei de raiva.

Naquele momento, tive certeza de que eles não viam a escola pública como um centro irradiador e fomentador de cultura e conhecimento, mas simplesmente como uma vitrine, a serviço de sua demagogia. Nem desconfiava que, nas administrações futuras, "essa distribuição de renda", como alguns incautos a chamavam, seria ampliada, chegando até a distribuição de "camisinhas", passando por material escolar, uniforme de verão e de inverno, tênis, meias...

A burocracia que já era considerável nas escolas, por conta da descentralização de todo tipo de serviço realizado anteriormente pelos órgãos centrais e intermediários, aumentou ainda mais pelo controle de listagens e mais listagens de recebimento e de distribuição de todo esse material. As reclamações dos pais deixaram de ser sobre questões pedagógicas e passaram para queixas sobre a qualidade, o prazo de entrega ou o não recebimento dessas "oferendas".

As escolas passaram a ser Centros Distribuidores de Materiais. Por que não deixar essa tarefa a cargo das Secretarias de Assistência Social, desonerando as escolas e deixando-as cumprirem o papel precípuo para o qual foram criadas? Em última análise, esse seria o de ensinar os alunos a aprenderem a aprender para atuarem de forma responsável, solidária e justa, através do respeito mútuo e do diálogo, não só como participantes de sua comunidade local, mas também como cidadãos do mundo.

Antes de me decidir com qual das duas diretoras conversaria primeiro, o telefone toca novamente. Era uma professo-

| 1996-2006

ra que queria saber por que seu pedido de afastamento sem vencimentos, para cursar mestrado fora do país, havia sido indeferido. Concordo com ela de que a política da prefeitura nesse sentido é burra, porque acaba forçando os docentes a se exonerarem de seus cargos, em vez de conceder o afastamento por dois anos e ter de volta o professor por, no mínimo, outros dois anos com uma sólida formação, sem nenhum custo para os cofres públicos.

Explico-lhe, no entanto, que existe uma falta de professores na rede atualmente, principalmente os de Nível II, e que, nesses casos, eles optam pelo indeferimento. Não me pareceu que ela tenha ficado muito satisfeita com minha explicação, mas despeço-me desejando-lhe boa sorte nos estudos e na vida que terá lá fora.

Telefono para Beth, responsável pela Educação Especial, explico-lhe o caso da classe de Marcela e encaminho a diretora para falar com ela, com a promessa de que irei acompanhar o caso.

Oriento a outra diretora a redigir um memorando detalhando o problema com o tamanho dos agasalhos e encaminhá-lo para o setor responsável.

De novo sozinha, sinto meu estômago roncar de fome. Guardo toda a papelada espalhada pela mesa, no espaço exíguo do meu armário. Volto a pegar o formulário com letrinhas verdes e me obrigo a tomar uma decisão: é agora ou nunca mais, digo para mim mesma. Começo a lembrar de que, quando prestei o concurso para Supervisora Escolar, esperava contribuir para a elaboração da política educacional. Qual o quê!

Nenhuma administração, com exceção da época da Erundina, esteve minimamente preocupada com o que acontece no miúdo das escolas. No entanto, todo discurso político fala em valorização do docente, do papel relevante da educação no de-

438   A memória brinca |

senvolvimento do potencial humano e econômico de nosso país. Ingenuamente imaginei que uma das atribuições do cargo de supervisora fosse o de levar as demandas surgidas nas nossas visitas às escolas, às instâncias superiores, no intuito de resolvê-las, ou ao menos viabilizar alternativas para solucioná-las.

Porém, "pregamos no deserto". No dia-a-dia, solitárias dentro de nossos cargos, nos especializamos em "apagar incêndios" e isso era muito frustrante, diante da contribuição que poderíamos dar à melhoria de fato da educação pública.

Assinei sem pestanejar meu pedido de aposentadoria proporcional. E saí para almoçar.

A bolsista

MARIA KLECY CHRISPINIANO BETTI

Naquele setembro de 2006, o motorista do escritório estava me levando a Campinas para uma audiência e como sempre acontecia começou a conversar sobre suas dificuldades e preocupações com os filhos. A educação dos dois filhos era seu tema favorito. As crianças estudavam em escola pública, o que para ele era um terror. Fazia sempre um rosário de queixas sobre as péssimas condições físicas do prédio, a falta de professores e a conseqüente dispensa dos alunos, as dificuldades em contactar alguém da equipe escolar, o baixo nível de aproveitamento, as promoções sem que as crianças nada soubessem. Além do que, a escola abrigava, entre os mais velhos, uma população agressiva, com os quais, não raro, eram encontrados facas, cassetetes e outros objetos estranhos. A escola mais parecia uma casamata alemã, devido aos altos muros que a cercavam, para evitar invasões, roubos,

1996–2006

e na porta havia sempre um carro de polícia para intimidar os prováveis vendedores de droga.

– Preciso transferir meus filhos para uma escola particular. Eu e minha mulher já combinamos, as crianças já estão grandes, no ano que vem ela voltará a trabalhar para ajudar a pagar a escola.

O Luís continuou falando, batendo na mesma tecla...

– Caso meus filhos continuem nessa escola, poucas oportunidades terão no futuro, para conseguir um bom emprego. Quanto a cursar uma faculdade, teriam que depender do sistema de cotas, para ingressar em universidade pública, coisa difícil também de se obter.

Tive muita pena do Luís e de todos os outros pais e alunos da atual escola pública descrita por ele. E falei com os meus botões:

– Meu Deus, o que aconteceu?

– Como e quando tudo começou a desmoronar?

– Aonde foi parar aquela escola na qual e pela qual trabalhei por 28 anos, de 1956 a 1984?

Lembrei-me do meu tempo de Ensino Municipal. Comecei como professora primária, na Vila Nova Cachoeirinha, mas logo passei a inspetora escolar. Não tinha carro, percorria as distâncias a pé, de trem ou de ônibus, na periferia dos quatro cantos da cidade, inclusive na de Osasco, que ainda não havia se emancipado, Quitaúna, Presidente Altino, Jardim Piratininga, São Miguel Paulista, Pirituba e nos temidos Jardim Ângela e Capão Redondo.

Os pais davam preferência para colocar seus filhos nas escolas municipais. Na época das matrículas, tínhamos que delimitar suas áreas de atendimento. Preferiam, devido às condições físicas dos prédios, à qualificação dos professores, à sofisticação da merenda, à assistência médica, dentária e psicológica prestadas, às atividades artísticas desenvolvidas nas escolas através de intensa e diversificada programação, sob a batuta da talentosa professora Maria José Brasileiro do Prado Bohn e, principalmente, pela qualidade dos serviços educacionais oferecidos. Já em 1968 havia sido criada a Primeira Escola Integrada da Rede, denominada "Instituto Municipal de Educação e Pesquisa", que serviu de centro de estudos voltado para a implantação, a partir de 1970, das Escolas de 1º Grau, de 1ª a 8ª séries, numa antecipação à Lei Federal nº 5.692/71.

De repente dei-me conta de que também fora aluna de escola pública.

Eu nada mais sou do que um produto da escola pública dos anos 1940 e 1950. Voltei ainda mais no tempo e revi, nitidamente, o incidente que marcou a minha vida.

O corredor era estreito e ladrilhado, os alunos saíam das salas de aula em fila indiana, no mais absoluto silêncio, sem arrastar os pés, como que flutuando em direção à saída. De repente a fila estancou, não percebi, desequilibrei-me, bati na menina a minha frente e o meu estojinho de lata caiu no chão fazendo um enorme barulho que ecoou pelo corredor silente, acompanhado do rolar dos lápis. Ninguém se virou para ver o autor da façanha.

Abaixei-me para recolher, entre os pés dos alunos, os lápis pretos e a minha única extravagância, seis pequenos lápis de cor. Quando avistei um par de sapatos grandes e a barra das calças do inspetor de alunos, pus-me de pé. Estava transtornado, pareceu-me uma pessoa muito má, e bradava:

– Eu sabia, eu sabia. Não sei porque pobre tem a mania de querer que os filhos cursem o ginásio, sabendo ler e escrever já está muito bom. Esta, além de ser bolsista, de o pai não pagar escola, de estudar de favor, é uma indisciplinada, não sabe se comportar na fila, não tem nem mala para carregar o material, anda com ele todo espalhado nos braços.

1996–2006

Era dezembro de 1945, eu tinha apenas 10 anos de idade e acabara de chegar do interior. Senti um nó na garganta, um aperto no peito, todavia não chorei. Estava acostumada a levar algumas palmadas da minha mãe e não chorar, a manter a cabeça ereta, o que a irritava profundamente. Foi o que fiz e fiquei quieta, não pronunciei uma palavra em minha defesa, havia aprendido que na escola teria que cumprir as rígidas regras impostas. Nela todos tinham razão, menos os alunos.

O inspetor continuava a esbravejar:

– E, também, não é bem educada, estou chamando a sua atenção, teria que abaixar a cabeça em sinal de respeito, entretanto a mantém erguida.

Saí da escola o mais rápido possível, não falei com ninguém. Subi correndo o meio quarteirão da rua Beneficência Portuguesa até chegar à rua Casper Líbero para pegar o ônibus, pedindo a Deus para que não passasse nenhum colega.

Ao sentar-me no ônibus comecei a chorar, a senhora ao meu lado quis saber o que havia acontecido. Sentia vergonha, não iria mais voltar à escola, não saberia encarar os colegas e aquele inspetor; sentia medo de contar o fato em casa e de pensar na reação de meus pais. Pensei não comentar nada, mas queria saber o que era ser bolsista e por que meu pai não pagava a escola.

A senhora não soube explicar, contudo achava que deveria conversar com os meus pais, eles saberiam esclarecer.

Em casa, contei ao meu pai, que deu todas as explicações, dizendo que eu não estudava de graça e muito menos de favor, que meus estudos eram pagos pelo Governo do Estado de São Paulo, que era difícil conseguir, mas como era estudiosa e inteligente, o Governo havia me escolhido para receber uma bolsa de estudos, por isso era bolsista, em troca de impostos não pagos pelo diretor da escola.

Não entendi bem quem era esse Governo e muito menos o que era imposto, mas também já não estava interessada em saber. Falou tanto, floreou, valorizou, sem mencionar que éramos pobres, que conseguiu reverter a situação e passei a me sentir a mais importante das alunas da classe.

Aduziu, ainda, que deveria esquecer o incidente com o inspetor de alunos, que, com certeza, por ser uma pessoa simples, não entendia dessas coisas de Estado. Meu pai deve ter sofrido muito, porém não deixou transparecer. Foi um artista nesse dia.

Como só sabia falar na primeira pessoa do singular e de modo imperativo, aproveitou para dar a sua mensagem, sobre a qual não haveria discussão:

– Você ficará nesta escola os meses das férias, necessários ao Curso de Admissão ao Ginásio, depois irá fazer o exame e cursar a Escola da Praça – como era conhecida a Escola Caetano de Campos –, pois o Instituto de Ciências e Letras – Colégio Alfredo Puca é uma escola particular e não quero que estude nela, irá para a escola pública. Entretanto, para que isso aconteça, terá que estudar muito, muito mesmo, na escola e em casa.

À época, os pais colocavam os filhos nas escolas públicas, não somente por serem gratuitas, mas principalmente pelo alto nível de qualidade do ensino ministrado, e meu pai queria que eu estudasse onde estudou o escritor modernista Mário de Andrade, a poetisa Cecília Meirelles, o historiador Sérgio Buarque de Holanda, a pianista mundialmente conhecida Guiomar Novaes e tantos outros ilustres.

– A partir de hoje, não mais ajudará sua mãe nas tarefas da casa, e aos domingos não irá mais às *matinées* ou sairá com seu tio. Todo o tempo livre será para estudar. Vou pedir ao Tio Chico para levá-la domingo à Praça da República para conhecer a escola onde irá estudar.

| 1996–2006

E dando o assunto por encerrado, acrescentou:

– Se você quiser chegar à faculdade, este é o único caminho.

Tio Francisco, de tão grata lembrança, o irmão solteirão da minha mãe, era o que se costumava chamar de "bem posto na vida". Adorava as irmãs e os sobrinhos, fazia tudo por eles, estava sempre disponível. Naquele momento, andava empenhado a me fazer conhecer a cidade. Aos domingos almoçava em casa, depois saíamos para aprender a andar de ônibus, bonde aberto, bonde camarão, a percorrer praças, ruas. Identificávamos edifícios importantes, íamos ao cinema e tomávamos chá nas confeitarias que havia no centro.

Na escola nada mudou na minha relação com os colegas, nenhum comentário chegou aos meus ouvidos, foi como se nada houvesse acontecido.

O incidente, além de ter sido o responsável pelo meu primeiro contato com a solidariedade e com o companheirismo, ajudou-me, com certeza, a conquistar uma vaga no Instituto de Educação Caetano de Campos e depois no Colégio Estadual Presidente Roosevelt, onde fiz o Curso Clássico, juntamente com a Escola Normal Manuel da Nóbrega, escola particular, pois não podia cursar duas escolas públicas ao mesmo tempo e finalmente a Faculdade de Direito da USP, aquela do Largo São Francisco, onde me formei em 1959, realizando o sonho do meu pai.

Assustei-me, o carro parara de chofre junto à escadaria do Fórum. Voltei à realidade, somente com tempo para reconhecer que fui uma privilegiada, uma vez que tudo mudou, inclusive o conceito de bolsista, hoje prêmio para os bons alunos, cujos pais podem pagar a escola.

Em homenagem aos meus pais e ao tio Francisco

Uma garota com idéias impróprias

ANTONIO GIL NETO

Aquilo que se viu e se conheceu bem, aquilo que custou anos de aprendizado e que, afinal, sustentou uma existência, passa (ou deveria passar) a outra geração como um valor.

Ecléa Bosi

A mocinha, a Maria Virgínia, já tinha agendado por *email* e telefone a entrevista com uma educadora daquela escola. Alguém que poderia falar livremente sobre a educação em nossos dias...

Era final de agosto, começo de setembro, 2006. A capital paulista já ensaiava um início da sempre sonhada primavera. Chegara pontualmente. Andar de metrô em São Paulo ajuda. Chovia um pouco. Ela chacoalhou freneticamente o guarda-chuva vermelho-sangue antes de entrar para não molhar o chão. Era por onde entrariam as crianças do próximo turno. A secretária chega ao guichê e, com uma mão abafando a boca do telefone sem fio, diz rapidamente para a visitante entrar na sala que aponta com o queixo. E para esperar a coordenadora que viria atendê-la num instantinho só.

Engraçado. Depois de quase dez anos, Maria Virgínia retornava por conta dos desígnios da vida ao local onde tinha estudado desde o pré. Não reconhecia sua escola da infância. O muro parecia bem mais alto, todo engalanado com uma profusão de palhaços, pássaros e flores multicores desenhados por fora. Pena que havia alguma pichação aqui e ali. A imensa quadra toda gradeada já não era mais o jardim com jabuticabeiras e suas jabuticabas lindamente lustrosas e negras, os ipês amarelos, as amoreiras e os abacateiros. E o tamanho da escola, de criança virara um gigante!

Era seu primeiro trabalho, um estágio que fazia numa revista especializada. Jornalista, formada de poucos anos, teria que colher depoimentos para a matéria sobre o ensino da cidade, tão plural, tão cosmopolita, tão cheia de desafios. E que acabava de fazer aniversário, 50 anos.

Não comentara nada do seu passado por ali com ninguém.

As crianças entraram logo quase enfileiradas, esfusiantes, entre gritinhos, como passarinhos expulsos das árvores, como alegria miúda espalhando-se, como cânticos.

Eloísa, a coordenadora pedagógica, chegou em seguida. Ambas se entenderam sobre o tal depoimento. O tempo era pouco. A escola dela precisava. Tinha que ser rápido.

"E aí, já está com o gravador ligado? Posso? Vou falar... De maneira livre e franca como combinamos, não foi? Se quiser, pode ir escrevendo. Qualquer coisa eu repito. Não me importo.

Já fui mais apressada, ansiosa demais. Sei que conseguimos muita coisa com o trabalho escolar em nossa cidade... Mas tudo é muito devagar, sutil. Ainda fico aflitíssima quando as cores dos poderes vão mudando a cada novo mandato e percebo que a coisa com a educação mal caminha. Muitas vezes não há a continuidade daquilo que vai bem. Inventam-se novas coisas que não vingam. Acabam ficando no papel. É preciso tempo para ocorrer uma mudança necessária e querida, não é?

Veja você, sinto que sou uma *persona non grata* para muita gente, mas o que fazer? Desde que nasci, me enfiei nesse mundo e assim sou, tentando reverter algumas coisas que julgo erradas. Sei muito bem disso desde criança. Sempre fui uma menina com idéias impróprias. Tenho sido. Meu avô dizia isso com um sorrizinho maneiro, bem ao estilo da Mona Lisa e eu não entendia bem. Achava que eu era só espevitada, como dizia mamãe. Fui descobrindo. Ah! minha infância... Foram tempos de glória. Guardei o amor que minha família passou para mim e prossegui. Passei por cada uma que só Deus sabe, se é que ele se ocupa dessas coisas. E fiz muita gente passar também. Isso, para mim, é coisa dos homens. Acho que desde quando surgiu a graça das bicicletas, a beleza dos queijos e a perfeição dos ovos, como bem diz Adélia Prado, surgiu junto ou paralelamente a desgraça das separações em classes, o mal intento de discriminar o outro e a arquitetação de violentar, menosprezar, perseguir, excluir. Coisas do poder, como diz até hoje minha mãe."

Maria Virgínia respirou fundo duas vezes seguidas.

"Tudo bem? Vou continuar. Esse começo é uma miscelânia mesmo. Aí eu vou entrando no que você quer...

É que nessas horas fico com o peito carregado. Sabe que é isso? Algo que dá nos nervos da gente. Quando temos a chance de falar, falamos. Bem, a figura do educador está mudando. Muito. E a escola teve que mudar também para atender às necessidades, às exigências atuais. Não dá mais para agüentar escola com ares de quartel, de prisão, de convento. Escola mesmo é outra coisa. Acho que até sua arquitetura deveria mudar. Imagine o resto!

É um lugar de viver e inventar o mundo a cada dia. Mesmo assim, com todas pós-modernidades desenhando o tempo presente, ainda sobra espaço para um autoritarismo velado dentro dela. Embora haja um Conselho organizado, instituído e atuante, ainda temos que tomar extremo cuidado para as coisas não acontecerem ao sabor dos *lobbies* e das panelinhas de plantão. Eu que o diga. Há professoras, donas de casa nos tempos de sobra, que repetem na sala o poderio machista sobre elas. E o aluno acaba pagando o pato. Hoje é diferente de quando eu era aluna. Há muita gente, muita demanda. E é preciso um ensino eficaz, de qualidade para toda essa muita gente. Isso é fazer do nosso trabalho curricular um meio para que todo aluno leia, escreva, se aproprie de nossa língua mãe, se expresse e se posicione no mundo que aí está com todas as letras.

Lembro-me de repente de Edgar Morin e dos seus sete saberes necessários para este século que mal começou. Não sei se você conhece. Eu não abro mão deles, porque são como horizonte possível para nós que estamos no batente do ensinar e aprender. Por eles posso entender meu sonho, quase um impropério: fazer com meus professores um desenho novo das nossas ações curriculares, algo que trate de fato da complexidade real da vida.

Veja bem, quando penso nessa idéia da condição humana como foco central e imprescindível para a educação do futuro, acabo alimentando a minha velha impropriedade. Quando vamos aprender a ensinar o respeito mutuo, o humano? Acho que a escola não tem a chave-mestra para tudo isso, ainda não está com essa bola toda, mas pode construir esperançosamente a cada ano letivo a tranformação da nossa realidade, pequena, tão cruel.

Ah! Não posso deixar de me arrepiar pelo exemplo de nosso amado Paulo Freire! Vislumbrou e semeou no mundo uma pedagogia inovadora a favor da autonomia e da liberdade das pessoas. Capazes de transformar a realidade social pelo conhecimento, pela politização. Ainda bem que no silencioso trabalho de cada educador vai se fazendo "a boniteza de ser gente". A ele devemos tanto! E pensar que ele foi nosso secretário nos tempos da Erundina. Será que foi bom esse papel para ele? Para mim, ele sempre foi e será o mestre maior."

Maria Virgínia se ajeitou na cadeira. Foram interrompidas por Dona Luzia, que trazia um papel da diretoria, algo urgente. E pelo celular, Eloísa resolveu rapidinho. Fecharam a porta.

"Mas eu não falei ainda do que me ferve. Chego lá. Nas escolas por onde andei sempre fiz muitos amigos, mas quando a questão era desrespeito, eu não agüentava.

Me dava logo os cinco minutos. Derrubava tudo de um sopro só. Fui mais assim. Hoje sou mais atenta, vou cutucando, abrindo brechas nesse campo difícil que é o da consciência negra, que para mim tem o fio ligado direto na questão do respeito, nossa condição primeira. Não uso mais minhas impropriedades, meus arroubos éticos para me exilar ainda mais de mim e da minha causa. De uns tempos para cá tenho criado estratégias e inserções mais produtivas e positivas nesse projeto. Sei bem o que é isso. Já disse. E tenho olhos extremamente brilhantes, viçosos que pulsam nessa minha pele negra. Minhas intenções são diretas e claras. Vou fazendo na hora, como quem respira, pisca e sua. Como quem sente dor e dó ao mesmo tempo, entende? Posso continuar?"

| 1996-2006

O sorriso leve da jornalista era o mesmo que sim.

"Mexendo aqui nos meus croquis da memória, lembro que sofri muito desde pequena com a discriminação, por conta dessa minha cor de ébano. Até ter orgulho escancarado dela sofri muitas esculhambações nas portas das escolas, postos de saúde, igrejas, nos guichês, filas, recreios, nas salas de aula, de leitura, nos corredores, banheiros, nas aulas de educacão física, nos supermercados, cinemas, ônibus, faculdades... enfim, uma infinidade de exclusões. Uma barra mesmo! De aluna a professora e em meio a tantas atitudes discriminatórias à minha história, à minha raça e à minha vida, consegui um bom arsenal na matéria. Hoje sou atuante e trabalho duro em favor do respeito, dos direitos do cidadão, seja ele de que tonalidade for. É uma luta incessante. Tenho dito. Você não pode imaginar quantos absurdos, quantas ilegalidades ainda acontecem e passam pela vida como se fossem coisas banais e corriqueiras. Infelizmente ainda é assim.

Outro dia mesmo fiquei chocada com um texto do livro didático que a professora de história usava na sua aula. Falei com ela se tinha certeza de que aquela era a única maneira de contar sobre a escravidão no nosso país. Acho que ela entendeu. Veio me mostrar depois outros textos complementares, fisgados de outras fontes. Acho que os alunos só cresceram com aquelas outras informações. Ela também.

Sabe, há mais de oito anos virei coordenadora pedagógica dessa minha escola aqui da zona leste, de onde só sairei quando minha aposentadoria chegar, imagino. Ainda tenho muito chão para queimar. Sobre essa história de ampliar o tempo das crianças na escola eu acho bom, aliás, penso que é necessário. Pelo andar dessa carruagem pós-moderna, onde pais e mães – quando existem – irão deixar os filhos? Será que todos nós, educadores, paramos para pensar e saber o que é isso? Eu não vejo com maus olhos essa história de a escola ter o seu viés assistencial. Guardadas as devidas proporções e proposições. Achei interessante o trabalho de um Centro de Ensino Unificado, próximo aqui da minha escola. Já presenciei algumas vezes em visita crianças e adolescentes assistindo pela primeira vez a um teatro de qualidade, de verdade, sem improvisações. Como vibravam! O que faltou para isso só acontecer assim? Vontade, informação, oportunidade? E isso não é escola? Ou não? Penso que políticas públicas nesse sentido, que alicerçam, viabilizam a educação de qualidade são tão necessárias como o vento, o sol, a chuva. Em meio a tanta ganância, tanto desperdício, tanto mal querer, como dar lugar, voz e vez a tanta gente marginalizada? Mais alguns impropérios, não?

Sou brava, mas tenho coração de algodão. A injustiça me dobra e a solidariedade me acalma. Tenho alergia funda a todo e qualquer preconceito. Para mim, preto, branco, amarelo e outras cores são adjetivos da substantiva e genuína condição, a de sermos todos humanos. Acho mesmo que essa violência exacerbada, esse consumismo desenfreado que se exibe no mundo tem muito a ver com preconceito.

Veja o 11 de setembro. Por que esse horror? Se entrarmos num jogo de máscaras iremos descartando uma por uma e saberemos como e por que as coisas aconteceram. Não sei se estou sendo clara. Mas, sinto que a educação é a real possibilidade que temos de transformar mentalidades, criar novos e bons paradigmas do viver em harmonia, onde as diferenças coexistam, sejam riquezas naturais ao bem comum, ao convívio, à paz. Ou será que a história acaba se repetindo sempre em ciclos? Parece-me que tanto a Educação como a Natureza não estão dando conta dos males que os homens fizeram a si próprios. Isso é para pen-

| 1996–2006

sar. Com tudo isso, acho que fica para a escola uma boa parcela em formar o ser humano. No futuro, no presente. Eu vejo a arte como uma boa aliada no trabalho escolar. Acho que com ela fica mais viável a interação das demais disciplinas. Também acho que a maioria dos educadores quer mudar. Falta pensar junto, desenhar coletivamente o que virá. Apostar na participação com criatividade e competência compartilhada. Sei de uma diretora que teve uma classe da sua alçada funcionando num cemitério, pode? Foi lá que arranjou espaço para acomodar alunos sem classe, até que se conseguisse uma de verdade. E funcionou. Ela dizia que o sonho dela era existirem escolas sem muros, só com jardins, os alunos indo e vindo para aprender de tudo. Inclusive conviver. Será que essa diretora aprova os CEUs? Preciso ligar para ela para saber."

Maria Virgínia olhou de relance para o relógio e ajeitou quase que imperceptivelmente seu material.

Lá fora ainda chovia bem pouco. Na, saída viu que havia um jardinzinho do lado esquerdo da entrada com alguns arbustos e pouquíssimas flores que por certo recebiam com bom grado a dádiva da água.

Ainda iria colher mais alguns depoimentos agendados para o dia. Depois ouviria com bons olhos tudo o que fora dito sobre o presente. Dele tiraria os anseios para o futuro. Quem sabe esse futuro já existia impercetivelmente nas indagações proferidas... A mocinha, a ex-aluna, a jovem jornalista saíra com idéias para sua matéria. Sentia que aquela escola ainda era cenário da sua mais nova aprendizagem. A de viver os primeiros dias do novo futuro paulistano...

Pitadas de história

Acabei descobrindo tudo
que teus papéis não confessaram
nem a memória de família
transmitiu como fato histórico
e agora te conheço mais
do que a mim próprio me
conheço,
pois sou teu vaso e
transcendência.
teu duende mal encarnado.

Carlos Drummond de Andrade

Programa São Paulo é uma escola

Os decretos nº 46.210/05 e 46.017/05 instituíram o *Programa São Paulo é uma escola* nas Unidades Educacionais da Rede Municipal de Ensino. Esse programa consiste na oferta aos alunos de atividades de caráter educacional, cultural, social e esportivo, além do período regular de aulas, inseridas em horários pré e pós-escola, nos finais de semanas, feriados, recessos e férias escolares...

Tem como objetivos:

- estabelecer ligação com o processo pedagógico, por meio de ações de apoio à pesquisa;
- proporcionar aumento qualificado do acesso dos alunos aos equipamentos sociais do Município de São Paulo;
- contribuir para o enriquecimento cultural nas diferentes áreas do conhecimento;

- propiciar aos educandos condições de uso das diferentes linguagens – verbal, plástica, corporal e outras – como meio de produzir, expressar e comunicar suas idéias, usufruir e interpretar as produções culturais, em contextos públicos e privados;
- desenvolver o sentimento de confiança na capacidade afetiva, física, cognitiva, ética, estética, de inter-relação pessoal e de inserção social;
- ampliar o tempo de permanência na escola, promovendo orientações de estudo, atividades de leitura e outras;
- usar o tempo e o espaço extra-escolar para desenvolver a prática de escola promotora de saúde;
- orientar a realização de lição de casa, especialmente para aqueles alunos que não dispõem de facilidades em suas residências;

O programa será constituído por atividades organizadas em agenda semanal, articuladas com o projeto pedagógico da escola e desenvolvidas no respectivo espaço escolar e em outros locais a serem determinados pela Secretaria Municipal de Educação.

Integram o programa os demais projetos instalados na Rede, tais como: Recreio nas Férias, Educom, Projetos de Educação Sexual e Agita São Paulo.

A portaria nº 6.617/05 determina que as funções do Educador Comunitário do *Programa São Paulo é uma escola* serão desempenhadas em co-responsabilidade com o diretor de escola e o coordenador pedagógico.

A partir de 2007, o referido programa passa a não ser mais obrigatório, devido à avaliação feita pelas unidades escolares, que consideraram que a organização geral do programa não estava atendendo a qualidade necessária e almejada. Até o término do contrato, alguns profissionais de ONGs ainda permanecem realizando as oficinas programadas. Paralelamente também acontecem atividades extra-classes patrocinadas pela prefeitura de São Paulo.

As oficinas culturais passaram a integrar o horário dos alunos, cuja permanência passou para cinco horas diárias.

Programa ler e escrever

A divisão de Orientação Técnica da Secretaria Municipal de Educação estabeleceu como objetivo, para o ano 2006, romper com a cultura escolar que aceita o fato de que os alunos percorrem os anos dos ciclos sem conseguir aprender a ler e a escrever. Para alcançar esse objetivo foi elaborado o programa, que tem como propósito desenvolver projetos que visem reverter o quadro de fracasso escolar, ocasionado pelo analfabetismo e pela alfabetização precária dos alunos do Ensino Fundamental.

A proposta foi elaborada tendo como base as observações de:
- alunos que não dominam o sistema de escrita ao final do 1º ano do ciclo I;
- alunos que permanecem sem o domínio do sistema de escrita ao longo dos quatro anos anos de escolaridade;
- dificuldade apresentada pelos alunos do ciclo II, com relação às competências de ler e escrever;
- dificuldades relatadas pelos professores, em promover boas situações de aprendizagem;
- necessidade de articulação dos gestores pedagógicos, na criação de condições favoráveis em direção a uma didática mais eficiente;
- necessidade da DOT/SME em estabelecer diretrizes que orientem as escolas no desenvolvimento de sua ação, na busca da melhoria da qualidade do ensino.

Uma das etapas do programa se chama *Toda força ao 1º ano do ciclo I*. Constatou-se que o primeiro ano da escolaridade tem um papel decisivo na vida dos alunos e tem sido o ano em que há uma dedicação intensa do professor e dos alunos à aprendizagem da leitura e da escrita. Os institutos de pesquisa e avaliação indicam que os alunos que chegam ao final desse período já alfabetizados tendem a ter mais sucesso nas aprendizagens ao longo do ciclo. Geralmente, os alunos que não terminam o 1º ano alfabetizados acumulam fracassos nos anos posteriores e freqüentemente são aqueles que terminam retidos ao final do 4º ano do ciclo I.

Outra etapa do programa é o *Projeto Intensivo no Ciclo I* (PIC), uma ação no 4º ano do ciclo I que tem por objetivo reverter o quadro atual de fracasso escolar nessa etapa de escolarização. Ele propõe várias estratégias que darão oportunidade a esses alunos de melhorar a sua relação com o processo ensino-aprendizagem.

Em relação ao Ensino Fundamental II, também criou-se um programa, denominado *Ler e escrever em todas as áreas do ciclo II*, o qual mostra que hoje as demandas da sociedade buscam a necessidade de transformação das ações da escola. Não basta que a formação dos alunos apenas possibilite ler e escrever de forma rudimentar; faz-se necessário que os alunos aprendam as práticas atreladas aos gêneros da esfera escolar. Essas práticas devem ser ensinadas, aprendidas e não somente avaliadas pela escola. Ensinar a ler e a escrever, portanto, não é tarefa exclusiva do professor de Língua Portuguesa e sim de todas as áreas de conhecimento.

Tal programa, em 2007, está tendo continuidade, apenas sendo ampliado para os segundos anos do ciclo I, cuja meta é alfabetizar "todos" os alunos até o final do ano letivo.

Inclusão

O decreto nº 45.415/04, regulamentado pela portaria nº 5.718/04, estabelece diretrizes para a Política de Atendimento a Crianças, Adolescentes, Jovens e Adultos com Necessidades Educacionais Especiais no Sistema Municipal. Neles, o Projeto Pedagógico é visto como construção em processo, elaborado com a participação de toda a Comunidade Educativa, expressando suas reais necessidades, interesses e integrando os segmentos que compõem ativamente o cotidiano das Unidades Educacionais. Estabelecem que o atendimento se dê através: de Centros de Formação e Acompanhamento à Inclusão – Cefai; da atuação dos professores de apoio e acompanhamento à inclusão – Paai; das Salas de Apoio e Acompanhamento à Inclusão – Saai; das Escolas Municipais de Educação Especial – Emee; das Entidades Conveniadas.

Os serviços de Educação Especial deverão ser organizados e desenvolvidos, considerando a visão de currículo como construção sociocultural e histórica e instrumento privilegiado da constituição de identidades. Pressupõem a participação intensa da comunidade educativa na discussão sobre a cultura da escola, gestão e organização de práticas que reconheçam, considerem, respeitem e valorizem a diversidade humana e as diferentes maneiras e tempos para aprender.

Centro Educacional Unificado – CEU

A idéia central do projeto de criação dos CEUs é aproveitar o conceito de "praça de equipamentos" das periferias, ponto de encontro da comunidade local. Um conceito similar ao de Escola Parque, que foi idealizado na década de 1950, pelo educador Anísio Teixeira.

O objetivo central foi contribuir com uma formação rica em termos de recursos educativos e culturais, que esteja integrada com a realidade da comunidade e direcionada a toda família. Uma escola que visa formar cidadãos.

A construção dos CEUs visa oferecer, de forma integrada, o atendimento à população que busca Educação numa perspectiva mais ampla, nas áreas mais desprovidas da cidade.

Em 2003 foram entregues 21 equipamentos, visando atender à demanda local e oferecer às escolas do entorno o acesso aos equipamentos culturais e esportivos, nos horários complementares às aulas e nos fins de semana.

A concepção do centro educacional unificado atende a três objetivos específicos:

1) Desenvolvimento integral das crianças, dos adolescentes, dos jovens e adultos, possibilitando o desenvolvimento integral para os alunos. Estão incluídas a educação formal, não-formal e as atividades socioculturais, esportivas e recreativas como outras formas de aprendizagem. O trabalho envolve educação, cultura, esporte, lazer, assistência social e todas as ações que impliquem inclusão social, integrando os aspectos cognitivos, socioculturais, físicos e afetivos.

2) Pólo de desenvolvimento da comunidade: o trabalho propõe uma gestão compartilhada com a comunidade local, atuando como pólo de desenvolvimento, e poderá promover a articulação e organização no que se refere aos programas sociais e às ações de interesse local. A educação, quando considerada sob a perspectiva da aprendizagem, identifica e reconhece todos os espaços da comunidade. Nem toda aprendizagem é resultado dos ensinos sistematizados. Nesse sentido, todos os espaços devem ser considerados de aprendizagem, mesmo que não tenham propósito pedagógico formal.

3) Pólo de inovação de experiências educacionais: o CEU, com sua estrutura, consegue estender seu conhecimento adquirido para as demais escolas da região. Cada unidade foi pensada para incluir não apenas seus quase 2.500 alunos, mas

toda a família e comunidade de modo geral. Cada unidade será composta por Centro de Educação Infantil; Escola de Educação Infantil; Escola de Ensino Fundamental e um conjunto cultural – com teatro, biblioteca, oficina de dança, música e demais iniciações artísticas – e outro esportivo – dotado de quadras, salão de ginástica e um complexo de três piscinas.

O CEU visa concretizar os preceitos da Constituição Federal de 1988, em seu artigo 205, e do Estatuto da Criança e do Adolescente, no artigo 4º, que atribuem a responsabilidade da educação à família, à sociedade e ao Estado. Esses devem assegurar-lhes com absoluta prioridade seus direitos: vida, saúde, educação, lazer, cultura, dignidade, respeito, liberdade, além de convivência familiar e comunitária.

Os CEUs implementados na cidade vêem oferecendo muitas atividades culturais e convidando comunidades de outros bairros e unidades escolares a participarem delas. Têm se constituído paulatinamente em pólos de apresentações e referências na programação cultural do município.

A construção dos CEUs gerou muita polêmica entre os educadores do ensino municipal. Muitos deles colocavam como ponto de reflexão a necessidade de um projeto pedagógico mais adequado à configuração desses novos equipamentos.

Centro de Educação Infantil – CEI

A Lei nº 13.574/03 dispõe sobre a transformação e a inclusão, no quadro do magistério municipal, do quadro dos profissionais de educação com os cargos de Auxiliar de Desenvolvimento Infantil, Pedagogo e Diretor de Equipamento Social. Antes desta Lei, esses profissionais pertenciam à Secretaria do Bem-estar Social.

Foram transformados 100 cargos vagos de Diretor de Equipamento Social em Diretor de Escola; 4.000 cargos de Auxiliar de Desenvolvimento Infantil em professor de Desenvolvimento Infantil.

A Lei determina que as Unidades Educacionais da Rede Municipal de Ensino e os Centros de Educação Infantil – CEI/Creches das redes indiretas e particular conveniada elaborem seu Projeto Político-pedagógico com a participação da comunidade educativa, dentre outras determinações.

Oferecem às crianças atendimento em período integral de 12 horas diárias. Quando houver manifestação expressa do responsável pela criança, o horário de atendimento poderá ser flexibilizado para seis horas diárias, respeitadas a solicitação e a necessidade da família.

Assim a demanda de crianças que deveriam ser atendidas pelas CEIs tem sido maior do que o número de vagas oferecido pelo Município de São Paulo. É uma questão que ainda deverá ser resolvida.

As condições de trabalho dos centros de educação infantil mediante o estabelecido por esta transformação legal têm sido um tanto questionadas pelos profissionais da área que atuam nos Centros de Educação Infantil.

O ensino paulistano a cirandar

VANERI DE OLIVEIRA

ANTONIO GIL NETO

"Abre a roda tin do lê lê
Abre a roda tin do lá lá..."

Abre a roda pra quem chega... vai chegando pra ficar

Pra quem chega não tem ordem, força tem para organizar,
Se apossando do terreno, pioneiros vêm com alma.
Lutam na força de um grito, um sonho se traduz :
Agora existo!
Mundo novo a desbravar...

A criança ora nasce e se põe a engatinhar

"Eu entrei na roda, eu entrei na roda-dança,
Eu não sei como se dança, mas eu vou dançar..."

1996–2006

Tateando no escuro, tira a luz de cada passo,
Copiando, errando, cresce...
Do já existente, cria o que é seu, semente.
E lá vem a Prontidão... não só para o Alfabetizar.
Entre golpes e pancadas, se estrutura,
Faz-se e se expande num instante.

**Ora criança, ora adolescente, solta os moldes,
busca o próprio caminhar...**

*"A carrocinha pegou três cachorros de uma vez,
A carrocinha pegou três cachorros de uma vez,
Trá lá lá lá que gente é essa..."*

É Lei: se por um lado for tirado, por outro nos será dado...
Aquilo que foi exilado, retorna desenfreado.
Um olhar... renasce o fruto.
Tudo passa ao Município:
Concurso Público, Supletivo, Montepio
Possibilidades e a Democratização.

Há um jovem que visiona, um caminho novo para o adulto...

*"Pisa no chicletes, dá uma rodadinha,
Chifre de capeta, dança da galinha,
Coci, coci, cocicocicoçá
Quem parar de perna aberta tem que rebolar"*

Ora é Jânio, ora é Erundina
Paulo Freire reavivado, Emilia Ferreiro novinha em folha
Um paraíso ou um inferno?
Oposições se apresentam,
Resistências, perseguições, punições

Novos valores redescobertos.
Cai a ficha:
Em Berlim, muros não há,
Não há volta, o Depois nunca mais será igual,
ECO 92, interdisciplinaridade,
Real valor do Social.

Jovem e adulto... E os seus filhos?
Os conflitos?
Ponha à prova o teu valor...

"Ciranda cirandinha, vamos todos cirandar,
Vamos dar a meia volta, volta e meia vamos dar"

O anel que me foi dado, com honras o conquistei,
Não sei se de vidro ou diamante
Mas espelha um mundo. Horizontes!
Inclusão, Informática, Afeto
Consciência, Transcendência, Cidadania
Velocidade, Violência, Exploração
Fome... e Tecnologia!
E a Educação?
O mundo quer ser um só?
Hoje eu sou, quem se senta na última fila.
Com ele a esperança:
De uma Ciranda de Luz.

O adulto com seus netos.
Os olhinhos que vê são estes.
A ti mesma que seguras,
Criança de tantas cirandas,
Recomeças teu andar!

| 1996–2006

O poder na época – 1956 a 2006: os personagens reais

PRESIDENTES DA REPÚBLICA

NOME	INÍCIO	TÉRMINO
Juscelino Kubitschek de Oliveira	31/01/56	31/01/61
Jânio da Silva Quadros	01/02/61	25/08/61
João Belchior Marques Goulart	08/09/61	31/03/64
Humberto de Alencar Castello Branco	15/04/64	15/03/67
Artur da Costa e Silva	15/03/67	31/08/69
Emílio Garraztazu Médici	30/10/69	15/03/74
Ernesto Geisel	16/03/74	15/03/79
João Batista de Oliveira Figueiredo	16/03/79	15/03/85
José Ribamar Ferreira de Araújo Costa – José Sarney. Tancredo Neves adoeceu em 15/03/85, dia de sua posse, e faleceu em 21/04/85, assumindo o poder José Sarney.	16/03/85	15/03/90
Fernando Affonso Collor de Mello	16/03/90	02/10/92
Itamar Augusto Cautiero Franco	03/10/92	01/01/95
Fernando Henrique Cardoso	02/01/95	01/01/99
Fernando Henrique Cardoso	02/01/99	01/01/03
Luiz Inácio Lula da Silva	02/01/03	*

* Até o fechamento da edição, em dezembro/2006, estava em exercício.

GOVERNADORES DO ESTADO DE SÃO PAULO

NOME	INÍCIO	TÉRMINO
Jânio da Silva Quadros	jan/55	jan/59
Carlos Alberto de Carvalho Pinto	jan/59	jan/63
Adhemar Pereira de Barros	jan/63	jun/66
Laudo Natel	jun/66	mar/67
Paulo Egydio Martins	mar/75	mar/79
Paulo Salim Maluf	mar/79	mai/82
José Maria Marin	mai/82	mar/83
André Franco Montoro	mar/83	mar/87
Orestes Quércia	mar/87	mar/91
Luiz Antonio Fleury Filho	mar/91	jan/95
Mario Covas Júnior	jan/95	dez/98
Mario Covas Júnior	jan/99	jan/01
Geraldo José Rodrigues Alckmin Filho	jan/01	dez/02
Geraldo José Rodrigues Alckmin Filho	jan/03	mar/06
Cláudio Lembo	abr/06	dez/06

PREFEITOS DO MUNICÍPIO DE SÃO PAULO

NOME	INÍCIO	TÉRMINO
Juvenal Lino de Mattos	02/07/55	10/04/56
Wladimir de Toledo Piza	11/04/56	07/04/57

NOME	INÍCIO	TÉRMINO
Adhemar Pereira de Barros	08/04/57	09/01/58
Cantídio Nogueira Sampaio	10/01/58	06/02/58
Adhemar Pereira Barros	07/02/58	08/02/61
Manoel Figueiredo Ferraz	09/02/61	28/02/61
Adhemar Pereira Barros	01/03/61	07/04/61
Francisco Prestes Maia	08/04/61	07/04/65
José Vicente Faria Lima	08/04/65	07/04/69
Paulo Salim Maluf	08/04/69	07/04/71
José Carlos Figueiredo Ferraz	08/04/71	21/08/73
João Brasil Vita	22/08/73	27/08/73
Miguel Colassuono	28/08/73	16/08/75
Olavo Egídio Setúbal	17/08/75	11/07/79
Reynaldo Emygdio de Barros	12/07/79	14/05/82
Antonio Salim Curiati	14/05/82	14/03/83
Francisco Altino Lima	14/03/83	10/05/83
Mario Covas	10/05/83	31/12/85
Jânio da Silva Quadros	01/01/86	31/12/88
Luiza Erundina de Sousa	01/01/89	31/12/92
Paulo Salim Maluf	01/01/93	31/12/96
Celso Roberto Pitta do Nascimento	01/01/97	30/12/00
Marta Suplicy	31/12/00	30/12/04
José Serra	01/01/05	30/03/06
Gilberto Kassab	31/03/06	*

* Até o fechamento da edição, em dezembro/2006, estava em exercício.

SECRETÁRIOS DE EDUCAÇÃO
DO MUNICÍPIO DE SÃO PAULO

NOME	INÍCIO	TÉRMINO
João Baptista Gonçalves Accioli	24/06/55	12/04/56
Henrique Richetti	01/06/56	08/04/57
Gofredo da Silva Telles Júnior	01/06/56	27/01/58
Oswaldo Silva	17/04/57	06/06/58
Ítalo Fittipaldi	27/01/58	11/09/58
João Gomes Martins Filho	06/06/58	23/06/59
Levy de Azevedo Sodré	11/09/59	30/11/59
Manoel de Figueiredo Ferraz	01/12/59	30/12/60
José Miraglia	29/01/60	08/04/61
Fernando de Azevedo	08/04/61	25/09/61
Carlos de Andrade Rizzini	26/09/61	19/05/63
Adelpha S. Rodriques Figueiredo	20/05/63	23/06/63
Carlos de Andrade Rizzini	24/06/63	08/04/65
Valério Giuli	09/04/65	15/09/66
Fausto Castilho	16/09/66	17/11/66
Araripe Serpa	18/11/66	15/08/68
Maria Helena Figueiredo Steiner	18/08/68	28/08/68
Jair de Carvalho Monteiro	28/08/68	16/10/68
Araripe Serpa	17/10/68	08/04/69
Paulo Ernesto Tolle	09/04/69	03/10/69
José Luiz de Anhaia Mello	03/10/69	22/10/69

NOME	INÍCIO	TÉRMINO
Paulo Zingg	23/10/69	17/03/71
Paulo Nathanael Pereira de Souza	17/03/71	22/04/73
Paulo Villaça	22/04/73	30/05/73
Paulo Nathanael Pereira de Souza	30/05/73	03/04/74
Roberto Ferreira do Amaral	13/04/74	17/04/75
Hilário Torloni	17/04/75	12/07/79
Jair de Moraes Neves	13/07/79	15/03/83
Guiomar Namo de Melo	16/03/83	01/01/86
Paulo Zingg	01/01/86	01/01/89
Paulo Réglus Neves Freire	01/01/89	28/05/91
Mário Sérgio Cortella	28/05/91	01/01/93
Sólon Borges dos Reis	01/01/93	01/01/97
Régis Fernando de Oliveira	02/01/97	12/08/97
Ayres da Cunha Marques	12/08/97	19/03/98
Hebe Magalhães Castro de Tolosa	19/03/98	27/10/98
João Gualberto de Ramalho Meneses	05/11/98	01/01/01
Fernando José de Almeida	01/01/01	19/02/02
Eny Marisa Maia	19/02/02	03/01/03
Maria Aparecida Perez	21/03/03	30/12/04
José Aristodemo Pinotti	01/01/05	31/03/06
Alexandre Alves Schneider	01/04/06	*

* Até o fechamento da edição, em dezembro/2006, estava em exercício.

Bibliografia geral consultada

ANDRADE, Carlos Drummond. *Drummond, frente e verso: fotobiografia de Carlos Drummond de Andrade*. Rio de Janeiro: Edições Alumbramento/Livroarte Editora, 1989.

ARRUDA; José Jobson de A. *História Moderna e Contemporânea*. 13ª ed. São Paulo: Ática S.A, 1981.

ASSIS, Machado de. *Memórias Póstumas de Brás Cubas*. São Paulo: FTD, 2004.

ALTENFELDER, Anna Helena; ANDRADE, Clara Regina. *Se bem me lembro...* Coordenação Técnica Centro de Estudos e Pesquisas em Educação, Cultura e Ação Comunitária. São Paulo: Peirópolis, 2006.

BAKHTIN, M. *Os gêneros do discurso*. São Paulo: Martins Fontes, 1992.

Barsa. *Enciclopédia Barsa*. São Paulo: Melhoramentos, 1968.

BOSI, Ecléa. *Memória e Sociedade: lembranças de velhos*. 4ª ed. São Paulo: Companhia das Letras, 1995.

BOSI, Ecléa. *Velhos Amigos*. São Paulo: Companhia das Letrinhas, 2003.

BRENER, Jayme. *Jornal do Século XX*. São Paulo: Moderna, 1998

CASTRO, Maria Helena Guimarães. *Educação para o Século XXI – O Desafio da Qualidade e da Eqüidade*. INEP (Instituto Nacional de Estudos e Pesquisas Educacionais, Brasília, 1999.

CASTRO, Ruy. *Chega de saudade: a história e as histórias da Bossa Nova*. São Paulo: Companhia das Letras, 1990.

Folha de S. Paulo. *Primeira Página*, 5ª ed. São Paulo: Publifolha, 2000.

FREIRE, Paulo. *Pedagogia da Autonomia: saberes necessários à prática educativa*. São Paulo: Paz e Terra, 1996 (Coleção Leitura).

HERKENHOFF, João Baptista. *Gênese dos Direitos Humanos*, volume I, *História dos Direitos Humanos no Brasil*, tema *A Constituinte de 1987/1988*.

HOBSBAWM, Eric. *A era dos extremos: o breve século XX*, 2ª ed. São Paulo: Companhia das Letras, 2001.

HOLLANDA, Chico Buarque de. 1944 – *Chico Buarque, letra e música: incluindo Gol de Letras de Humberto Werneck e Carta ao Chico de Tom Jobim*. São Paulo: Companhia das Letras, 1989.

GARCÍA Márquez, Gabriel. *Viver para contar*. Rio de Janeiro: Record, 2003.

GARCÍA Márquez, Gabriel (org.). *Oficina de roteiro: como contar um conto*. Niterói, RJ: Casa Jorge Editorial, 2004.

GERALDI, João Wanderley. *Portos de Passagem*. São Paulo: Martins Fontes, 1997.

MEC/SEF. *Parâmetros curriculares nacionais de língua portuguesa*. Brasília: MEC/SEF, 1998.

MORIN, Edgar. *Os 7 saberes para a educação do futuro*. Porto Alegre: Instituto Piaget (Coleção Horizontes Pedagógicos), 2002.

PRADO, Adélia. *Poesia reunida*. São Paulo: Siciliano, 1991.

PRADO, Adélia. *Quando eu era pequena*. Rio de Janeiro: Record, 2006.

ROSA, João Guimarães. *Primeiras Histórias*. 10ª ed. Rio de Janeiro: José Olympio, 1977.

SME/PMSP. Revista *Escola Municipal* nº 10, Ano XIV, dez. 1981.

SME/PMSP. *Ensino Municipal de São Paulo, atualização e complementação* – Volumes 2, 3 e 4.

SME/PMSP. Publicação do Relatório Quadrienal – 1979/1982.

SME/PMSP. Regimento Comum das Escolas Públicas Municipais de São Paulo, Exposição de Motivos, ago. 1992.

SME/PMSP. *Revista Escola Municipal*. nº 10, ano XIV, dez. 1981.

SME/PMSP. *Revista Escola Municipal*. nº 4, dez. 1974.

SME/PMSP. *Ensino Municipal de São Paulo Legislação Básica* (Estrutura Administradora e Pessoal). São Paulo: Saraiva, 1981.

SME/PMSP. *Ensino Municipal de São Paulo* – Legislação Complementar Básica. Vol. 2. São Paulo: Moderna, 1983.

SME/Prefeitura do Município de São Paulo. *O Ensino na capital: alguns dados básicos*. Secretaria Municipal de Educação. São Paulo: 1978.

SME/PMSP. *Curso de História de São Paulo*. São Paulo, 1970 (Prof. Tito Lívio Ferreira, Prof. Antônio Barreto do Amaral, Prof. Pedro Brasil Bandecchi).

SME/PMSP. *Dez meses de Administração, o que mudou*, documento, 1989.

SME/PMSP. *Estatuto, uma vitória do Magistério Público Municipal*, apresentação do Estatuto do Magistério Público Municipal de São Paulo, SME, 1992.

SME/PMSP. *Regimento Comum das Escolas Municipais*. Secretaria Municipal de Educação de São Paulo, 1982

SME/PMSP. *Relatório Geral 1975-1978*. Secretaria Municipal de São Paulo, nº 26, 1979.

SINGER, Paul. *A Experiência do Poder*. São Paulo: Brasiliense, 1996.

TABORELLI, Giorgio. *Ícones do Século XX*. São Paulo: Senac, 1999

ROMANELI, Otaíza. *História de Educação no Brasil*. Petrópolis: Vozes, 1978.

Revistas

Veja (retrospectivas/edições especiais anuais).

Claudia nº 10, ano 45, out. 2006.

Revista Faculdade de Educação, v. 24 nº 1. São Paulo jan.jun. 1998.

Veja São Paulo, 7 set. 2005, edição especial de aniversário.

Caros Amigos, Rebeldes Brasileiros.

Realidade. São Paulo: Abril, 1972.

Consultas e visitas a instituições

Memória Técnica Documental/ Memorial do Ensino Municipal / Secretaria Municipal de Educação/Prefeitura da Cidade de São Paulo

Memorial da Educação – Secretaria Municipal de Educação de São Paulo.

Centro de Referência em Educação Mario Covas, Secretaria de Estado da Educação, Governo do Estado de São Paulo.

Textos

Rapsódia de uma década perdida – Folhetim da Folha de S. Paulo. Marco Maschio Chaga, tese de doutorado, UFSC/2001.

Construtivismo, mudança conceitual e ensino de ciências: Para onde vamos? Eduardo Fleury Mortimer, Investigações em Ensino de Ciências, V1, Nº 1, P. 20-39, 1996.

O Banco Mundial como referência para a justiça social no terceiro mundo: evidências do caso brasileiro. Marília Fonseca, Revista da Faculdade de Educação de São Paulo, V24, Nº 1, São Paulo, jun/98.

Visão Analítica da Informática na Educação no Brasil: a questão da formação do professor. José Armando Valente NIED-UNICAMP/

PUC-SP e Fernando José de Almeida PUC-SP. Revista Brasileira de Informática na Educação, 1977.

Moeda e Banco no Século XIX; Historiografia e fontes brasileiras. Ana Maria Ribeiro de Andrade, Boletim de Fuentes, México, V3, p. 91-97, 1995.

O governo Lula elogia gestão FHC, Rodrigues, Fernando e Patu, Gustavo, Folha de São Paulo, 01/08/2004, *site* planobrasil.

MENEZES, João Gualberto de Carvalho. *O Regimento Escolar*, documento que subsidiou os trabalhos do 3º Fórum Sindical e Educacional do Sinesp, em 1998, sob o tema *O papel do Especialista de Educação na Construção do Projeto Pedagógico da Escola.*

Sites consultados

Folha Online: www.folha.uol.com.br

Brasil Escola: www.brasilescola.com

MEC – Ministério de Educação e Cultura: www.mec.gov.br

FGV, Fundação Getúlio Vargas, Verbete Biográfico: www.fgv.br

Portal Fundação Perseu Abramo: www.fpabramo.org.br

INEP – Instituto Nacional de Estudos e Pesquisas Educacionais Anísio Teixeira: www.inep.gov.br

UOL, Folio Infobase.

Site e.educacional, Portal Educacional.

Banco de Dados Folha – Acervo *on-line*.

www.almanaque.folha.uol.com.br/sp450_seculo20_51.htm

Memória municipal

http://almanaque.folha.uol.com.br/anos 60.htm (acesso em 06/09/2006).

www.arteducação.pro.br/homenagem/queridomestre.htm (acesso em 18/9/2006).

www.newagepunk.com/tranzine/13/anos 60. html (acesso em 6/9/2006).

www.scielo.br/scielo.php?script-sci (acesso em 18/09/2006).

www.terra.com.br/musica/guerra-anos 70.htm. (acesso em 6/11/2006).

www.almanaque.folha.uol.com.br

www.veja.com.br

www.educacional.com.br

www.educacao.prefeiruta.org.br

www.prefeitura.org.br

http://pt .wikipedia.org

vejaonline.abril.com.br

Banco de Dados da Folha de São Paulo

Pedagogia em Foco

Domínio Público

Resgate histórico – resistência

Geração *on-line*

Legislação consultada

Ensino Municipal de São Paulo/Legislação Básica (Estrutura Administrativa e Pessoal)

Diários Oficiais do Município de São Paulo

Livros oficiais de legislação do Município de São Paulo

LDB 4.024/61

LDB 5.692/71

LDB 9.394/96

Agradecimentos

Aos funcionários do nosso Sindicato pela gentileza, colaboração e ação incansável em prol desse projeto;

Ao professor Hubert Alquéres e à Vera Lúcia Wey, pelo acolhimento especial e por oferecer seu brilhante profissionalismo na feitura desse trabalho;

Aos educadores: Eliana Mandarino, Eloísa Galesso, Mabel Skiet Nascimento, Marilva Barsan, Tania Rosal que nos ajudaram nessa empreitada com seus olhares críticos nas primeiras leituras companheiras e orientadoras;

A Vaneri de Oliveira pela dançante poesia emprestada às nossas Cirandas de agosto;

Ao Setor Memória Técnica Documental, da Secretaria Municipal de Educação de São Paulo, por dialogar com esse nosso Projeto e pela cessão de imagens que embelezam e testemunham nossos escritos;

A TODOS OS EDUCADORES que deram alma a este projeto. Eles compareceram nas Cirandas da Memória, registradas em agosto de 2006, oferecendo suas saborosas histórias na forma de depoimentos tão encantadores, vívidos. O que deu sopro de vida e legitimidade à nossa publicação. Rendemos homenagem a eles, nossos cirandeiros:

Anésia Juarez Brocco, Angelina Iglesias Veiga, Aparecida Sumie Hanaoka Francisco, Arlete Embacher, Aurora Vieira Ribeiro, Bernadete Cappelli, Celia Maria M. Almeida, Cleide Spadari Alvarenga, Dalva de S. Aranha Marcondes Machado, Darcy Carvalho Patricio, Doracy Carvalho dos Reis, Edson Gabriel Garcia, Egle Prescher Iaconelli, Elenice Valeria Lia, Eliana Mandarino Garcia Bonastre, Eloisa Galesso, Eunice Rossetti, Gloria Edna Callender, Huguetti Nero Davini, Irany Mainieri Giordano, Jane Sampaio Pontes Penteado, Jesulina de Castro Oliveira, João Alberto Rodrigues de Souza, Leda Marino, Liege de Araujo Carnicelli, Luci Junqueira, Maria Aparecida Durante Carrijo, Maria Benedita de Castro de Andrade, Maria da Graça Bressan, Maria da Graça Silva Pedrosa, Maria Helena Pelizon Loureiro, Maria Isabel Locateli, Maria José Bortoluzi Escarpini, Maria Neyde Fernandes, Maria Stella Dias Meixner, Maria Teresa Coelho, Maria Thereza Monteiro, Marilia Antonia de O. Borges, Marilva Silva Gonçalves Barsan, Marina Meinbreg Perecin, Marisa Cortinas, Marisa Lage Albuquerque, Midori Sano, Mirtes A. Lopes, Natércia P. Monteiro, Pedro Paulo Puodzius , Sandra Maria Martins J. Salto, Sandra Sanches R. de Peres, Tania Rosal Jorge, Tarsila Pousa Machado, Vera Maria Trassi, Wania Maria Madeira da Fonseca, Yara Nurchis Gama, Yone da Silva Moreira.

SINDICATO DOS ESPECIALISTAS DE EDUCAÇÃO
DO ENSINO PÚBLICO MUNICIPAL DE SÃO PAULO

Presidente	Maria Benedita de Castro de Andrade
Vice-Presidente	Marisa Lage Albuquerque
Secretário Geral	João Alberto Rodrigues de Souza
Vice-Secretário Geral	Luiz Carlos Ghilardi
Diretor de Administração Financeira	Eliana Mandarino G. Bonastre
Vice-Diretor de Admin. Financeira	Vilma Borghi M. Amaral Seixas
Diretor para Assuntos de Legislação e Defesa dos Direitos dos Filiados	Egle Prescher Iaconelli
Vice-Diretor para Assuntos de Legislação e Defesa dos Direitos dos Filiados	Janete Silva de Oliveira
Diretor de Eventos Educacionais	Marilva Silva Gonçalves Barsan
Vice-Diretor de Eventos Educacionais	Neuza Maria Canile Hartman
Diretor Cultural	Alairse Vivi
Vice-Diretor Cultural	Rosana Capputi Borges
Diretor de Imprensa	Aparecida Benedita Teixeira
Vice-Diretor de Imprensa	Marilza Gomes da Gama e Silva
Diretor de Políticas Sociais	Dinah Maria Barile
Vice-Diretor de Políticas Sociais	Norma Lúcia Andrade dos Santos
Diretor de Organização Sindical	Ana Maria Dünkel Bonalumi
Vice-Diretor de Organização Sindical	Marivaldo dos Santos Souza
Conselho Fiscal	Titulares: Mabel Skiet do Nascimento; Liege de Araújo Carnicelli; Vera Sílvia Ferreira Suplentes: Márcia Helena Gargiulo Krause; Lídice Neyde da Silva Astrini; Rui Ferreira da Silva Júnior
Funcionários do Sinesp	Ana Lúcia Vieira de Souza, Demétrio Caballero, Eliane da Silva Moura, Eliane Guimarães Santos, Joaneide Bezerra de Souza Santos, José Roberto Bergamini, Lucy Siqueira Pitta Penna, Raquel Vieira Gomes, Regina Petenasso Cavalcante, Rosa Maria Valadão de Freitas, Selma Batista Bologna, Tania Rosal Jorge

A memória brinca
Uma ciranda de histórias do ensino municipal paulistano

 SINDICATO DOS ESPECIALISTAS DE EDUCAÇÃO
DO ENSINO PÚBLICO MUNICIPAL DE SÃO PAULO

Organizador Antonio Gil Neto

Autores Antonio Gil Neto
Alairse Vivi
Aparecida Benedita Teixeira
Dinah Maria Barile
Luciana Marley Sacchi
Luiza Harumi Simazaki
Mara Silvia Seabra
Maria Klecy Chrispiniano Betti
Marilza Gomes da Gama e Silva
Silvia Lara Stein Arruda dos Santos

Colaboradoras do Projeto Maria Benedita de Castro de Andrade, Benê,
Presidente do Sinesp
Marisa Lage Albuquerque,
Vice-presidente do Sinesp

Ilustrações Antonio Gil Neto
Revisão histórica Rogério Dezem
Revisão de textos Simone Zaccarias
Arte da linha do tempo José Roberto Bergamini

imprensaoficial IMPRENSA OFICIAL DO ESTADO DE SÃO PAULO

Supervisão, Capa
e Projeto Gráfico Guen Yokoyama
DTP Fatima Regina de Souza Lima

Formato	15 x 22,5 cm
Tipologia	Chaparral Pro Light
Papel miolo	Chamois fine 80 g/m^2
Papel capa	Cartão triplex 250g/m^2
Número de páginas	488
Tiragem	2.000

editoração, ctp, impressão e acabamento

imprensaoficial

Rua da Mooca, 1921 São Paulo SP
Fones: 2799-9800 - 0800 0123401
www.imprensaoficial.com.br